Yh 3507

Paris
1870

Schiller, Friedrich von

Théatre en vers

Don Carlos, Marie Stuart

Tome 1

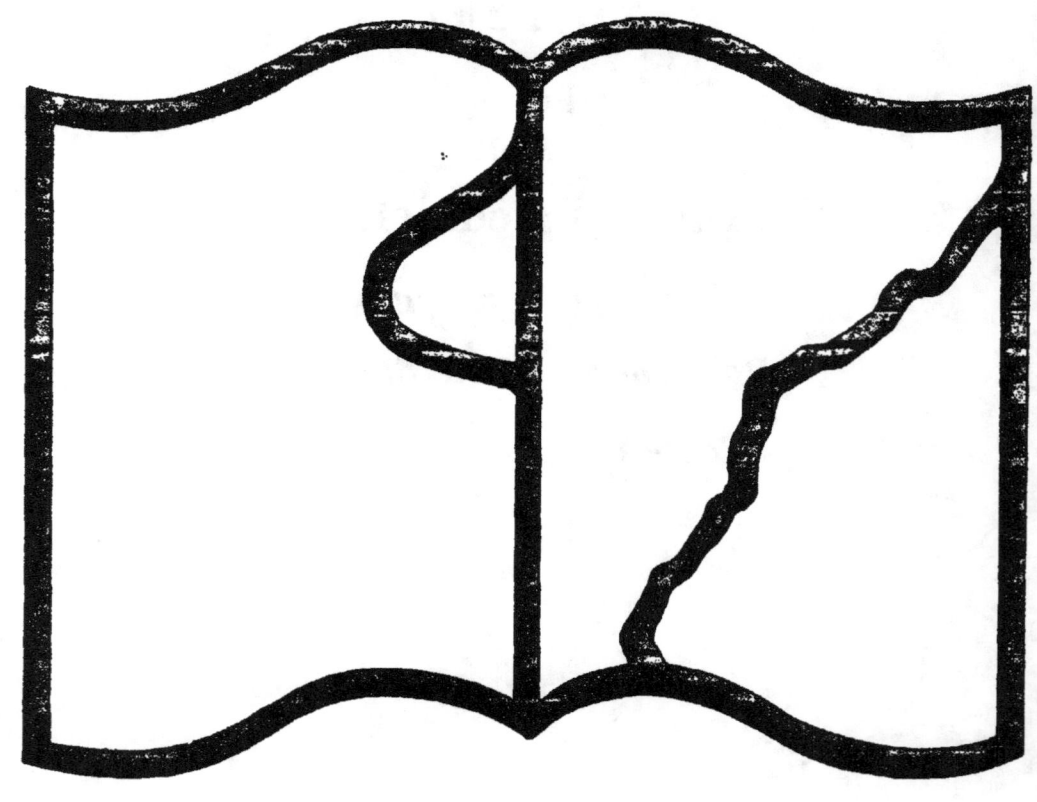

**Symbole applicable
pour tout, ou partie
des documents microfilmés**

Texte détérioré — reliure défectueuse

NF Z 43-120-11

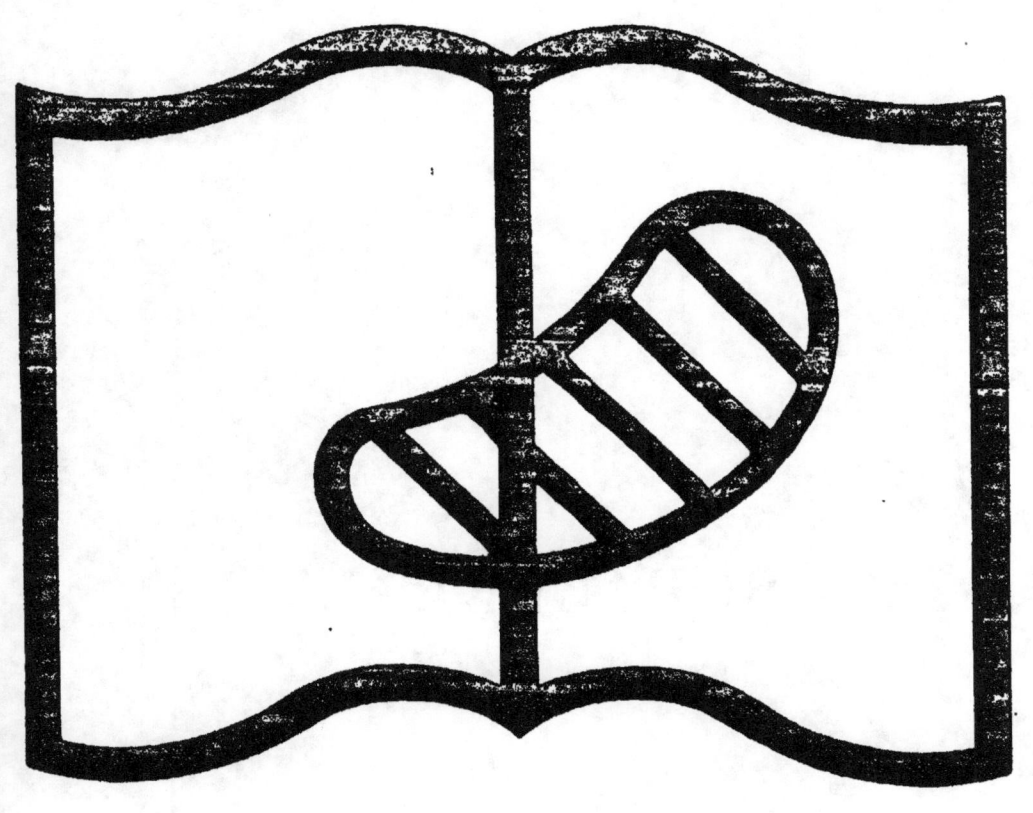

Symbole applicable
pour tout, ou partie
des documents microfilmés

Original illisible

NF Z 43-120-10

SCHILLER

Tous droits réservés.

STRASBOURG, IMPRIMERIE DE VEUVE BERGER-LEVRAULT

SCHILLER

(THÉATRE EN VERS)

TRADUIT EN VERS FRANÇAIS

PAR

THÉODORE BRAUN

PRÉSIDENT DU CONSISTOIRE SUPÉRIEUR ET DU DIRECTOIRE DE L'ÉGLISE
DE LA CONFESSION D'AUGSBOURG
MEMBRE DU CONSEIL IMPÉRIAL DE L'INSTRUCTION PUBLIQUE
ANCIEN CONSEILLER A LA COUR IMPÉRIALE DE COLMAR, ETC.

TOME I

DON CARLOS. MARIE STUART.

PARIS

VEUVE BERGER-LEVRAULT & FILS, LIBRAIRES-ÉDITEURS

5, rue des Beaux-Arts

MÊME MAISON A STRASBOURG

1870

Dédicace.

Mes heures les plus douces de ce travail ont été, ma chère Cécile, celles où je le faisais toi présente et m'aidant de tes conseils.

Permets au mari qui te doit près de quarante années de bonheur, de t'associer à lui pour le souvenir qu'il espère laisser par ce livre.

Theodore Braun.

Strasbourg, le 21 octobre 1869.

PRÉFACE.

Un soir du mois d'avril 1843, dans une réunion intime périodique, une observation très-juste relevait ma connaissance imparfaite de la langue allemande, et, presque aussitôt, j'étais mis au défi de bien rendre, - en prose, — le monologue de *Guillaume Tell*, acte IV, scène III. J'avais quinzaine pour essayer.

Au jour fixé, je présentais ce monologue traduit en vers, et, *ultra petita* encore, en vers de même, les deux monologues de la *Pucelle d'Orléans*, Prologue, scène IV, et acte IV, scène I.

Telle est l'origine de ce livre.

Mes provocateurs, satisfaits, me demandèrent une tragédie entière : je traduisis *Don Carlos*.

Puis, comme ce bourgeois qui, ayant acheté de rencontre un amas de vieilles fenêtres, ne trouva mieux pour les utiliser que de construire une maison, j'achevai la *Pucelle d'Orléans* et

Guillaume Tell, pour avoir emploi de mes trois monologues, qui étaient de hasard aussi.

Ces essais, que je ne songeais nullement à publier, me furent demandés par le directeur de la *Revue suisse*, de Neuchâtel, réunie depuis à la *Bibliothèque universelle de Genève*. J'envoyai au recueil neuchâtelois *Don Carlos* en entier, le Prologue de la *Pucelle d'Orléans* et la scène iv du premier acte de *Guillaume Tell*.

A ces trois tragédies, j'avais mis, pendant sept ans, mes loisirs légaux de magistrat.

Appelé, en 1850, à mes fonctions actuelles, j'abandonnai ma traduction.

Pour que, sept autres années plus tard, je fisse imprimer ce que j'en avais terminé, il me fallut les invitations les plus bienveillantes. Je distribuai mon volume et repris un travail qui était pour moi de pur délassement. En 1867, la *Fiancée de Messine* en marquait le terme.

Aujourd'hui, après une scrupuleuse révision, j'espère ne point paraître téméraire en publiant cette traduction complète des œuvres que Schiller a écrites en vers pour le théâtre. Elle est, jusqu'à présent, la seule en vers français, et il n'est guère probable que j'aie jamais un successeur dans aussi longue entreprise.

Don Carlos trahit mon début. La *Pucelle d'Orléans* et *Guillaume Tell* me semblent indiquer un progrès. J'ai cherché à donner de moins en moins prise à la critique dans *Marie Stuart*, puis dans *Wallenstein*. Je n'élève aucune prétention à être toujours sorti victorieux des difficultés que, dans sa partie lyrique surtout, offre à un traducteur la *Fiancée de Messine*.

Si je n'encours pas, — je le crois, — le reproche d'infidélité au texte original, je me sens moins rassuré en présence de quelques libertés du vers ou de la rime. « Il n'y a pas de mieux en fait de mots, a dit M. D. Nisard, il y a ou il n'y a pas le mot qui dit la chose[1]. » C'est ce mot que, même au prix de la forme quelquefois, je me suis toujours efforcé de trouver, pour être d'une entière exactitude.

Aurai-je le bonheur de contribuer à faire connaître Schiller en France mieux qu'il ne l'est déjà? Lui assurerai-je quelques admirateurs de plus de son génie? C'est mon espoir.

J'ai accompagné de notes ma traduction; celle de *Wallenstein* principalement.

Afin de donner à mes trois volumes une égale dimension, j'ai dû placer *Marie Stuart* avant

---

[1]. *Histoire de la Littérature française*. Préface de la seconde édition.

Wallenstein. C'est ma seule interversion de l'ordre chronologique des productions dramatiques de Schiller.

Je ne me suis pas aventuré à écrire une Notice sur sa vie et ses ouvrages. A cet égard, les Allemands ont les travaux considérables de MM. Hoffmeister, Palleske et de tant d'autres. Quant aux lecteurs français, ils ne peuvent attendre rien qui surpasse la remarquable *Vie de Schiller*, que M. Adolphe Régnier a placée en tête de son excellente traduction des œuvres complètes du grand poëte.

DON CARLOS,
INFANT D'ESPAGNE.

PERSONNAGES.

Philippe II, roi d'Espagne.
Élisabeth de Valois, sa femme.
Don Carlos, prince royal.
Alexandre Farnèse, prince de Parme, neveu du roi.
L'Infante Claire-Eugénie, enfant de trois ans.
La Duchesse d'Olivarez, première dame d'honneur.
La Marquise de Mondéjar,
La Princesse d'Éboli, } dames de la reine.
La Comtesse Fuentès,
Le Marquis de Posa, chevalier de Malte.
Le Duc d'Albe,
Le Comte de Lerme, commandant des gardes, } grands
Le Duc de Féria, chevalier de la Toison-d'Or, } d'Espagne.
Le Duc de Médina-Sidonia, amiral,
Don Raymond de Taxis, grand-maître des postes,
Domingo, confesseur du roi.
Le Grand-Inquisiteur du royaume.
Le Prieur d'une Chartreuse.
Un Page de la reine.
Don Louis Mercado, médecin de la reine.

Dames, grands d'Espagne, pages, officiers, gardes et autres personnages muets.

ACTE PREMIER.

DON CARLOS.

ACTE PREMIER.

Le jardin royal à Aranjuez.

SCÈNE PREMIÈRE.

DON CARLOS, DOMINGO.

DOMINGO.

Les beaux jours d'Aranjuez vont finir. Votre Altesse
Partira sans avoir dissipé sa tristesse :
Nous aurons donc ici vainement séjourné.
Prince, rompez enfin un silence obstiné
Dont nul encor n'a su pénétrer le mystère :
Confiez vos chagrins au cœur de votre père.
Croyez bien que le roi ne peut à trop haut prix
Acheter le repos de son fils... Son seul fils !
  (Don Carlos garde le silence, les yeux fixés vers la terre.)
Le ciel refuse-t-il, prince, de satisfaire
Quelque nouveau désir de l'enfant qu'il préfère ?
J'étais là, dans Tolède, alors qu'au fils du roi
Des princes, à l'envi, juraient hommage et foi[1] :
Six royaumes, aux pieds de l'héritier du trône,
Du fier Carlos, d'un coup, avaient mis leur couronne.

---

1. Le 22 février 1560, Philippe II fit reconnaître solennellement don Carlos héritier de la couronne, par les États assemblés à Tolède.

Son jeune front brillait d'une noble rougeur ;
Les plus vastes projets faisaient battre son cœur,
Et ses yeux, rayonnant sur toute l'assemblée,
Disaient que de bonheur son âme était comblée...
    (Don Carlos se détourne.)
Ce chagrin, solennel, toujours mystérieux,
Que tous, depuis huit mois, nous lisons dans vos yeux,
Dont s'étonne la cour, dont l'État s'inquiète,
Trouble les nuits du roi. Cette douleur secrète
Fait pleurer votre mère.....

   DON CARLOS, se retournant vivement :
       Ah ! Ma mère !... Mon Dieu !
Mettez-moi dans le cœur, — exaucez-le ce vœu ! —
De pardonner à qui me la donna pour mère !

    DOMINGO.
Est-ce vous que j'entends, prince ?

   DON CARLOS, se remettant et après s'être passé la main sur le front :
       Révérend Père,
Deux mères m'ont rendu malheureux tour à tour :
L'une, je l'ai tuée en recevant le jour ;
Je fus un parricide au début de ma vie....

    DOMINGO.
D'un étrange remords votre âme est poursuivie.

    DON CARLOS.
L'autre, en venant ici, mon Père, m'a coûté
L'amour que jusqu'alors le roi m'avait porté.
Mon père m'aimait peu. J'avais, dans ma disgrâce,
Ce mérite, du moins, d'être seul de sa race :

Et la reine me l'ôte en lui donnant ma sœur!...
Oh! l'avenir!... Qui sait ce qu'il prépare!

DOMINGO.

Erreur,
Prince! Toute l'Espagne idolâtre sa reine,
Et vous seul la verriez avec des yeux de haine?
Vous seul, vous seul encore, à son auguste aspect,
Pourriez ne témoigner qu'un défiant respect?
Et cette femme est reine! Et vous avez, en elle,
Trouvé de la beauté le plus parfait modèle!
Et vous-même avez dû devenir son époux!...
Ah! personne, jamais, ne le croira de vous.
Carlos ne peut haïr celle que chacun aime;
Carlos ne peut ainsi se démentir lui-même;
Non! — Et soyez prudent: si, peut-être, on allait
Lui dire qu'à son fils si fort elle déplaît,
Elle en souffrirait trop.

DON CARLOS.

Vous croyez?

DOMINGO.

Votre Altesse
Ne peut pas de sa mère ignorer la tendresse :
Vous avez souvenir de ce dernier tournoi,
Où d'un éclat de lance on vit atteint le roi....
— C'était à Saragosse. — Assise sur l'estrade
Qui du château royal décorait la façade,
La reine regardait la joute... Tout à coup,
Ce cri : « Le roi blessé! » se répète partout,
Chacun se précipite; une rumeur soudaine
Apprend confusément la nouvelle à la reine :

« Qui ? Le prince ? Blessé ? » dit-elle... En son effroi,
Elle veut s'élancer du balcon... « C'est le roi, »
Lui dit-on. Aussitôt, plus libre elle respire,
Et d'une voix tranquille elle se met à dire :
« Mandez les médecins !... »
(Après un moment de silence :)
       Votre Altesse paraît
Livrée à des pensers....

DON CARLOS.
      Mon Altesse admirait
Combien, à des récits où l'esprit étincelle,
Le confesseur du roi dans ce moment excelle.
(D'un ton sérieux et sombre :)
Monsieur le confesseur! un espion qui rend
Jusques au moindre mot, au geste qu'il surprend,
Cause bien plus de mal par ses rapports perfides,
Que ne font le poison et le fer homicides.
Vous prenez une peine inutile avec moi :
S'il vous en faut le prix, adressez-vous au roi.

DOMINGO.
Des hommes, il est bon, prince, qu'on se défie.
Cependant distinguez entre eux, je vous en prie :
Rejetez l'homme faux, mais gardez l'ami vrai.
Croyez que je vous aime.

DON CARLOS.
      Alors je vous dirai :
Craignez qu'auprès du roi cet amour ne transpire,
Sinon, plus de Chapeau !

DOMINGO, avec embarras:
    Comment ?

DON CARLOS.
                    Pouvez-vous dire
Que, voulant pour l'Espagne un cardinal nouveau,
Mon père à votre front n'ait promis le Chapeau?

DOMINGO.
Prince, vous me raillez.

DON CARLOS.
                    Moi? J'en suis incapable.
Juste ciel! me moquer de l'homme redoutable
Qui peut sauver mon père ou qui peut le damner!

DOMINGO.
Prince, je ne veux pas chercher à deviner
Le secret d'un chagrin que vous voulez nous taire;
Mais souvenez-vous bien que, dans son sanctuaire,
L'Église offre un refuge aux cœurs les plus troublés.
Pour entrer dans ce lieu les rois n'ont pas de clés.
L'aveu le plus coupable à jamais y repose
Dans l'éternel oubli que le prêtre s'impose.
Votre Altesse m'entend. C'est assez.

DON CARLOS.
                    Je craindrais
D'exposer à trahir de semblables secrets
Celui qui par devoir en est dépositaire.

DOMINGO.
Quoi! prince, vous craignez?... Vous ne connaissez guère
De tous vos serviteurs le plus sûr.

DON CARLOS, lui prenant la main:
                    C'est ainsi?

Eh bien! tenez! de moi ne prenez plus souci.
Vous êtes un saint homme, on le sait; mais, mon Père,
Vous êtes, à mes yeux, là! parlons sans mystère,
Vous êtes surchargé de secrets d'ici-bas.
C'est un fardeau qui peut embarrasser vos pas
Dans le chemin qui mène au trône de saint Pierre;
Il est long ce chemin. — Envoyé de mon père,
Reportez-lui cela!

DOMINGO.

Son envoyé?

DON CARLOS.

J'ai dit.
Ah! je le sais trop bien qu'ici l'on me trahit;
Je sais qu'en cette cour, des yeux, ouverts sans cesse,
Sont soldés pour le soin d'épier ma jeunesse :
Je sais bien que Philippe à son dernier valet
Ne craint pas de livrer son fils, le seul qu'il ait,
Et que le moindre mot que je laisse surprendre,
Richement il le paie à qui vient le lui rendre;
Plus qu'il ne fit jamais d'une bonne action.
Je sais.... N'en parlons plus : à son émotion
Mon âme, ici, déjà s'est trop abandonnée;
Elle déborderait.

DOMINGO.

Le roi dans la journée
Veut rentrer à Madrid et tout est préparé.
Prince, permettrez-vous?...

DON CARLOS.

Il suffit, je suivrai.

(Domingo sort. Don Carlos, seul, après un moment de silence.)

D'un fils bien malheureux non moins malheureux père!
Le soupçon dans ton cœur met sa dent de vipère;
Il en saigne déjà. Ton désir curieux
Hâte fatalement le moment où tes yeux
Du plus affreux secret perceront le nuage,
Et quand tu le sauras tu bondiras de rage.

SCÈNE II.

DON CARLOS, LE MARQUIS DE POSA.

DON CARLOS.

Que vois-je?... Anges du ciel!... Qui porte ici ses pas?
Rodrigue!

LE MARQUIS.

Cher Carlos!

DON CARLOS.

Ne me trompé-je pas?
Est-ce bien toi, Rodrigue? Oui, c'est toi! C'est toi-même!
Oui, je puis sur mon cœur te presser, toi que j'aime!
Je sens contre mon cœur les battements du tien!
Oh! je ne me plains plus! te voilà! tout est bien!
Rodrigue, maintenant mon cœur n'est plus malade:
Il a tout oublié, tout, dans cette embrassade!

LE MARQUIS.

Malade? Votre cœur?... Il cesse de souffrir?
Tout est bien?... De quel mal aviez-vous à guérir?...
Prince, de tels discours m'étonnent.

DON CARLOS.

De Bruxelle,
Quelle heureuse fortune aussi tôt te rappelle?

Bonheur inespéré! Qui faut-il en bénir? —
Je le demande encor! — Ne va pas me punir
De ce blasphème, ô Dieu! Pardonne à mon ivresse!....
Oui, c'est toi : tu permis, en voyant ma détresse,
Que cet ange gardien jusqu'à moi pût venir,
Et je demande encor qui je dois en bénir!

LE MARQUIS.

Cher prince, pardonnez si, devant cette joie,
Si, devant les transports où votre âme est en proie,
Je ne vous laisse voir que mon étonnement.
Dans le fils de Philippe, ô ciel! quel changement!
Sur votre pâle joue une rougeur brûlante!
— Vous n'étiez pas ainsi. — Votre lèvre est tremblante
Sous l'accès de la fièvre!... Ah! cher prince, pourquoi?
Et que dois-je penser de tout ce que je vois?...
Où donc est le jeune homme au généreux courage,
Qu'un peuple de héros, courbé sous l'esclavage,
Pour qu'il brisât ses fers m'avait dit d'appeler?
Comme Rodrigue, ici, je ne viens point parler,
Ni comme compagnon des jeux de votre enfance :
L'humanité dans vous place son espérance,
Et c'est son envoyé que voici devant vous :
C'est la Flandre qui vient embrasser vos genoux,
Vous suppliant de mettre un terme à sa misère.
Vous l'aimez, prince... Eh bien! cette Flandre si chère,
C'en est fait à jamais si l'on voit, un moment,
Albe, du fanatisme implacable instrument,
Sous nos terribles lois faire trembler Bruxelle.
Un seul espoir soutient ce peuple qui chancelle :
Cet espoir est en vous; en vous, de Charles-Quint

Le digne petit-fils. Mais cet espoir s'éteint,
Si, parlant par ma voix, l'humanité souffrante
Ne doit trouver en vous qu'une âme indifférente.

DON CARLOS.

Qu'il s'éteigne !

LE MARQUIS.

Quels mots avez-vous prononcés !

DON CARLOS.

Tu me rappelles là des jours qui sont passés.
Ah ! mes rêves aussi m'ont présenté l'image
D'un Carlos dont le cœur s'enflammait de courage,
Dont bouillonnait le sang au mot de liberté.
Ce Carlos, il n'est plus... Un Carlos est resté..
Le voici... Ce n'est plus l'ami de ton enfance,
Que tu vis d'Alcala partir plein d'espérance,
Et qui, s'abandonnant à des rêves encor,
Préparait à l'Espagne un nouvel âge d'or....
— Illusion d'enfant, mais divinement belle !
Songes, depuis longtemps dissipés avec elle !

LE MARQUIS.

Ces projets que Carlos me forçait d'admirer,
Étaient des songes, prince ?

DON CARLOS.

Ah ! laisse-moi pleurer !
Laisse-moi, seul ami que je possède encore,
Répandre sur ton sein des pleurs que je dévore !
Dans ce monde si grand, personne, excepté toi,
Personne ne voudrait s'intéresser à moi.

Aussi loin que s'étend le sceptre de mon père,
Que son pavillon flotte, oui, partout, ma misère
Ne trouve que ton cœur, rien que ton cœur, toujours,
Où je puisse donner à mes pleurs libre cours....
Par tout ce qu'a le ciel de saintes espérances
Pour ton âme et la mienne, ah! laisse à mes souffrances,
Laisse à ton pauvre ami l'abri que j'ai trouvé!...
(Le marquis se penche sur don Carlos dans une muette émotion.)
Imagine qu'en moi ta main a relevé
Un orphelin souffrant sur les marches d'un trône.
Sais-je ce qu'est un père? A Philippe je donne
Ce beau nom, mais mon cœur se demande pourquoi.
Je suis, et voilà tout, je suis un fils de roi....
Oh! si la voix dit vrai que mon cœur fait entendre;
Si toi seul entre tous es né pour me comprendre;
S'il est vrai que le ciel voulût, dans son amour,
Faire un autre Rodrigue en me donnant le jour;
Si, comme les accords de luths qui se répondent,
Dès nos plus jeunes ans nos deux cœurs se confondent;
Rodrigue! s'il est vrai qu'une larme de moi,
Parce qu'elle adoucit mes tourments, a pour toi
Plus de prix que n'aurait la faveur de mon père....

LE MARQUIS.

Plus que le monde entier cette larme m'est chère.

DON CARLOS.

Eh bien! je suis tombé, Rodrigue, de si haut,
Je suis si misérable, aujourd'hui, qu'il me faut
Rendre à ton souvenir les jours de notre enfance,
Pour rappeler enfin à ta reconnaissance

Un service par moi bien longtemps oublié,
Mais dont j'ai maintenant besoin d'être payé :
Alors qu'enfants tous deux, à la cour de mon père
Nous étions élevés comme un frère et son frère,
C'était un grand chagrin pour moi de voir combien
Mon esprit se trouvait éclipsé par le tien.
Après de longs efforts, j'eus pourtant ce courage,
Quoique vaincu par toi, de t'aimer sans partage :
J'avais désespéré de jamais t'égaler.
De tendresses, alors, tu me vis t'accabler ;
Je portai l'amitié jusques à la faiblesse ;
Mais ton cœur orgueilleux me repoussait sans cesse.
Souvent, sans que jamais tu visses mes douleurs,
J'étais là, devant toi, les yeux mouillés de pleurs,
Lorsqu'aux derniers d'entre eux donnant la préférence,
Tu pressais dans tes bras nos compagnons d'enfance :
« Pourquoi donc ta tendresse à ceux-là seulement?
Mais, je t'aime aussi, moi ! » disais-je tristement.
Toi, cruel! pour répondre à cette douce plainte,
T'imposant aussitôt une froide contrainte,
Tu répliquais, tombant à genoux devant moi :
« Voilà tout ce que doit Rodrigue au fils du roi. »

LE MARQUIS.

Ah! j'en rougis encor... D'un généreux silence,
Prince, daignez couvrir ces torts de mon enfance.

DON CARLOS.

Pourtant, je n'avais pas mérité ta froideur.
Tu pouvais dédaigner, faire saigner mon cœur,
Mais te le fermer? non! non! c'était impossible!
Trois fois, tu repoussas l'ami le plus sensible,

Dont le malheur voulait qu'il fût prince; trois fois
Tu refusas d'ouïr sa suppliante voix,
Lorsqu'en ton cœur, pour lui si longtemps tout de glace,
Il voulait à tout prix conquérir une place...
Ce que n'obtenait pas ton ami malheureux,
Le hasard vint le faire : au milieu de nos jeux,
Il arriva qu'un jour, d'une main imprudente,
Tu lanças ton volant dans les yeux de ma tante,
La reine de Bohême[1]. Aussitôt elle crut
Qu'un de nous, à dessein, l'avait prise pour but,
Et, le visage en pleurs, s'en plaignit à mon père.
Nous comparûmes tous, et ce juge sévère,
Demandant le coupable, ajouta le serment
Que cette faute aurait le plus dur châtiment,
La rigueur en dût-elle atteindre son fils même.
Alors je t'aperçus, Rodrigue, tremblant, blême;
Tu restais à l'écart... Soudain, aux pieds du roi
Je tombai, m'écriant : « Le coupable, c'est moi;
« Vous avez sur moi seul à vous venger, mon père ! »

LE MARQUIS.

Prince! Quel souvenir!

DON CARLOS.

              Et que fut sa colère?
Objet de la pitié des valets de la cour,
Dans un cercle nombreux dont ils formaient le tour,
Ton Carlos fut soumis à l'infamant supplice
De l'esclave! Du roi telle fut la justice!
Mais je ne pleurai point : je te voyais! Apprends,

---

1. Marie, sœur cadette de Philippe II, femme de Maximilien, roi de Bohême.

Qu'en ma douleur j'allais jusqu'à grincer des dents.
Mais je ne pleurai point. Les verges inhumaines
Faisaient jaillir le sang de mes royales veines....
Mais je ne pleurai point : je te voyais ! — Et toi,
Mon supplice fini, tu t'avanças vers moi,
Et dis en sanglotant : « A tes pieds je me jette;
« Mon orgueil est vaincu; j'acquitterai ma dette
« Lorsque tu seras roi.»

LE MARQUIS, lui présentant la main :
Carlos, je le ferai.
Homme, je jure encor ce qu'enfant je jurai.
De tenir mon serment l'heure viendra, j'espère.

DON CARLOS.
Cette heure est arrivée : il me faut mon salaire.
Ne mets plus de retard, Rodrigue, à t'acquitter !
J'ai besoin que l'on m'aime et tu vas m'écouter :
Un horrible secret me brûle, me torture.
Je veux qu'il sorte enfin. — Sur ta pâle figure,
Sans doute je lirai l'arrêt de mon trépas.
Frémis en m'écoutant, mais ne réplique pas :
J'aime ma mère !...

LE MARQUIS.
O Dieu !

DON CARLOS.
Non ! dis que sur la terre,
— Pas de ménagements ! — dis qu'aucune misère
N'approche de la mienne. — Oh ! parle ! je sais bien
Tout ce que tu diras... tu ne m'apprendras rien :
Le fils aime sa mère !... A l'amour de cet homme,
Tout à la fois, le monde, et la nature, et Rome

2

Jettent leur anathème. — Il est, je le comprends,
Contre les droits d'un père un attentat bien grand;
Et pourtant, j'aime encor! Je vais, par cette route,
A la folie, ou bien à l'échafaud. Sans doute,
J'aime sans espérance, et d'un coupable amour;
J'aime en tremblant: ma vie est en jeu chaque jour;
Je le sais trop, te dis-je, et pourtant j'aime encore!

LE MARQUIS.

Et cette passion.... la reine....?

DON CARLOS.

Elle l'ignore.
Ai-je pu jusqu'ici me déclarer, dis-moi?
En Espagne? à la reine? à la femme du roi?
Moi, le constant objet de ses jalouses craintes?
Moi, pour qui l'étiquette a ses mille contraintes?
Ai-je pu sans témoins voir la reine un moment?
Depuis huit mois, huit mois d'un infernal tourment,
Que je fus d'Alcala rappelé par mon père,
Il me faut tous les jours et la voir et me taire!
Voici huit mois mortels, Rodrigue, que mon cœur
Du feu qui le dévore éprouve la fureur;
Huit mois qu'à chaque instant, de ma lèvre tremblante,
Je veux faire échapper l'aveu qui m'épouvante,
Et qu'à me découvrir lorsque je me crois prêt,
Je refoule en mon cœur le terrible secret.
O Rodrigue! un moment sans témoins avec elle!
Un seul moment! un seul!

LE MARQUIS.

Prince! Je vous rappelle
Votre père.

DON CARLOS.

Eh! pourquoi le fais-tu, malheureux?
Parle-moi des terreurs du remords, si tu veux,
Mais de mon père, non!

LE MARQUIS.

Comment! Se peut-il faire
Que vous le haïssiez?

DON CARLOS.

Je ne hais pas mon père,
Mais ce terrible nom me cause un froid mortel,
Et je tremble, à l'entendre, ainsi qu'un criminel.
Dès mes plus jeunes ans élevé dans sa crainte,
Si toute affection dans mon cœur s'est éteinte,
La faute est-elle à moi? J'avais six ans déjà
Quand, la première fois, à moi se présenta
Cet homme redouté qu'on me disait mon père.
Il venait de signer, comme chose ordinaire,
D'un trait, l'arrêt de mort de quatre malheureux.
Et depuis, chaque fois qu'il parut à mes yeux,
Ce fut pour me punir, pour me punir sans cesse,
Avec rigueur, de torts d'enfance ou de jeunesse....
Oh! loin ces souvenirs, mon Dieu! qui font couler
Tant de fiel en mon cœur!

LE MARQUIS.

Non, non, il faut parler :
A dire ses chagrins, prince, un cœur se soulage.

DON CARLOS.

J'ai bien souvent lutté; souvent, devant l'image
De la Reine du ciel, je tombai tout en pleurs,

La nuit, quand mes gardiens oubliaient leurs rigueurs,
Pour qu'elle m'accordât enfin d'aimer mon père ;
Mais la Vierge n'a point exaucé ma prière....
— Quel étrange destin ! Pourquoi ce père à moi ?
Entre mille autres, lui, justement ? Et pourquoi
Entre mille autres fils, moi, pour fils à ce père ?
Entre mille meilleurs ? — Explique ce mystère.
La Nature n'a pas de contrastes plus grands.
D'un odieux lien nous nous sentons souffrants.
Comment ! pour les unir par la plus sainte chaîne,
Choisir Philippe et moi ! De la famille humaine
Les membres les moins faits pour s'entendre ! Pourquoi
Nous avoir imposé cette terrible loi ?
Deux hommes qui craignaient de se trouver ensemble,
Dans un horrible accord un désir les rassemble !
Pourquoi ? — Tu vois en nous, accomplissant leur cours,
Deux astres ennemis, qui, poursuivant toujours
Des chemins opposés, de leur première orbite
Déviant une fois par une loi subite,
Pour ne plus se revoir se heurtent un moment.

LE MARQUIS.

D'un bien funeste jour j'ai le pressentiment.

DON CARLOS.

Je le prévois de même, et je tremble, Rodrigue.
Si, parfois, je sommeille, accablé de fatigue,
Voici, comme feraient des esprits infernaux,
Que des songes affreux tourmentent mon repos.
Contre de noirs projets où mon esprit s'égare
Je lutte encor ; de moi le sophisme s'empare,
Et, sans doute, vaincu par lui, j'accomplirai

Quelque horrible dessein par l'enfer inspiré....
Si j'oublie une fois que Philippe est mon père...?
Je vois que tu m'entends.... Ton visage s'altère;
Tu frémis.... Si je viens à l'oublier? dis-moi,
Rodrigue, penses-tu que je m'arrête au roi?

LE MARQUIS, après un moment de silence:

Accordez une grâce à votre ami fidèle :
Quel que soit le projet que votre cœur recèle,
Sans m'avoir consulté ne l'accomplissez pas.
Me le promettez-vous?

DON CARLOS.

Tout ce que tu voudras;
A ta pure amitié je promets tout. Ordonne!
Rodrigue, sans réserve à toi je m'abandonne.

LE MARQUIS.

Le roi rentre à Madrid, dit-on. De peu de temps
Vous pouvez disposer. Si, pour quelques instants,
Vous voulez sans témoins entretenir la reine,
Jamais l'occasion n'en sera plus certaine :
Ici de l'étiquette on sent moins la rigueur.
Aranjuez donne un peu de liberté.

DON CARLOS.

Mon cœur,
Autrefois, espéra cette heure fortunée.

LE MARQUIS.

Pourquoi cette espérance est-elle abandonnée?
A la reine, à l'instant, je vais me présenter,
Et si, reine d'Espagne, elle a daigné rester

Telle que je la vis à la cour de son père,
Je suis sûr de trouver une franchise entière.
Si pour vous dans ses yeux je lisais quelque espoir ;
Si je la rencontrais disposée à vous voir ;
Si je puis un moment faire éloigner sa suite....

DON CARLOS.

La plus grande partie en est déjà séduite.
Mon page Mondéjar m'a surtout assuré
De l'appui de sa mère, et....

LE MARQUIS.
                    Je réussirai !
A mon premier signal soyez prêt à paraître.

DON CARLOS.
Oui, — je t'obéirai — mais, sois prompt !

LE MARQUIS.
                         Je vais l'être :
Pas un moment perdu. — Prince, c'est au revoir !
    (Ils sortent par des côtés différents.)

SCÈNE III.

La résidence de la reine à Aranjuez. — Une contrée champêtre
traversée par une allée. Au fond, le château de la reine.

LA REINE, LA DUCHESSE D'OLIVAREZ, LA PRINCESSE
D'ÉBOLI et LA MARQUISE DE MONDÉJAR.
    (Elles arrivent par l'allée.)

LA REINE, à la marquise :
Je veux à mes côtés, marquise, vous avoir.
Cette folle gaîté que montre la princesse,

Depuis notre lever, m'importune et me blesse.
Regardez! Vous voyez qu'elle prend peu souci
De me celer sa joie à s'en aller d'ici.

LA PRINCESSE D'ÉBOLI.

Pour moi, revoir Madrid est un plaisir extrême;
Je ne m'en cache pas.

LA MARQUISE DE MONDÉJAR.

N'en va-t-il pas de même
A Votre Majesté? La reine éprouverait
A quitter Aranjuez un sensible regret?

LA REINE.

Oui; du moins à quitter cette belle contrée.
Comme en un monde à moi je m'y sens retirée;
J'ai fait de ce recoin mon séjour favori.
J'y crois voir ma patrie; il m'a toujours souri
Comme elle souriait à mon heureuse enfance.
J'y retrouve les jeux, l'air de ma chère France.
Ah! ne m'en blâmez pas : le cœur ne peut bannir
Pour la patrie absente un tendre souvenir.

LA PRINCESSE D'ÉBOLI.

Mais ces lieux retirés sont si mornes, si tristes!
On croirait habiter un couvent de Trappistes.

LA REINE.

Sur mon cher Aranjuez nous sommes peu d'accord.
C'est Madrid qui me semble être un séjour de mort.
Qu'en dit notre duchesse?

LA DUCHESSE D'OLIVAREZ.

Une coutume ancienne,
Reine, veut que la cour un mois ici se tienne,
Habite le Pardo pendant un autre mois,
Madrid l'hiver. Depuis que l'Espagne a des rois [1].
Cet usage est suivi. Voilà ce que je pense.

LA REINE.

Vous savez qu'avec vous je m'interdis d'avance
Toute discussion. — Ici, je cède encor.

LA MARQUISE DE MONDÉJAR.

Quelle vie à Madrid! Dans la Place-Mayor
Un combat de taureaux en ce moment s'apprête,
Et d'un auto-da-fé l'on nous promet la fête.

LA REINE.

On nous promet la fête! Est-ce bien vous qu'ici,
Ma douce Mondéjar, j'entends parler ainsi?

LA MARQUISE DE MONDÉJAR.

Eh! sans doute : on va voir brûler des hérétiques.

LA REINE.

Vous jugez autrement ces sanglantes pratiques,
Je l'espère, Éboli?

LA PRINCESSE D'ÉBOLI.

Moi! reine? En vérité,
Je demande instamment à Votre Majesté
De croire que je suis aussi bonne chrétienne
Que ne l'est la marquise.

---

1. C'est en 1560 seulement que Philippe II transféra sa résidence de Tolède à Madrid, qui devint alors la capitale de l'Espagne.

ACTE I. — SCÈNE III.

LA REINE.

Allons! Qu'on s'entretienne
D'autres sujets. — Hélas! j'oubliais où je suis....
Nous étions à parler, je crois, de ce pays.
Notre mois de séjour s'est écoulé bien vite.
Je m'en étais promis un bonheur sans limite;
Mais, ce que j'espérais, je ne l'ai pas trouvé.
De même chaque espoir nous est-il enlevé?....
Cependant, ce qu'ici j'attendais, je l'ignore.

LA DUCHESSE D'OLIVAREZ.

Princesse d'Éboli, nous ignorons encore
Si don Gomez espère, et si d'un tel époux
Nous saluerons bientôt la fiancée en vous?

LA REINE.

Vous me le rappelez fort à propos, duchesse.
(A la princesse:)
On veut qu'auprès de vous à lui je m'intéresse.
Mais le puis-je? Il me faut pour ma chère Éboli
Un époux digne d'elle, un époux accompli.

LA DUCHESSE D'OLIVAREZ.

A Votre Majesté je me permets de dire
Que don Gomez est bien tout ce qu'elle désire:
Apprécié du roi dont il a la faveur....

LA REINE.

Il doit en éprouver un suprême bonheur.
Nous n'en voulons pas moins savoir comment il aime;
Si d'être aimé, surtout, il est digne lui-même.
Chère Éboli, parlez.

LA PRINCESSE D'ÉBOLI, d'abord troublée et muette, les yeux fixés
vers la terre, puis se jetant aux pieds de la reine :
    Que Votre Majesté
Prenne pitié de moi ! J'implore sa bonté !
Ah ! c'est au nom du ciel que je vous en supplie :
Défendez, défendez que l'on me... sacrifie !

     LA REINE.

Que l'on vous sacrifie ? Il suffit ! — Levez-vous !
Contre son gré se voir imposer un époux
Est cruel. Je vous crois. — Levez-vous. — Et, le comte,
Vous l'avez refusé ? — Votre refus remonte
A quel temps ?

   LA PRINCESSE D'ÉBOLI, se relevant :

      Oh ! voici plusieurs mois de cela :
Le prince n'était point revenu d'Alcala.

  LA REINE, étonnée et fixant sur la princesse un regard pénétrant :

Du motif qui vous guide êtes-vous bien certaine ?

   LA PRINCESSE D'ÉBOLI, avec résolution :

Épouser don Gomez m'est impossible, reine.
J'en ai mille raisons.

    LA REINE, très-sérieusement :

     Une seule suffit :
Vous ne pouvez l'aimer, et, dès lors, tout est dit.
Finissons.
    (Aux autres dames :)
   D'aujourd'hui je n'ai pas vu l'infante ;
Qu'à sa mère, à l'instant, marquise, on la présente.

LA DUCHESSE D'OLIVAREZ, *regardant à sa montre:*

Ce n'est pas l'heure encor.

LA REINE.

D'être mère? Ah! vraiment,
C'est cruel. J'attendrai qu'en vienne le moment.
Vous voudrez bien, du moins, m'en donner connaissance.

(Un page vient parler à voix basse à la première dame d'honneur, qui, aussitôt, se tourne vers la reine.)

LA DUCHESSE D'OLIVAREZ.

Le marquis de Posa....

LA REINE.

Lui?

LA DUCHESSE D'OLIVAREZ.

Demande audience :
Il vient des Pays-Bas, s'est en France arrêté,
Et désire remettre à Votre Majesté
Des lettres de sa mère.

LA REINE.

Et que dit l'étiquette?

LA DUCHESSE D'OLIVAREZ, *réfléchissant :*

Rien; mon instruction sur ce point est muette,
Madame; vainement je l'interrogerais.
Elle n'a pas réglé le cas où je verrais
Quelque grand de Castille apporter une lettre
D'une cour étrangère, et venir la remettre
A la reine d'Espagne, en un jardin du roi.

LA REINE.

Dès qu'il en est ainsi, je prendrai tout sur moi.

LA DUCHESSE D'OLIVAREZ.

La reine voudra bien souffrir que je la laisse
Durant cet entretien?

LA REINE.

A votre aise, duchesse.

(La première dame d'honneur sort. La reine fait un signe au page,
qui s'éloigne aussitôt.)

SCÈNE IV.

LA REINE, LA PRINCESSE D'ÉBOLI, LA MARQUISE
DE MONDÉJAR, LE MARQUIS DE POSA.

LA REINE.

En Espagne, marquis, soyez le bienvenu.

LE MARQUIS.

De l'avoir pour patrie on ne m'a jamais vu
Plus fier qu'en ce moment, aussi....

LA REINE, à ses deux dames:

         Je vous présente
Le marquis de Posa. D'une façon brillante
Il rompit une lance à Reims, dans un tournoi,
Avec le roi mon père, et, combattant pour moi,
Trois fois à mes couleurs assura la victoire.
De tous les Espagnols, je le dis à sa gloire,
Le marquis, le premier, a su faire à mon cœur
D'être reine d'Espagne apprécier l'honneur.

(Se tournant vers le marquis:)

Quand nous nous sommes vus à la cour de mon père
Pour la dernière fois, vous n'imaginiez guère,

N'est-ce pas, chevalier? qu'en Castille, à sa cour,
Élisabeth pourrait vous recevoir un jour?

LE MARQUIS.

Non, grande reine : alors je ne pouvais m'attendre
A voir la France un jour par nous se laisser prendre
Le seul bien dont encore elle nous vît jaloux.

LA REINE.

Orgueilleux Espagnol! Le seul bien! Songez-vous
Que c'est une Valois, ici, qui vous écoute?

LE MARQUIS.

Jadis je n'eusse point ainsi parlé, sans doute :
Je le puis maintenant que vous êtes à nous.

LA REINE.

Vous vous êtes en France arrêté; qu'avez-vous
A m'en dire, marquis? Ma mère vénérée
Et mes frères chéris...?

LE MARQUIS, lui remettant les lettres :
Souffrante et retirée
Loin de tous les plaisirs, la reine-mère au cœur
N'en veut plus avoir qu'un : se dire quel bonheur
Sur le trône d'Espagne a sa royale fille.

LA REINE.

Et comment n'y pas être heureuse? Ma famille
Prend soin de me donner tant de marques d'amour!
— Vous avez, chevalier, visité mainte cour,
Vu beaucoup de pays, appris bien des usages,
Et l'on dit qu'à présent, renonçant aux voyages,
Vous comptez, en Espagne à tout jamais rentré,

N'y vivre que pour vous, tranquille et retiré ;
Libre, philosophant, plus roi que le roi même.
Je doute que Madrid vous offre un charme extrême,
Le calme en est... profond.

LE MARQUIS.

                D'une semblable paix
Le reste de l'Europe ignore les bienfaits.

LA REINE.

C'est ce que l'on me dit. Aux choses de la terre
Jusqu'à les oublier je deviens étrangère.

(A la princesse d'Éboli.)

Princesse d'Éboli, donnez-moi cette fleur
Que j'aperçois là-bas.

(La princesse va au lieu indiqué. La reine plus bas au marquis :)

                Ou je suis dans l'erreur,
Ou bien, dans cette cour, un autre que la reine
Est heureux, chevalier, du jour qui vous ramène.

LE MARQUIS.

Un malheureux, madame. Une chose à son cœur,
Une seule, ici-bas peut donner le bonheur.

(La princesse revient avec la fleur.)

LA PRINCESSE D'ÉBOLI.

Puisque le chevalier a parcouru le monde,
En faits intéressants sa mémoire est féconde,
Sans doute ? Nous serions prêtes à l'écouter.

LE MARQUIS.

Oui, madame, j'aurais beaucoup à raconter.
Il faut qu'un chevalier cherche les aventures.

Mais il ne doit viser qu'aux gloires les plus pures :
Des dames, avant tout, il est le défenseur.

LA MARQUISE DE MONDÉJAR.

Il n'est plus de géants.

LE MARQUIS.

Madame, l'oppresseur
Remplace le géant pour le faible.

LA REINE.

Sans doute.
On trouve des géants encor, mais, sur leur route,
Où sont les chevaliers ?

LE MARQUIS.

J'appris tout récemment,
A mon retour de Naple, un triste événement.
C'est comme un legs pieux qu'une amitié bien pure
A versé dans mon cœur la touchante aventure.
Cet ami — de son sort je souffre autant que lui. —
Si je ne craignais pas de causer quelque ennui
A Votre Majesté...

LA REINE.

Du choix suis-je maîtresse ?
La curiosité que montre la princesse
Ne vous ferait pas grâce. Écoutons ! — Après tout,
Les récits, chevalier, sont assez de mon goût.

LE MARQUIS.

A Mirandole étaient deux familles anciennes,
Qui, lasses de nourrir de séculaires haines,
Triste legs des partis, et Guelphe, et Gibelin,

Un jour à leurs discords voulurent mettre fin,
Et, par une union saintement consacrée,
S'assurer une paix d'éternelle durée.
L'hymen devait unir Mathilde et Fernando :
Celui-ci, le neveu de l'illustre Piétro;
Elle, de Colonna la ravissante fille.
A ce couple charmant l'une et l'autre famille
Confiait le doux soin de sceller cette paix.
Nobles cœurs que le ciel l'un pour l'autre avait faits;
Union à laquelle applaudissait le monde,
Certain qu'elle devait être en bonheur féconde.
Jusque-là, le seul art d'un habile pinceau
Avait fait admirer Mathilde à Fernando.
Ah! combien il craignait, en la voyant si belle,
De n'avoir sous les yeux qu'une image infidèle
D'une réalité que son plus cher espoir,
Que ses rêves de feu n'osaient pas entrevoir!
Mais, il ne peut déjà voler à Mirandole :
Enchaîné sur les bancs d'une célèbre école,
A Padoue il attend que vienne l'heureux jour
Où, libre, libre enfin, de son premier amour,
Il pourra, palpitant d'émotion, d'ivresse,
Balbutier l'hommage aux pieds de sa maîtresse.

(La reine devient plus attentive. Le marquis, après un moment de silence, continue son récit, qu'il adresse, autant que le permet la présence de la reine, à la princesse d'Éboli.)

Mais avant que ce jour n'eût lui pour Fernando,
L'épouse de Piétro descendait au tombeau.
Tout à coup, le vieillard d'un jeune feu s'enflamme
Pour celle dont partout l'éloge se proclame.
Il voit Mathilde... il aime!... A sa nouvelle ardeur

La voix de la nature a cédé dans son cœur.
L'oncle, de son neveu vole la fiancée,
Et la parole sainte à l'autel prononcée
Légitime ce rapt!

LA REINE.

Et Fernando, marquis?
Que fit-il?

LE MARQUIS.

Lui! madame? Il n'avait rien appris;
Il venait... il volait, car l'amour a des ailes...
Les étoiles déjà jetaient leurs étincelles,
Quand son coursier rapide et qu'il trouve trop lent,
Aux murs de Mirandole arrive haletant.
En ce moment, les sons d'une bruyante veille
De Fernando surpris viennent frapper l'oreille.
Il s'avance... Il entend sortir des chants joyeux
Du palais de son oncle où brillent mille feux;
Il monte les degrés... Sa marche est inquiète...
Il entre... Tout annonce une brillante fête:
Dans une salle immense un splendide festin;
Des convives nombreux animés par le vin;
Au milieu d'eux Piétro. Près du vieillard assise,
Une femme, il n'est pas dans l'erreur, ô surprise!
Fernando la connaît!... Dans ses rêves d'amour,
Il ne la vit jamais plus belle qu'en ce jour!
Un coup d'œil a suffi pour lui faire comprendre
Ce qu'il perd: un trésor que rien ne peut lui rendre!

LA PRINCESSE D'ÉBOLI.

Malheureux Fernando!

LA REINE.

Chevalier, ce récit
Est terminé sans doute?... Oui, vous avez tout dit.
Il le faut.

LE MARQUIS.

Pas encor.

LA REINE.

Vous ai-je su comprendre?
Fernando fut-il pas votre ami?

LE MARQUIS.

Le plus tendre.

LA PRINCESSE D'ÉBOLI.

Cette histoire, marquis, veuillez donc la finir.

LE MARQUIS.

Bien triste en est la fin. A ce seul souvenir,
Ma cuisante douleur se ravive en mon âme.
D'aller jusques au bout, dispensez-moi, madame.

(Silence général.)

LA REINE, se tournant vers la princesse d'Éboli:

J'espère qu'à présent l'heure me permettra
De voir ma fille, enfin. Princesse, amenez-la!

(La princesse s'éloigne; le marquis fait un signe à un page qui se montre dans le fond et qui disparait aussitôt. La reine ouvre les lettres que lui a données le marquis et paraît surprise. Pendant ce temps, le marquis parle bas et d'une manière pressante à la marquise de Mondéjar. La reine, qui a lu les lettres, se tourne vers le marquis, et lui jetant un regard scrutateur :)

Vous n'avez point parlé de Mathilde. Sait-elle
Combien de Fernando la douleur est cruelle?

ACTE I. — SCÈNE IV.

LE MARQUIS.

Nul n'a pu jusqu'ici lire au fond de son cœur;
Mais un cœur noble et fort sait cacher sa douleur.

LA REINE.

Où portez-vous les yeux? Qui cherchez-vous?

LE MARQUIS.

            Je pense
A quelqu'un... Sur son nom je garde le silence...
Qui serait bien heureux de se voir où je suis.

LA REINE.

S'il ne l'est pas, à qui la faute?

LE MARQUIS, avec vivacité:

           Dieu! Je puis...?
Ces mots... selon mes vœux, osé-je les entendre?
Sans craindre de déplaire il peut ici se rendre?

LA REINE, avec effroi:

Ici? dans cet instant, marquis? Expliquez-moi...

LE MARQUIS.

Il peut espérer? — Lui! Peut-il...?

LA REINE, dans un trouble toujours croissant:

          Ah! Quel effroi!
— Non; il n'osera pas!

LE MARQUIS.

  Le voici.

SCÈNE V.

LA REINE, DON CARLOS.

(Le marquis de Posa et la marquise de Mondéjar se retirent au fond du théâtre.)

DON CARLOS, tombant aux pieds de la reine:

Jour d'ivresse !
Cette main adorée, enfin Carlos la presse !

LA REINE.

Prince, qu'osez-vous faire ? Oh ! mon Dieu ! Levez-vous !
Vous vous rendez coupable... On a les yeux sur nous...
Ma suite est là.

DON CARLOS.

Non ! non ! à vos genoux je reste.
J'y demeure, enchaîné par un charme céleste.
Il faudra que d'ici l'on m'arrache !

LA REINE.

Insensé !
Où ma bonté pour vous vous a-t-elle poussé ?
Savez-vous bien qu'ici ce discours téméraire
S'adresse à votre reine et jusqu'à votre mère ?
Savez-vous bien qu'au roi je pourrais découvrir
Cette étrange surprise ?...

DON CARLOS.

Et qu'il faudra mourir ?...
J'y consens ! Que d'ici l'on me traîne au supplice !
Pour payer ce moment d'ineffable délice,
La mort même, la mort n'est pas un prix trop haut.

LA REINE.

Et votre reine?

DON CARLOS, se relevant:
O Dieu! Mon Dieu! Puisqu'il le faut,
Je pars — Je vais partir — Puis-je à votre prière,
Faite ainsi, résister?... O ma mère, ma mère!
Oh! que vous vous jouez de moi cruellement!
De vous un mot, un signe, un regard seulement,
C'est la vie ou la mort pour moi... Quel sacrifice
Demandez-vous encor? Rien que je n'accomplisse
Sur un désir de vous.

LA REINE.
Fuyez!

DON CARLOS.
O ciel!

LA REINE.
Fuyez!
Je vous prie en pleurant, Carlos, vous le voyez.
Grâce! Fuyez avant que ma suite ne vienne;
Avant que ma geôlière ici ne vous surprenne;
Avant qu'on n'aille dire à votre père, au roi,
Que l'on nous a trouvés ensemble, vous et moi!

DON CARLOS.
Je subirai mon sort, que je vive ou je meure!...
Eh! quoi? tout mon espoir s'est porté sur cette heure,
Sur cet unique instant auquel, enfin, je dois
De vous entretenir sans témoins une fois,
Et quand je touche au but, sur quelque crainte vaine,

C'est une illusion que j'y verrais ! Non, reine :
La terre mille fois accomplirait son tour,
Avant que le hasard me rende un pareil jour.

LA REINE.

Toute l'éternité ne saurait vous le rendre.
Infortuné ! de moi que pouvez-vous attendre ?

DON CARLOS.

O reine, j'ai lutté, lutté comme un mortel
N'a dû lutter jamais ; j'en atteste le ciel !
Hélas ! ce fut en vain : j'ai perdu tout courage.

LA REINE.

Au nom de mon repos, finissez ce langage !

DON CARLOS.

Mais vous m'apparteniez ! Le monde ferait foi
Que deux trônes puissants vous promirent à moi.
L'union de nos cœurs, le ciel l'avait scellée ;
La nature ! Et Philippe à moi vous a volée !

LA REINE.

C'est votre père.

DON CARLOS.

Il est votre époux !

LA REINE.

A son fils
Un jour il léguera les plus vastes pays.

DON CARLOS.

Et vous pour mère.

LA REINE.

O ciel ! vous êtes en démence.

DON CARLOS.

Connaît-il son trésor? sait-il qu'il est immense?
Son cœur comprend-il donc le prix de votre cœur?...
— Ah! tout ce qu'avec vous j'aurais eu de bonheur,
Je l'oublîrai; la plainte en moi saura se taire.
Mais, du moins, que je croie à celui de mon père!
Mon père, heureux? non, non!... O désespoir affreux!...
Il n'est pas et jamais il ne doit être heureux...
— Va! tu ne m'as ravi mon paradis sur terre
Que pour l'anéantir dans les bras de mon père!

LA REINE.

Pensée abominable!

DON CARLOS.

              Ah! je connais assez
Celui qui conseilla cet hymen. Oui! je sais
Comment il vous obtint et quel amour il donne,
Le roi. Dans les États soumis à sa couronne,
Qu'êtes-vous? Régnez-vous? Quel est votre pouvoir?
Ah! pour peu qu'il vous fût accordé d'en avoir,
D'un Albe verrait-on la sanglante puissance?
Les Flamands égorgés martyrs de leur croyance?
Je le demande encor: qu'êtes-vous, dites-moi?
Comment pourrais-je en vous voir la femme du roi?
Vous, femme de Philippe? Oh! non, certes! non, reine!
Du cœur de son époux l'épouse est souveraine;
Mais, Philippe!... à quelqu'un peut-il donner son cœur?
Si, dans quelques accès d'une fiévreuse ardeur,
Il éprouve, parfois, un moment de tendresse,
Ne demande-t-il point pardon de sa faiblesse,
A son sceptre, aux cheveux grisonnant sur son front?
Comme si cet amour leur était un affront?

LA REINE.

Qui vous dit que mon sort, auprès de votre père,
Soit à plaindre?

DON CARLOS.

     Mon cœur, dont l'amour eût su faire,
— Je le sens, — que ce sort, objet de ma pitié,
Fût devenu pour vous digne d'être envié.

LA REINE.

Quel orgueil!.... Si mon cœur m'assurait du contraire?
Si les tendres égards qu'a pour moi votre père,
Si l'amour de Philippe, amour silencieux,
Que savent m'exprimer son visage et ses yeux,
Me touchaient beaucoup plus que ne peut y prétendre
L'audacieux discours que vous faites entendre?
Si les soins d'un vieillard...?

DON CARLOS.

      Dès qu'il en est ainsi —
Alors, — Oui, — Pardonnez... Ce que j'apprends ici,
Je ne le savais pas. — Non, j'ignorais, madame,
Que, pour le roi, l'amour eût place dans votre âme.

LA REINE.

L'honorer fait ma joie et mon ambition.

DON CARLOS.

N'aimâtes-vous jamais?

LA REINE.

    Étrange question!

DON CARLOS.

Jamais?

ACTE I. — SCÈNE V.

LA REINE.

Je n'aime plus.

DON CARLOS.

Qui le veut, je vous prie,
De votre cœur ou bien du serment qui vous lie?

LA REINE.

Quittez-moi! Partez, prince, et souvenez-vous bien
De ne pas ramener un semblable entretien!

DON CARLOS.

Qui le veut?... Votre cœur?... Le serment qui vous lie?

LA REINE.

Mon devoir! Malheureux! Quelle est votre folie!
Pourquoi si tristement vouloir approfondir
Le sort que, tous les deux, il faut subir?

DON CARLOS.

Subir?
Le sort qu'il faut subir?

LA REINE.

Sans doute. Pourquoi prendre
Cet air si solennel? Que voulez-vous m'apprendre?

DON CARLOS.

Ceci : que don Carlos, alors qu'il peut vouloir,
N'ira pas se courber sous un autre pouvoir.
Que don Carlos encor, quand il peut lui suffire
De fouler à ses pieds les lois de cet empire,
Pour s'y voir tout à coup le plus heureux mortel,
N'en voudra pas rester le plus à plaindre.

LA REINE.
                              Oh! ciel!
Vous ai-je bien compris? L'espoir encor vous reste?
Espérer! Vous avez ce courage funeste?
Lorsque tout est perdu, vous conservez l'espoir!

DON CARLOS.
C'est aux morts seulement à ne plus en avoir.

LA REINE.
Vous osez le fonder sur moi?... Sur votre mère?...
  (Elle le regarde longtemps et fixement, puis reprend avec
  dignité:)
Eh! pourquoi pas? Pourquoi n'y voir qu'une chimère?
Il pourra plus encor le monarque nouveau :
De celui que l'on vient de descendre au tombeau,
Il peut livrer les lois aux flammes; son image,
L'effacer, la briser... Il peut bien davantage...
Qui le retient?... Il peut, au sombre Escurial,
De la tombe arracher le cadavre royal,
Le traîner au grand jour, dépouille profanée,
Et dissiper sa cendre aux vents abandonnée.
Pour ne pas s'arrêter en si noble chemin,
Il peut....

DON CARLOS.
 Au nom du ciel! n'achevez pas!

LA REINE.
       Enfin,
A le suivre à l'autel il peut forcer sa mère!

DON CARLOS.
Fils maudit!
  (Il demeure un instant immobile et muet.)

C'en est fait!... Oui... Fatale lumière!
Quel mystère à mes yeux elle fait éclater!
Oh! dans l'ombre, pour moi, que n'a-t-il pu rester!
Maintenant, j'ai compris que vous m'êtes ravie.
Je vous perds!... Je vous perds!... Je vous perds pour la vie!
Sous cet affreux penser, sous cette loi de fer,
Je me sens torturé des tourments de l'enfer.
L'enfer! C'est encor lui, c'est lui qui, dans mon âme,
Excite les désirs de ma coupable flamme!
Pour moi l'enfer toujours! Partout, partout l'enfer!
Je succombe!

LA REINE.

Carlos! vous qui m'êtes si cher;
Malheureux, que je plains! je sais, je sais comprendre
L'indicible douleur que vous faites entendre,
Et dont la violence a brisé votre cœur :
Oui, comme son amour, immense est sa douleur;
Mais immense à son tour sera pour vous la gloire
D'avoir sur cet amour remporté la victoire.
Sachez donc l'obtenir. Le prix en est, Carlos,
Digne du combattant, digne, jeune héros,
Du cœur où sont vivants la vertu, le courage,
Des rois dont vous sortez héroïque héritage.
Ranimez, noble prince, en ce cœur abattu,
Et le même courage et la même vertu!
Le petit-fils de Charle à triompher s'apprête
Au moment où tout autre avouerait sa défaite.

DON CARLOS.

Il est trop tard! Trop tard!

LA REINE.

      D'être homme? Dites-vous
Combien de la vertu la force est grande en nous,
Quand, même au prix du cœur, que brise sa contrainte,
On sait toujours rester fidèle à sa loi sainte.
Le ciel vous a fait naître en un rang élevé,
Qu'à bien peu de mortels nous voyons réservé.
Le ciel vous a comblé de faveurs singulières,
En prenant sur la part de beaucoup de vos frères.
Ils peuvent demander si vous, son favori,
Si, déjà dans le sein où vous fûtes nourri,
Vous aviez mérité tant de faveurs extrêmes;
Si donc aux yeux de Dieu vous valez plus qu'eux-mêmes?
Eh bien! justifiez cette faveur du ciel;
Sachez être plus grand qu'aucun autre mortel;
Prince! j'attends de vous un noble sacrifice :
Ce que nul ne ferait, que Carlos l'accomplisse!

DON CARLOS.

S'il faut vous conquérir, je le puis, je puis tout;
S'il faut vous perdre, rien! Mon courage est à bout.

LA REINE.

Avouez-le, Carlos, cette ardeur téméraire,
Qui porte vos désirs jusques à votre mère,
N'est qu'orgueil, que dépit, que fol entêtement.
Votre cœur, votre amour, que, si légèrement,
Vous dissipez pour moi, songez qu'ils doivent être
Le bien des nations dont vous serez le maître.
De ces trésors perdus vous rendrez compte un jour.
Votre plus grand devoir est, sans doute, l'amour,
Mais non pour que vers moi, votre mère, il s'égare.

ACTE I. — SCÈNE V.

Prince, dès maintenant sachez en être avare,
Pour qu'un jour, tout entier vous puissiez le donner
Aux peuples que le ciel vous laisse à gouverner.
Du remords à votre âme épargnez le supplice.
Ainsi qu'on bénit Dieu, faites qu'on vous bénisse.
Élisabeth obtint votre premier amour :
L'Espagne vous attend; que l'Espagne ait son tour.
Aimez-la d'un amour qu'aucun amour n'égale;
Je cède avec bonheur à ma noble rivale.

DON CARLOS, subjugué par son émotion, se jette aux pieds de la reine:

O céleste langage! O magnanimité!
Oui, je consens à tout... Le sort en est jeté!

(Il se lève.)

Me voici devant Dieu : je jure en sa présence....
O ciel!... Non!... Je vous jure un éternel silence.
— Je ne puis pas jurer un éternel oubli.

LA REINE.

Ce qui par elle, hélas! ne peut être accompli,
De Carlos croyez-vous qu'Élisabeth l'exige?

LE MARQUIS, accourant par l'allée:

Le roi!

LA REINE.

Grand Dieu!

LE MARQUIS.

Fuyez! prince... Fuyez! vous dis-je.

LA REINE.

Terrible est son soupçon. Craignez que ses regards...

DON CARLOS.

Je reste.

LA REINE.
Et qui sera la victime?

DON CARLOS, *tirant le marquis par le bras:*
Je pars,
Je pars... Rodrigue! Viens!
(*Il s'en va et revient encore une fois.*)
Comme faveur dernière,
J'emporterai d'ici...?

LA REINE.
L'amitié d'une mère.

DON CARLOS.
Son amitié!... Ma mère!

LA REINE.
Et ces lettres aussi
Où les Flandres m'ont dit leurs douleurs.

(*Elle lui donne quelques lettres. Don Carlos et le marquis sortent. La reine cherche ses dames d'un air inquiet et n'en aperçoit aucune. Au moment où elle se retire vers le fond du théâtre, le roi paraît.*)

SCÈNE VI.

LE ROI, LA REINE, LE DUC D'ALBE, LE COMTE DE LERME, DOMINGO, quelques dames et quelques grands, qui restent dans l'éloignement.

LE ROI.
(*Il regarde autour de lui avec surprise et reste un moment silencieux.*)
Seule ici,
Madame! Avec la reine en ce jardin personne?
De votre isolement souffrez que je m'étonne.
Où sont vos femmes?

LA REINE.

Sire...

LE ROI.

Où? Pourquoi seule ici?

(A sa suite:)

D'impérieux devoirs impardonnable oubli !
Je saurai le punir ainsi qu'il le mérite.
De la reine aujourd'hui qui composait la suite?
A qui de la servir appartenait l'honneur?

LA REINE.

Ne vous irritez pas, ô mon noble seigneur!
La faute n'est qu'à moi ; par mon ordre pressée,
La princesse Éboli seule ici m'a laissée.

LE ROI.

Par votre ordre?

LA REINE.

Un moment, et pour faire savoir
A l'infante qu'ici je désire la voir.

LE ROI.

Et l'ordre a fait partir la suite tout entière?
De vos dames il peut excuser la première...
Où la seconde est-elle?

LA MARQUISE DE MONDÉJAR, qui, pendant ce temps, est revenue
et s'est mêlée aux autres dames, s'avance:

Ah! sire, je le sens,
Je suis coupable.

LE ROI.

Aussi, loin de Madrid, dix ans,
Sur la faute qu'ici vous vous êtes permise,
Vous irez méditer.

(La marquise se retire en pleurant. Silence général. Chacun jette un regard d'anxiété sur la reine.)

LA REINE.

Pour qui ces pleurs, marquise?

(Au roi :)

Sire, j'aurais des torts, que, d'un semblable affront,
La couronne par vous attachée à mon front,
Et que, vous le savez, je n'ai point recherchée,
Eût dû me garantir. De quelle loi cachée
Faites-vous résulter que la fille d'un roi
Soit traduite en justice ainsi que je me voi?
Pour qu'une femme soit à son devoir fidèle,
Lui faut-il, en Espagne, une garde éternelle?
Est-ce qu'en ce pays un gardien la défend
Mieux que ne le ferait sa vertu? — Maintenant,
Pardon : ce n'est pas moi qui suis accoutumée
A voir les serviteurs de qui je suis aimée,
Me quitter en pleurant. Mondéjar!

(La reine détache sa ceinture et la donne à la marquise :)

C'est le roi
Que vous avez fâché; c'est lui; ce n'est pas moi.
Prenez ce souvenir; prenez! Qu'il vous rappelle,
Avec mon amitié, cette heure solennelle.
L'Espagne seulement vous dit coupable. Ailleurs,
Dans ma France, avec joie on essuiera vos pleurs...
Hélas! pourquoi toujours me rappeler la France!

(Elle s'appuie sur sa première dame d'honneur et se cache le visage.)

Avec mon cher pays, oh! quelle différence!

ACTE I. — SCÈNE VI.

LE ROI, avec quelque émotion:

A mon amour pour vous un reproche échappé,
La parole d'un cœur de vous tout occupé,
Et que seule dicta ma craintive tendresse,
A ce point, se peut-il, vous afflige et vous blesse?
(Se tournant vers les grands:)
J'en puis prendre à témoins tous ces grands de ma cour:
Ai-je à mes yeux permis le sommeil un seul jour,
Avant d'avoir sondé les secrètes pensées
Du cœur des nations sous mon sceptre placées?
Eh bien! quand on me voit leur donner tant de soins,
Au cœur de mon épouse en donnerai-je moins?
Des peuples sur lesquels je règne, cette lame
(Il montre son épée.)
Et le duc sont garants. De l'amour de ma femme
Mes yeux seuls sont gardiens.

LA REINE.

A Votre Majesté,
Si j'ai pu la blesser....

LE ROI.

Toute la chrétienté
Ne connaît pas un homme, un seul qui puisse dire
Ses trésors aussi grands que ceux de mon empire.
Dans son immense cours le soleil ne peut pas
Marcher sans luire au moins sur l'un de mes États.
Tous ces biens qu'aujourd'hui je tiens de ma couronne,
Suis-je donc le premier à qui le sort les donne?
Ils furent ceux d'un autre; ils seront ceux encor
De tous mes successeurs. Mais voici mon trésor,
Qui n'est pas un hasard de royal héritage.

4

Celui que je prétends posséder sans partage ;
Pour qui je deviens l'homme et ne suis plus le roi :
Ce trésor, c'est ma femme, Élisabeth.

LA REINE.

Eh! quoi,
Sire, vous craindriez...?

LE ROI.

Du moins rien de mon âge.
Si jamais l'on osait me donner quelque ombrage,
J'aurais bientôt cessé de craindre assurément.
(Aux grands :)
Je compte de ma cour les grands, en ce moment
Du premier entre tous je remarque l'absence.
Que devient donc l'infant don Carlos ?
(Personne ne répond.)

Il commence
A me donner souci. Depuis que d'Alcala
Le voici de retour, il me fuit. D'où cela ?
Avec un sang de feu, pourquoi des yeux de glace ?
Pourquoi si solennel, si contraint, quoi qu'il fasse ?
Qu'on surveille mon fils !

LE DUC D'ALBE.

Fiez-vous-en à moi,
Sire : j'ai prévenu cet ordre de mon roi.
Aussi longtemps qu'un cœur battra sous cette armure,
Philippe peut dormir en repos, je le jure !
Albe est devant le trône à sa garde commis,
Comme le Chérubin devant le paradis [1].

1. Genèse, III, 24.

LE COMTE DE LERME.

Le plus sage des rois voudra-t-il me permettre
De combattre humblement l'avis qu'il vient d'émettre ?
Je vénère mon roi beaucoup trop pour oser
Juger si promptement son fils et l'accuser ;
Je crains chez don Carlos la fougue du jeune âge ;
Je ne crains pas son cœur.

LE ROI.

                Comte, votre langage
Peut sur le cœur du père avoir quelque crédit ;
Mais le roi se confie au duc... Que tout soit dit.

(Se tournant vers sa suite :)

Je retourne à Madrid où mon devoir m'appelle.
L'hérésie en tous lieux se propage. Avec elle
La révolte grandit au sein des Pays-Bas.
Je veux de ce danger préserver mes États.
Il est temps d'en finir. Ma justice prépare
Un exemple terrible à quiconque s'égare.
On pourra voir demain comment j'accomplirai
Ce que les rois chrétiens ont ensemble juré.
Dieu n'aura jamais eu de plus sanglante fête.
Qu'à m'y suivre ma cour tout entière s'apprête !

(Il emmène la reine. Les autres personnages les suivent.)

SCÈNE VII.

DON CARLOS, des lettres à la main, LE MARQUIS DE POSA.

(Ils entrent par des côtés opposés.)

DON CARLOS.

Le sort en est jeté ! Je sauve les Flamands !
Elle le veut ; pour moi c'est assez !

LE MARQUIS.

                    Les moments
Sont précieux : le bruit commence à se répandre,
Que le duc est nommé gouverneur de la Flandre.

DON CARLOS.

Non! ce gouvernement il me le faut à moi;
Demain je le demande en audience au roi.
Jusqu'ici je n'ai rien réclamé de mon père :
Pourra-t-il rejeter mon unique prière?
Il ne voit qu'à regret son fils auprès de lui :
De l'éloigner enfin, quel prétexte aujourd'hui!
Et puis, je te l'avoue, un autre espoir m'enflamme :
Cet entretien secret où j'ouvrirai mon âme,
De mon père, je crois, me rendra la faveur.
La voix de la nature est muette en son cœur,
Et je vais essayer ce que son éloquence
Dans la bouche d'un fils peut avoir de puissance.

LE MARQUIS.

Enfin, de mon Carlos je reconnais la voix,
Et je retrouve en vous le Carlos d'autrefois.

SCÈNE VIII.

LES PRÉCÉDENTS, LE COMTE DE LERME.

LE COMTE DE LERME.

Le roi vient de partir; un ordre qu'il me laisse....

DON CARLOS.

Comte, je le rejoins. Il suffit.

LE MARQUIS, faisant semblant de s'éloigner et d'un ton cérémonieux :

Votre Altesse
Ne m'ordonne plus rien ?

DON CARLOS.

Plus rien, dans ce moment.
Puissiez-vous à Madrid rentrer heureusement....
Vous me reparlerez, chevalier, de la Flandre.
(Au comte de Lerme, qui attend encore :)
A l'instant.... Je vous suis.
(Le comte sort.)

SCÈNE IX.

DON CARLOS. LE MARQUIS DE POSA.

DON CARLOS.

Ah ! j'ai su te comprendre ;
Et je te remercie. Un tiers, à notre cœur
Pouvait seul imposer une telle froideur,
Car, Rodrigue, dis-moi, ne sommes-nous pas frères ?
Bannissons désormais ces formes mensongères,
Que dressa l'étiquette entre notre amitié ;
La naissance, le rang, que tout soit oublié !
Imagine qu'un soir, dans ces bals où l'usage
Autorise chacun à masquer son visage,
Le hasard tous les deux nous ait amenés, toi
Sous des habits d'esclave et moi sous ceux de roi :
Tant que dure la nuit donnée à la folie,
Le rôle qu'il a pris, nul de nous ne l'oublie,
Et, de nos compagnons respectant le plaisir,
Nous nous étudions à ne pas nous trahir.

Mais qu'à travers mon masque un seul signe te vienne,
L'ami s'est révélé, ta main presse la mienne,
Nous nous sommes compris.

LE MARQUIS.

                Votre rêve est divin,
Mais n'en verrions-nous pas bien promptement la fin?
Carlos est-il assez le maître de lui-même,
Pour répondre qu'au sein de la grandeur suprême,
De son charme funeste il restera vainqueur?
Un grand jour va venir qui de son noble cœur
Fera bien rudement chanceler le courage :
Que don Philippe meure : à vous son héritage,
Des royaumes chrétiens le plus vaste. A l'instant
Des mortels jusqu'à vous un abîme s'étend;
L'homme d'hier devient un dieu sous la couronne;
Toute humaine faiblesse aussitôt l'abandonne;
Des devoirs éternels la voix se tait en lui;
L'humanité, si noble à ses yeux aujourd'hui,
Il la verra demain, honteusement vénale,
Venir ramper aux pieds de l'idole royale.
De peines affranchi dans le suprême rang,
Aux maux qu'on souffre ailleurs il reste indifférent.
On voit dans les plaisirs sa vertu se détruire;
Il arrache au Pérou tout l'or qu'il peut produire :
A sa folie il faut cet or; et dans sa cour,
Autour de l'insensé s'élèvent chaque jour
Des démons empressés d'encourager ses vices.
Ses esclaves lui font tout un ciel de délices.
En un rêve trompeur il est par eux jeté ;
Mais, le rêve fini, plus de divinité !

Aussi, malheur, malheur à la voix qui s'élève
Pour faire, par pitié, s'évanouir ce rêve!
Moi, que ferais-je, alors? un véritable ami
N'est jamais courageux ni sincère à demi.
Le roi dégénéré n'aurait pas le courage
D'entendre de l'ami le sévère langage.
Vous ne souffririez pas l'audace du sujet,
Ni moi l'orgueil du prince.

DON CARLOS.

     O fidèle portrait!
Combien, en même temps, il est épouvantable,
Rodrigue! C'est bien là le monarque coupable!
Mais le roi que tu peins doit à la volupté
Les vices dont, bientôt, son cœur est infecté.
Et moi, je ne sens pas ce poison qui dévore.
J'ai vingt-trois ans à peine, et je suis pur encore.
Avant moi, méprisant les devoirs les plus saints,
Dans de honteux plaisirs, si tant de souverains
Ont énervé leur corps et leur intelligence,
Moi, j'ai su ménager ces biens avec prudence,
Instruit que j'en aurais à faire un autre emploi,
Rodrigue, quand, un jour, aussi je serais roi.
Si de lâches amours, de cette âme qui t'aime
Ne te bannissent pas, qui le ferait?

LE MARQUIS.

       Moi-même.
Carlos, si je devais vous craindre quelque jour,
Pourrais-je conserver pour vous le même amour?

DON CARLOS.

Toi! me craindre? Eh! pourquoi? Te suis-je nécessaire?

As-tu des passions qu'il faille satisfaire ?
Qu'on verrait mendier les faveurs de ton roi ?
L'or te séduirait-il ? De l'or, Rodrigue, à toi,
Dans ta condition, plus riche qu'en la mienne
Jamais je ne serai ? Se peut-il que te vienne
Quelque soif des honneurs ? Tu les as repoussés
Quand sur ta jeune tête ils s'étaient amassés....
Qui sera de nous deux, si tu fais la balance,
Créancier ? débiteur ?... Tu gardes le silence...
Redoutes-tu l'épreuve ? Es-tu si peu certain
D'en sortir à ta gloire ?

LE MARQUIS.

Eh bien ! voici ma main :
Je cède.

DON CARLOS.

Il est à moi !

LE MARQUIS.

Pour toujours. Je me donne
Tout entier à Carlos.

DON CARLOS.

Le roi, sous la couronne,
Te trouvera fidèle et dévoué pour lui,
Comme tu te fais voir à l'infant aujourd'hui ?

LE MARQUIS.

Je vous le jure !

DON CARLOS.

Et si, ne sachant se défendre,
Aux pièges des flatteurs mon cœur se laissait prendre ;
Si j'oubliais les pleurs qu'ont répandus mes yeux ;

Si je fermais l'oreille aux cris des malheureux,
Alors, gardien sans peur de ma vertu tremblante,
Voudras-tu raffermir mon âme chancelante,
Et, rappelant en moi cette même vertu,
Me rendre à mes devoirs sacrés? Le voudras-tu?

LE MARQUIS.

Oui, Carlos.

DON CARLOS.

Maintenant, encore une prière :
Dis-moi TU! c'est ainsi que me dirait un frère.
Ce mot, à tes égaux toujours je l'enviai;
Mot d'abandon, par toi pour eux seuls employé.
Quand ce TU fraternel à mon âme résonne,
Je comprends le bonheur que l'égalité donne...
Ne me réplique pas... Va! je t'ai bien compris :
Ce que je te demande a pour toi peu de prix;
Mais pour moi, fils d'un roi, c'est beaucoup au contraire.
Eh bien! parle! Veux-tu, Rodrigue, être mon frère?

LE MARQUIS.

Je veux être ton frère.

DON CARLOS.

A présent, chez le roi!
Je puis braver mon siècle en m'appuyant sur toi.

(Ils sortent.)

FIN DU PREMIER ACTE.

ACTE SECOND.

DON CARLOS.

ACTE SECOND.

Le palais du roi à Madrid.

SCÈNE PREMIÈRE.

LE ROI, sur son trône, LE DUC D'ALBE, à quelque distance du roi et la tête couverte, DON CARLOS.

DON CARLOS.

Avant mon intérêt, l'intérêt de l'empire :
Le ministre du roi parle, je me retire.
Volontiers je lui cède. Un peu plus tard aussi
J'aurai mon tour. Carlos est chez son père ici.

(Il se retire en s'inclinant.)

LE ROI.

Le duc reste, et je suis tout prêt à vous entendre.

DON CARLOS, se tournant vers le duc :

De votre grandeur d'âme il me faut donc attendre
La faveur de parler au roi seul. Vous savez
Que, souvent, pour son père, un fils tient réservés
Des secrets dont son cœur à d'autres fait mystère.
Duc, à vous seul le roi. Je ne veux que le père,
Et pour quelques instants.

LE ROI.

      Vous ne voyez ici
Que l'ami de ce père.

DON CARLOS.

      Est-il le mien aussi ?
A l'amitié du duc oserais-je prétendre ?

LE ROI.

Fîtes-vous jamais rien d'où vous puissiez l'attendre ?
Je n'aime pas les fils dont le cœur orgueilleux
S'imagine qu'un père est moins habile qu'eux
A choisir ses amis.

DON CARLOS.

     De cette scène étrange,
Duc d'Albe, votre orgueil de chevalier s'arrange ?
Par ma vie et le ciel, je ne descendrais pas,
Non, même au prix d'un trône, à ce rôle si bas
De l'importun, qui vient sans qu'on l'appelle, jette
Entre un père et son fils sa présence indiscrète,
L'impose sans rougir ; qui confesse, en restant,
Sa nullité profonde et qui reste pourtant !

LE ROI, se levant et jetant sur son fils un regard de colère:

Duc d'Albe, éloignez-vous !
  (Le duc va vers la grande porte par laquelle don Carlos est entré ;
  le roi lui en indique une autre :)

         C'est là qu'il faut vous rendre ;
C'est dans mon cabinet que vous allez attendre
L'ordre de revenir.

SCÈNE II.

LE ROI, DON CARLOS.

DON CARLOS, *dès que le duc a quitté la chambre, s'avance vers le roi et se précipite à ses pieds avec la plus grande émotion:*

O mon père, merci!
Merci!... C'est vous, enfin, que je retrouve ici!...
Mon père! votre main!... Que ma bouche la presse!....
Heureux jour!... La douceur d'une telle caresse
Fut longtemps refusée à votre enfant!... Pourquoi
M'avoir de votre cœur repoussé? Dites-moi,
Qu'ai-je fait?

LE ROI.

Ces détours à ton cœur ne vont guère,
Infant. Épargne-les, ils ne sauraient me plaire.

DON CARLOS, *se relevant:*

C'est bien cela! Voici que j'entends, à mon tour,
Ce que vos courtisans vous disent chaque jour.
— Mon père, par le ciel! non! tout ne saurait être
Infailliblement bon de la bouche d'un prêtre,
Ni de celle de gens qu'autour de vous je vois,
Créatures du prêtre et l'écho de sa voix...
Je ne suis pas méchant, non, mon père, mon crime
N'est que dans ma jeunesse et l'ardeur qui m'anime.
Je ne suis pas méchant, oh! non. Si l'on peut voir
D'impétueux transports trop souvent m'émouvoir,
Mon cœur est bon.

LE ROI.

Sans doute: ainsi que ta prière,
Ton cœur est pur.

DON CARLOS.

Voici l'occasion dernière :
Voyez! nous sommes seuls. Pour la première fois
L'étiquette entre nous a fait taire ses lois.
Maintenant, ou jamais!... Un rayon de lumière,
Divin rayon d'espoir, passe en moi! — Tout entière
Mon âme a tressailli d'un doux pressentiment...
Le ciel s'ouvre et sur moi s'abaisse en ce moment;
De ses anges le chœur nous sourit. Dieu lui-même
Avec émotion voit ce moment suprême...
Mon père! Entendez-moi! Réconcilions-nous!

(Il tombe aux pieds du roi.)

LE ROI.

Laisse-moi!... Lève-toi!

DON CARLOS.

Mon père! Entendez-vous?
Réconcilions-nous!

LE ROI, se dégageant de lui:

Impudent artifice!

DON CARLOS.

L'amour de votre fils obtient cette justice?

LE ROI.

Des pleurs?... Indigne jeu! — Va-t'en!

DON CARLOS.

Entendez-vous?
Maintenant ou jamais! Réconcilions-nous!

LE ROI.

Retire-toi d'ici!... Vaincu dans les batailles,

Humilié, reviens, et pour toi mes entrailles
Me parleront encor; je t'ouvrirai mes bras;
Mais tel que je te vois, non! je ne te veux pas!
Cette feinte douleur, un coupable l'exprime;
Quelques pleurs, pense-t-il, pourront laver son crime.
Qui soutient un remords sans la rougeur au front,
S'inquiète fort peu des remords qui suivront.

DON CARLOS.

A qui l'allusion? Quel est-il ce barbare,
Et dans l'humanité d'où vient donc qu'il s'égare?
N'est-ce point par les pleurs que nous sont révélés
Les sentiments humains? L'homme dont vous parlez
A l'œil sec; d'une femme il n'a pas reçu l'être.
Les pleurs!... forcez aussi vos yeux à les connaître,
Sinon des jours viendront où d'amères douleurs
Vous feront regretter de n'avoir pas de pleurs.

LE ROI.

Crois-tu que ce discours, où l'art seul se déploie,
Puisse ébranler le doute auquel je suis en proie?

DON CARLOS.

Le doute? Mais je veux l'anéantir! Je veux
Au fond de votre cœur saisir ce doute affreux,
L'arracher de ce cœur qu'il ose m'interdire!
Je veux, ah! mes efforts y sauront bien suffire,
Briser le mur d'airain dont ce doute cruel
A su fermer pour moi votre cœur paternel!
Eh! que sont tous ces gens dont la coupable audace
Dans la faveur du roi me refuse une place?
En échange d'un fils à son père enlevé

Que vous offre ce moine? Albe, qu'a-t-il trouvé
Qui puisse consoler cette existence amère
D'un vieillard qui regrette un enfant?... O mon père!
Vous voulez être aimé? Pour vous, soyez bien sûr,
Que jaillit de mon cœur un amour vif et pur
Qu'en vain vous chercheriez dans les âmes vénales
Qui veulent, pour s'ouvrir, vos largesses royales.

LE ROI.

Téméraire! Tous ceux qu'outragent tes mépris,
Serviteurs éprouvés, par moi-même choisis,
Honore-les!

DON CARLOS.

Jamais!... Ce qu'un Albe peut faire,
Je le puis... Je puis plus.... Qu'importe au mercenaire
Un trône auquel jamais il ne sera porté?
De voir vieillir Philippe est-il inquiété?...
Votre Carlos du moins vous eût aimé, mon père...
Je ne puis supporter cette pensée amère :
Être seul, toujours seul, en proie à ses ennuis,
Isolé sur un trône!

LE ROI, frappé de ces paroles, demeure pensif, faisant un retour
sur lui-même; puis, après un moment de silence:

Être seul?... Je le suis!...

DON CARLOS, s'approchant de lui avec vivacité et avec chaleur:

Vous l'étiez; mais pour moi que votre haine cesse,
Et je vous aimerai d'une vive tendresse,
De cet amour si pur dont l'enfant sait aimer!
Ne me haïssez plus! Laissez-vous désarmer!...
Oh! combien il est doux, quelle ivresse suprême,

De voir qu'un noble cœur nous honore et nous aime,
Est heureux avec nous, souffre de nos douleurs,
Et, lorsque nous pleurons, répand aussi des pleurs!
Oh! combien il est beau, glorieux, pour un père,
D'aller, plaçant sa main dans une main bien chère,
Dans celle de son fils, d'aller, avec ce fils,
Du jeune âge revoir tous les sentiers fleuris;
De pouvoir, dans l'ivresse où cet enfant le plonge,
De la vie avec lui recommencer le songe!
Qu'il est beau de pouvoir revivre tout entier,
Dans ce fils, des vertus de son père héritier!
De songer que le fils restera, sur la terre,
Pour les siècles futurs, comme un bienfait du père!
Qu'il est beau de vouloir que ce fils bien-aimé
Puisse un jour recueillir ce qu'on aura semé!
D'amasser le trésor qu'une active sagesse
Entre ses mains fera fructifier sans cesse,
Et de prévoir, enfin, ce que, pour tant d'amour,
Ce fils saura montrer de gratitude un jour!...
Mais sur ce paradis que vous offre la terre,
Vos moines, prudemment, ont grand soin de se taire.

LE ROI, avec quelque émotion:

Mon fils, tu t'es ici toi-même condamné:
A ton père pourquoi n'avoir jamais donné
Ce bonheur que tu peins en paroles de flamme?

DON CARLOS.

Que celui qui sait tout soit juge de mon âme:
Comme de votre cœur, de toute autorité
C'est vous-même, c'est vous qui m'avez écarté.
Jusqu'à présent je suis, moi, prince héréditaire,

En Espagne étranger, prisonnier sur la terre
Qui, pourtant, doit un jour obéir à mes lois.
Est-ce juste? Est-ce bien?... Mon père, que de fois,
De honte rougissant, j'ai baissé la paupière,
Quand quelque ambassadeur d'une cour étrangère,
Ou quelque gazetier m'apprenait chaque jour
Ce qu'Aranjuez voyait se passer à la cour!

LE ROI.

Mon fils, un sang trop chaud dans tes veines bouillonne.
Tu ne peux que détruire.

DON CARLOS.

     Eh! que mon père ordonne,
Je détruirai! Mon sang est, dit-on, trop ardent?
J'ai vécu vingt-trois ans, mon père, et cependant,
Pour l'immortalité je n'ai rien fait encore.
Je me sens; je vois luire une nouvelle aurore.
Cette voix qui me crie : Un jour tu seras roi!
Comme un dur créancier me réveille. Pour moi,
Les instants précieux qu'a perdus ma jeunesse
Sont des dettes d'honneur qui me pèsent sans cesse.
Le voici ce grand jour, ce moment désiré
Où, de ce que je dois, comme d'un bien sacré,
On va me demander le compte avec usure.
Tout m'appelle aux devoirs de ma grandeur future:
L'histoire, mes aïeux aux illustres exploits,
La gloire, dont j'entends la belliqueuse voix...
Il est temps! De l'honneur ouvrez-moi la barrière!...
O mon roi! devant vous m'amène une prière,
Daignerez-vous l'entendre?

LE ROI.
            Une prière encor?
Dis!
                DON CARLOS.

    La révolte prend un effrayant essor
Dans la Flandre. A ce peuple obstinément rebelle,
Il faut, prudente et forte, une digue nouvelle;
Aux ardents, c'est le duc qui va donner un frein :
Investi par son roi d'un pouvoir souverain,
    Chef d'une armée, il va marcher contre la Flandre.
Que ce mandat, mon père, est glorieux à prendre!
Et quelle occasion il semble me montrer!
Au temple de la gloire il me ferait entrer.
Eh bien! à votre fils, confiez cette armée :
De vos peuples flamands ma jeunesse est aimée.
De leur fidélité je réponds sur mes jours :
Je l'ose.
                LE ROI.
        D'un rêveur ce sont là les discours.
C'est un homme qu'il faut, mon fils, pour cette guerre,
Et non pas un enfant.

                DON CARLOS.
                Un homme? Eh! c'est, mon père,
Le seul nom que le duc n'ait jamais mérité.

                LE ROI.

La terreur contient seule un peuple révolté,
Et la compassion serait de la démence.
Faible est ton cœur. Le duc aura plus de puissance :
On le redoutera. — Cesse de me prier.

DON CARLOS.

Donnez-moi cette armée ! Osez vous confier
A cette âme si faible, et, je puis le prédire,
Où d'Albe et ses bourreaux ne feraient que détruire,
Devançant vos drapeaux, le nom de votre fils,
Avant qu'on ne m'ait vu, seul aura tout conquis.
Je vous fais à genoux cette ardente prière ;
Pour la première fois je vous prie : ô mon père,
Confiez-moi la Flandre !...

LE ROI, jetant sur l'infant un regard pénétrant :

Et livrez, n'est-ce pas ?
A mon ambition vos plus braves soldats ;
Le fer du meurtrier à ma main parricide ?

DON CARLOS.

O ciel ! En suis-je là ?... Voilà ce que décide
Ce moment solennel qu'appela tant mon cœur !...
(Après un instant de réflexion, d'un ton solennel, mais plus doux :)
Répondez-moi, mon père, avec plus de douceur ;
Ne me renvoyez pas ainsi... non ! Je l'espère,
Vous n'exigerez point que je parte, mon père,
Avec ces mots cruels, avec leur poids affreux.
Soyez, pour votre fils, soyez moins rigoureux...
Oh ! de grâce, cédez ! cédez ! cette prière
Est de mon désespoir l'espérance dernière.
C'en est trop ! Je ne puis supporter jusqu'au bout
Que vous me refusiez tout, absolument tout...
Vous me laissez partir ?... Vous souffrez que je sorte,
Sans m'avoir exaucé, sans que d'ici j'emporte
Un seul, pas même un seul de ces pensers si doux
Dont se berçait mon cœur en s'approchant de vous ?...

Votre Albe et Domingo vont régner sans alarmes :
Ils triomphent du fils dont vous voyez les larmes...
Le flot de courtisans dont s'inonde la cour,
Ces grands, qui devant vous sont tremblants chaque jour,
Et vos moines aussi, dont les pâles figures
Disent la sainteté bien moins que les souillures,
Tous ces gens étaient là, tous savent que le roi
Me donne en ce moment une audience, à moi !
Ne m'humiliez pas ! Dans mon âme brisée,
D'une insolente cour me faisant la risée,
Ne portez pas la mort !... Mon père, gardez-vous
D'exposer votre fils à ces ignobles coups !
Quand de chaque étranger vos faveurs sont la proie,
De grâce, gardez-vous de faire que l'on voie
Qu'en vain votre Carlos a pu vous implorer ;
Et pour montrer combien vous voulez l'honorer,
Confiez-lui, mon père, et l'armée et la Flandre !

LE ROI.

Une troisième fois ne laisse pas entendre
Ces mots que mon courroux te ferait expier !

DON CARLOS.

Dussé-je l'encourir, j'ose vous supplier
Une dernière fois. J'ose vous faire entendre
Ces mêmes mots encor : Confiez-moi la Flandre !...
Je veux quitter l'Espagne... Il le faut... Il le faut !
J'y vis comme l'on vit au pied de l'échafaud.
Du ciel lourd de Madrid la pesanteur m'accable,
Comme si d'un forfait je me sentais coupable.
Il me faut d'autres cieux si je ne veux mourir.
Ce n'est qu'un prompt départ qui pourra me guérir.

Voulez-vous me sauver? Accueillez ma prière :
Sans retard dans la Flandre envoyez-moi, mon père!

LE ROI, avec un calme contraint :
Des maux comme les tiens veulent des soins suivis :
Sous l'œil du médecin il faut rester, mon fils.
Ne quitte point l'Espagne... Albe ira dans la Flandre.

DON CARLOS, hors de lui :
De moi-même venez, oh! venez me défendre,
Mes bons anges!

LE ROI, reculant d'un pas :
Tout beau! Que doivent m'annoncer
De tels airs?

DON CARLOS, d'une voix tremblante :
A l'arrêt qu'il vient de prononcer,
Mon père absolument veut-il que j'obéisse?

LE ROI.
C'est le roi qui le veut.

DON CARLOS.
Que mon sort s'accomplisse!
(Il sort dans une violente agitation.)

SCÈNE III.

LE ROI. Il reste pendant quelques instants plongé dans de sombres réflexions, puis se promène dans la salle. LE DUC D'ALBE, qui s'approche avec embarras.

LE ROI.
A partir pour Bruxelle allez vous tenir prêt!

ACTE II. — SCÈNE III.

LE DUC D'ALBE.

Je le suis.

LE ROI.

Vos pouvoirs sont dans mon cabinet ;
Ils sont illimités. Mon sceau royal les scelle.
Vous irez voir la reine et prendre congé d'elle.
Vous vous présenterez de même chez l'infant.

LE DUC D'ALBE.

Furieux, il quittait ce salon à l'instant.
Mais Votre Majesté semble en proie elle-même
A quelque émotion, à quelque trouble extrême.
Peut-être le sujet de ce long entretien....

LE ROI, après s'être promené pendant quelques instants :

Ce sujet, c'était vous, duc d'Albe !

(Fixant sur le duc un regard sombre :)

Je veux bien
Que pour mes conseillers Carlos ait de la haine,
Mais qu'il aille au mépris, je l'apprends avec peine...

(Le duc d'Albe pâlit et va répondre avec colère :)

Pas de réponse ! — Allez, avant que de partir,
Vous réconcilier. J'y veux bien consentir.

LE DUC D'ALBE.

Sire !

LE ROI.

Qui, le premier, duc, veuillez me le dire,
Des noirs projets du prince a pris soin de m'instruire ?
J'y crus sans examen. J'aurai soin de peser
Les motifs qu'on pouvait avoir de l'accuser.
Carlos, à l'avenir, sera plus près du trône.
Allez !

(Le roi rentre dans son cabinet. Le duc sort par une autre porte.)

SCÈNE IV.

Une antichambre de l'appartement de la reine.

DON CARLOS, *s'entretenant avec* UN PAGE, *entre par la porte du milieu. A son approche, les gens de la cour qui se trouvent dans l'antichambre se dispersent dans la salle voisine.*

DON CARLOS.

A mon adresse un billet?... On me donne
Cette clé?... L'on agit avec mystère!... Viens!...
Approche!... Ces objets, dis de qui tu les tiens!

LE PAGE, *très-mystérieusement :*

La dame aimerait mieux, autant que j'imagine,
Ne point être nommée, et veut qu'on la devine.

DON CARLOS, *reculant :*

La dame?
(*Il regarde plus attentivement le page :*)
Quoi?... Comment?... Qui donc es-tu, dis-moi?

LE PAGE.

Un page de la reine.

DON CARLOS, *effrayé, va à lui et lui place la main sur la bouche :*

Oh! par la mort! tais-toi!
Je sais tout.

(*Il rompt vivement le cachet et se retire à l'extrémité de la salle pour lire la lettre. Pendant ce temps, le duc d'Albe passe sans que le prince l'aperçoive, et entre dans l'appartement de la reine. Don Carlos tremble fortement, pâlit et rougit tour à tour. Quand il a fini de lire, il reste longtemps muet, les yeux fixés sur la lettre. Enfin, il se tourne vers le page.*)

Elle t'a confié cette lettre?

LE PAGE.

De sa main.

DON CARLOS.

Elle-même? Et pour me la remettre?...
Oh! ne me trompe pas! Jamais mot de sa main
N'a passé sous mes yeux[1].— Elle?... En es-tu certain?
Je te crois, il le faut, si ta bouche me jure
Que tu dis vrai... Mens-tu? Conviens de l'imposture,
Mais ne me trompe pas!

LE PAGE.

Que je vous trompe? moi?

DON CARLOS regarde de nouveau la lettre, puis le page, d'un air soupçonneux. Après avoir fait un tour dans la salle:

N'est-ce pas, tes parents vivent encor? Du roi
Ton père est serviteur? L'Espagne est sa patrie?

LE PAGE.

Mort chef d'un régiment dans la cavalerie,
A Saint-Quentin, mon père, objet de mes regrets,
S'appelait Alonzo, comte de Hénarez.

DON CARLOS, lui prenant la main et fixant sur lui un regard expressif:

C'est du roi, conviens-en, que tu tiens ce message?

LE PAGE, avec émotion:

Ah! prince, je n'ai pas mérité cet outrage...

---

1. Don Carlos, s'il croit, comme il semble, que le billet est de la reine, oublie qu'il a correspondu avec Élisabeth sa fiancée, quand elle était à Saint-Germain. Il le dit lui-même, acte IV, scène v, et la reine, même acte, scène IX.

DON CARLOS.

Tu pleures! Je te crois. Pardonne mon soupçon[1].
(Il lit la lettre:)
« Cette clé, de la reine ouvre le pavillon.
« Par la petite porte elle en donne l'entrée.
  « La chambre la plus retirée
« Est près d'un cabinet où l'œil de l'espion
« Ne pénétra jamais. L'amant discret et tendre,
« Aux signes jusqu'ici condamné, mais compris,
« En toute liberté pourra s'y faire entendre.
  « Timide, il sut longtemps attendre;
« Mais de sa patience il recevra le prix. »
(Il semble sortir d'un assoupissement:)
Non, je ne rêve pas... Je n'ai pas le délire...
Je suis bien don Carlos... Ce que je viens de lire
Est bien là... Sous mes yeux... Tout est donc confirmé :
On m'aime... Oh! oui, l'on m'aime! Oh! oui, je suis
                                             aimé!
(Il parcourt hors de lui l'appartement, en levant les mains au ciel.)

LE PAGE.

Eh bien! prince, venez! Laissez-moi vous conduire...

DON CARLOS.

Attends, attends encore!... Il faut que je respire;
Je tremble à ce bonheur impossible à prévoir.
Je n'en conçus jamais le téméraire espoir.
Je ne l'ai point osé, non, non, pas même en rêve.

---

1. Ce vers n'existe dans aucune des éditions de Schiller que j'ai pu consulter. M. X. Marmier me l'a indiqué comme se trouvant dans celle qu'il a suivie pour sa traduction en prose. Vienne, 1810, 1 vol. in-12. Il m'a semblé devoir être rétabli.

Quand, pour en faire un dieu, de la terre on l'enlève,
Est-ce donc qu'un mortel pourrait, indifférent,
S'accoutumer sur l'heure à ce bonheur si grand?...
Tout à l'heure, qu'étais-je, et qui bientôt vais-je être!
C'est un soleil nouveau qui vient de m'apparaître!
Après un soleil pâle, un soleil éclatant!...
Elle m'aime!...

LE PAGE, voulant l'entraîner:

Ce n'est ni le lieu, ni l'instant...
Venez! Vous oubliez, prince...

DON CARLOS, saisi d'une terreur soudaine:

Le roi? Mon père?

(Il laisse tomber les bras, regarde avec effroi autour de lui et commence à se remettre:)

C'est affreux! — Mon ami, ta remarque m'éclaire.
Merci, je m'égarais... Mon Dieu! tant de bonheur,
Et ne pouvoir parler! Le refouler au cœur!
C'est affreux!... C'est affreux!

(Il prend le page par la main et le mène à l'écart:)

Ce que tu viens d'entendre,
Ce que tu viens de voir sans pourtant le comprendre,
Tout cela, que ton cœur, en un profond oubli,
Comme dans un tombeau, le garde enseveli!...
Maintenant, laisse-moi! — J'irai sans qu'on m'y mène.
Va-t'en! Il ne faut pas qu'ensemble on nous surprenne.
Va!...

(Le page veut s'en aller.)

Non. Attends! Il faut encore m'écouter:

(Le page revient. Carlos lui pose la main sur l'épaule et le regarde d'un air grave et solennel:)

C'est un secret affreux que tu vas emporter;

Il est comme un poison de force violente,
Qui corrode le vase où captif il fermente,
Et le brise à la fin. Jeune homme, sache bien
Maîtriser ton visage, observer ton maintien!
Ce que cache ton cœur, que ta tête l'ignore.
Sois semblable, il le faut, au porte-voix sonore,
A l'instrument sans vie et qui jamais n'entend
Le son que tour à tour il reçoit et qu'il rend.
Enfant! — Tu n'es encor qu'un enfant, mon cher page, —
Reste enfant; garde bien la gaîté de ton âge.
Celle qui d'un billet d'amour sut te charger,
A bien habilement choisi son messager.
C'est ailleurs que le roi va chercher ses vipères.

LE PAGE.

Ah! prince, j'ai reçu le plus beau des salaires :
Je suis fier de penser que je possède, moi,
Un secret qui n'est pas connu même du roi.

DON CARLOS.

Jeune présomptueux! Mais, au contraire, tremble
En portant ce secret! S'il arrive qu'ensemble,
En public, nous puissions nous trouver, je te veux
Timide devant moi, toujours respectueux!
Garde bien que jamais trop d'orgueil ne t'entraîne
A montrer que pour toi ma faveur est certaine.
Songe que vouloir être agréable à l'infant,
Serait, dans cette cour, un crime, mon enfant.
Quand, plus tard, tu voudras me dire quelque chose,
Point de mots, entends-tu? Reste la bouche close.
Ne va pas employer, pour donner tes avis,

D'ordinaires moyens ; je te les interdis.
Des signes, un regard me feront tout comprendre.
C'est des yeux seulement que je saurai t'entendre.
L'air que nous respirons, la lumière, vois-tu,
Les murs, tout, ici, tout, à Philippe est vendu.
On vient.
   (La chambre de la reine s'ouvre, le duc d'Albe en sort.)
 Pars ! Au revoir.

LE PAGE.

     Surtout, que Votre Altesse
N'aille pas se tromper de chambre !... Je vous laisse.
       (Il sort.)

DON CARLOS.

C'est le duc... Me tromper d'appartement ? Oh ! non !
Non, je le trouverai !

SCÈNE V.

DON CARLOS, LE DUC D'ALBE.

LE DUC D'ALBE, se plaçant devant le prince:

 Prince ! Deux mots.

DON CARLOS.

      C'est bon.
Une autre fois.
     (Il veut sortir.)

LE DUC D'ALBE.

  Le lieu, je dois le reconnaître,
N'est pas des mieux choisis. Votre Altesse, peut-être,
Dans son appartement, et plus tard, voudra bien
M'accorder la faveur d'un moment d'entretien ?

DON CARLOS.

Pourquoi? Je puis ici vous donner audience.
Parlez, mais soyez bref.

LE DUC D'ALBE.

C'est la reconnaissance
Qui surtout me conduit ici dans ce moment :
Je viens remercier Votre Altesse, humblement,
De ce que vous savez.

DON CARLOS.

De la reconnaissance?
A moi? Je ne m'y sais nul droit, en conscience :
Un pareil sentiment chez vous, duc? Et pour moi?

LE DUC D'ALBE.

En voici la raison : de la chambre du roi
A peine sortiez-vous, qu'il a daigné m'apprendre
Que comme gouverneur il m'envoyait en Flandre.

DON CARLOS.

Ah! vraiment?

LE DUC D'ALBE.

A qui dois-je une telle faveur,
Sinon à Votre Altesse?

DON CARLOS.

A moi? c'est une erreur.
Non, duc, vous ne devez rien à mon entremise;
Rien du tout. — Vous partez? Le bon Dieu vous
conduise!

LE DUC D'ALBE.

Rien de plus?... Ce silence a de quoi m'étonner.

Votre Altesse n'a pas d'ordres à me donner
Qui concernent la Flandre?

DON CARLOS.

Eh! de moi, pour la Flandre,
Quels ordres, s'il vous plaît, pouviez-vous donc attendre?

LE DUC D'ALBE.

Naguère, cependant, si j'ai bien su juger,
L'intérêt du pays paraissait exiger
De don Carlos lui-même et le bras et la tête?

DON CARLOS.

Comment? — Ah! oui. D'abord. — C'est un plan qu'on
rejette...
— Mais, c'est tout aussi bien maintenant. C'est vraiment
Bien mieux encor.

LE DUC D'ALBE.

J'écoute avec étonnement.

DON CARLOS, sans ironie :

Vous êtes, on le sait, un grand homme de guerre,
Et l'envie elle-même à cet éloge adhère.
Moi, je suis un jeune homme; ainsi s'est dit le roi.
Il a raison, raison tout à fait, je le vois,
Et je suis satisfait. — Brisons là! — Bon voyage!
Je ne puis, vous voyez, m'arrêter davantage;
Justement un travail m'appelle... Je veux bien,
Ou demain, ou plus tard, reprendre l'entretien,
Ou lorsque vous serez revenu de Bruxelle.

LE DUC D'ALBE.

Comment?

DON CARLOS, après un moment de silence et voyant que le duc n'est
pas encore parti:

Pour le départ la saison est fort belle :
Le pays de Milan, celui des Bourguignons,
La Lorraine, vont voir passer vos bataillons...
Puis, l'Allemagne... Eh! oui, c'était en Allemagne :
On vous y connaît fort par certaine campagne [1].
Comptons : avril, mai, juin, juillet; c'est bien cela ;
Au commencement d'août, au plus tard, on verra
Votre entrée à Bruxelles. — Oh! je ne doute guère
Qu'on n'entende bientôt parler de cette guerre.
Vos triomphes, prochains, duc, vont nous faire voir
Qu'en vain nous n'avions pas mis en vous notre espoir.

LE DUC D'ALBE, avec intention :

S'il arrive, en effet, prince, que j'y réponde,
« Confesserai-je encor ma nullité profonde » [2] ?

DON CARLOS, après un moment de silence, avec dignité et fierté :

Duc d'Albe, avec raison vous vous sentez piqué.
Je l'avouerai : j'eus tort, quand je vous attaquai,
D'employer contre vous des armes dont l'usage
Ne vous est point permis.

LE DUC D'ALBE.

Pourquoi pas?

DON CARLOS, lui tendant la main en souriant :

C'est dommage
Que je ne puisse pas, faute de temps, ici,

[1]. Sous Charles-Quint : la campagne de 1547 contre les Protestants.
[2]. Le duc fait ici allusion aux paroles de don Carlos, qui l'ont blessé
dans la première scène de l'acte, et les reproduit.

Du duc d'Albe accepter le glorieux défi;
Ce sera pour plus tard.

     LE DUC D'ALBE.

       Nous sommes loin de compte :
Vous vous faites trop vieux de vingt ans. Je remonte,
Au contraire, à vingt ans, moi, prince...

     DON CARLOS.

        Et puis?

     LE DUC D'ALBE.

         Et puis,
Je me prends à songer combien de douces nuits,
De ces nuits qu'il passait auprès de votre mère,
Sa belle Portugaise[1], on eût vu votre père
Donner pour acquérir un bras comme le mien.
C'est qu'il est plus facile, il le savait fort bien,
D'avoir des rejetons d'une royale race,
Que de faire qu'au trône elle garde sa place.
Ce qu'il savait fort bien encore, croyez-moi,
C'est que beaucoup plus vite on donne au monde un roi,
Qu'une fois le roi là, l'on ne lui donne un monde.

     DON CARLOS.

C'est très-vrai. Cependant, duc, que je vous réponde
Là-dessus...

     LE DUC D'ALBE.

    Et combien a dû couler de sang,
— De celui des sujets de ce royaume, — avant
Que deux gouttes du sien arrivassent à faire

---

[1]. Donna Maria de Portugal, la première des trois femmes de Philippe II.

Qu'au trône de l'Espagne où nous voyons le père,
Le fils fût, après lui, bien certain de s'asseoir?

DON CARLOS.

C'est très-vrai! — Vous m'avez, duc, en deux mots fait
voir
Ce que peut opposer l'orgueil du seul mérite
A l'orgueil du bonheur... Et vous concluez...? Vite!
Concluez donc!

LE DUC D'ALBE.

Malheur, prince, à la Majesté
Qui naissante, encor faible, a la témérité
D'insulter, du berceau, sa fidèle nourrice!
Je conçois qu'elle trouve un extrême délice
A dormir en repos sur les coussins moelleux
Qu'ont su lui préparer nos bras victorieux.
On voit bien les joyaux dont brille la couronne,
Mais, le sang qu'a coûté sa conquête, personne
Ne daignera jamais l'y chercher... A nos lois,
Cette épée a soumis bien des peuples. La Croix
L'a vue étinceler précédant sa bannière,
Et creuser dans le sein d'une sanglante terre
Les sillons où devait fructifier la foi:
Dieu jugeait dans le ciel; sur terre, c'était moi!

DON CARLOS.

Que le ciel ou l'enfer alors jugeât, n'importe!
C'est vous, je le sais bien, qui lui prêtiez main-forte.
— Ne m'en dites pas plus; je dois le demander:
De certains souvenirs je voudrais me garder...
J'honore, croyez-moi, le choix qu'a fait mon père:

Un duc d'Albe! Pour lui c'est l'homme nécessaire.
Pourtant, ce n'est pas là ce que j'envie au roi.
On vous dit un grand homme; — eh bien! d'accord! —
                                    Pour moi
C'est à peu près certain; mais, je crains que, peut-être,
Vous n'ayez hâté l'heure où vous deviez paraître :
Un duc d'Albe! A la fin du monde seulement,
Dieu devrait susciter un pareil instrument.
Quand l'audace du crime, en sa rage insensée,
Aura fait que du ciel la bonté soit lassée;
Quand Dieu décidera la moisson du pêcheur;
Quand il aura besoin d'un habile faucheur,
De qui jamais le bras de couper ne se lasse,
Ah! vous pourrez, alors, vous dire à votre place...
— O Dieu! Mon paradis! Ma Flandre!... Mais, assez!
Il faut que de mon cœur on vous croie effacés,
Doux rêves! et sur vous je m'impose silence...
  — Vous avez, on le dit, fait signer à l'avance
De sentences de mort bonne provision?
Je ne puis que louer cette précaution :
Vous n'aurez pas, ainsi, quoi que vous puissiez faire,
A craindre de chicane. — Ah! pardonne, mon père!
Quand tu ne voulais pas à ton fils confier
Un emploi dans lequel ton Albe doit briller,
Je te l'ai reproché! J'ai pu te méconnaître!
C'est que tu commençais à me faire paraître
Ton estime pour moi.

                    LE DUC D'ALBE.
                    Prince, de tels discours
Mériteraient...

DON CARLOS, s'emportant :
    Quoi donc ?

            LE DUC D'ALBE.
                    Mais, j'épargne vos jours,
Fils du roi !

            DON CARLOS, tirant son épée :
        C'est du sang qu'un pareil mot exige !
En garde !

            LE DUC D'ALBE, froidement :
    Contre qui ?

            DON CARLOS, se précipitant sur lui :
                    Duc ! en garde, vous dis-je,
Ou je vous tue.

            LE DUC D'ALBE, tirant son épée :
        Eh bien, s'il le faut...
                (Ils se battent.)

SCÈNE VI.

DON CARLOS, LE DUC D'ALBE, LA REINE.

LA REINE, sortant effrayée de son appartement :
                    En ce lieu,
Le fer tiré !
        (Au prince, avec mécontentement et d'un ton impérieux :)
    Carlos !

DON CARLOS, que l'aspect de la reine met hors de lui, laisse retomber le bras, reste immobile et anéanti, puis court vers le duc et l'embrasse :
    Oubliez tout !
    (Il tombe aux pieds de la reine, puis se relève subitement et sort dans la plus grande agitation.)

LE DUC D'ALBE, immobile de surprise et qui ne les a pas quittés
des yeux:
Par Dieu!
C'est étrange!

LA REINE, après un instant de trouble et d'inquiétude, s'avance lentement vers son appartement. Arrivée près de la porte, elle se retourne:
Duc d'Albe!
(Le duc la suit.)

SCÈNE VII.

Un cabinet de la princesse d'Éboli.

LA PRINCESSE D'ÉBOLI, vêtue avec un goût simple mais parfait, joue du luth et chante. Ensuite, LE PAGE de la reine.

LA PRINCESSE, se levant avec vivacité:
Il vient!

LE PAGE, accourant:
Encor personne?
De ne pas le trouver avec vous, je m'étonne.
Il va venir.

LA PRINCESSE.
Dis-moi: tu ne me trompes pas?
Il consent à venir? — C'est sûr?

LE PAGE.
Il suit mes pas...
Dieu! quelle passion pour vous, noble princesse!
On n'imagine pas de plus vive tendresse;
Jamais de plus d'amour un cœur n'aura brûlé.
Quelle scène j'ai vue!

LA PRINCESSE, le tirant à elle avec impatience :

     Eh bien? Il t'a parlé?
Vite! Que t'a-t-il dit? Qu'annonçait son visage?
Quel était son maintien? Redis-moi son langage.
A-t-il paru surpris? A-t-il paru troublé?
A-t-il bien deviné d'où lui venait la clé?
Ne le savait-il pas? Parle donc!... Ou, peut-être,
S'est-il trompé de nom, en disant le connaître?
— Eh bien? Tu restes là sans me répondre, dis?
Va! c'est bien mal à toi; jamais je ne te vis
Plus gauche, ni plus lent, ni plus insupportable.

    LE PAGE.

Mais, de vos questions le grand nombre m'accable,
Princesse : jusqu'ici, quand aurais-je parlé?
— Au prince j'ai remis le billet et la clé,
Dans la chambre qui touche à celle de la reine.
Grande fut sa surprise; il m'en croyait à peine;
Ses yeux m'interrogeaient, et, quand je me suis dit
Envoyé d'une dame, il parut interdit.

    LA PRINCESSE.

Interdit! — A merveille... Achève ton message;
Je t'écoute.

    LE PAGE.

   J'allais m'expliquer davantage,
Quand le prince, soudain, m'arrache, en pâlissant,
Votre lettre, me jette un regard menaçant,
Et me dit : Je sais tout!... Puis, il se met à lire
Stupéfait et tremblant.

LA PRINCESSE.

Tu l'as entendu dire
Qu'il savait tout? Vraiment? Lui? Tout?

LE PAGE.

Il veut savoir
S'il est vrai que de vous il l'ait pu recevoir;
Si c'est vous, en effet, qui me l'avez remise.
Il me l'a demandé quatre fois.

LA PRINCESSE.

O surprise!
Si c'est moi? — Mais, alors, il m'a nommée?

LE PAGE.

Oh! non,
Non, madame, il n'a pas prononcé votre nom :
Des espions pourraient, a-t-il dit, nous entendre,
Et, ce qu'ils entendraient, aller au roi le rendre...

LA PRINCESSE, étonnée:

Il t'a dit ça? Vraiment?

LE PAGE.

Et que, si l'on allait
Au roi faire connaître un semblable billet,
Le roi mettrait un prix immense à la nouvelle.

LA PRINCESSE.

Au roi? Ton souvenir est-il resté fidèle?
As-tu bien entendu?... Le roi!... Répète-moi :
A-t-il bien dit ce mot?

LE PAGE.

Il a bien dit : le roi...

Il traitait tout cela de dangereux mystère ;
Il m'a soigneusement commandé de me taire,
De m'observer, voulant que nul signe de moi,
Nul mot, ne fasse naître un soupçon chez le roi.

LA PRINCESSE, après un instant de réflexion et dans le plus grand étonnement :

Tout s'accorde !... Pour moi le doute est impossible ;
Il sait donc que le roi...? C'est incompréhensible...
Par qui sait-il...? Par qui? Puis-je bien, aujourd'hui,
Le demander encore !... Eh! quel autre que lui
Aurait eu cette vue et perçante et profonde,
Que nous donne l'amour, quand au cœur il abonde ?....
Maintenant, continue !... Il a lu le billet?...

LE PAGE.

Dans ce même billet, a-t-il dit, il voyait
Un bonheur qui devait à ce point le surprendre,
Qu'il n'eût jamais osé, même en rêve, y prétendre.
Devant un tel bonheur il avait à trembler...
Par malheur, le duc d'Albe est venu nous troubler :
Il entrait dans la salle ; il a fallu nous taire.

LA PRINCESSE, avec dépit :

Le duc! Au nom du ciel! que venait-il y faire !...
— Mais que devient-il donc? Pourquoi tarder ainsi?
Comment ne pas, enfin, se présenter ici?
— Vois comme il t'a bercé d'une fausse promesse :
Dans le temps que tu mets à me dire sans cesse
Qu'il veut de son bonheur, à l'aise il l'eût goûté!

LE PAGE.

Je crains bien que le duc...

LA PRINCESSE.

Le duc! En vérité,
Encor le duc? Voyez de quoi ce duc s'avise!
A la félicité que je me suis promise,
Ce brave général, qu'a-t-il à voir? Comment!
Fallait-il avec lui tant de ménagement?
On pouvait le laisser, le renvoyer, qu'importe!
Ne voit-on pas agir tous les jours de la sorte?...
C'est que, l'amour, ton prince aussi peu l'a compris
Que le cœur d'une femme. Il ignore le prix
Qu'une seule minute a souvent... Mais, silence!
Silence!.... Il m'a semblé.... Va-t'en!.... Quelqu'un
s'avance...
C'est le prince... Va! Pars!

(Le page se retire précipitamment.)

Mon luth! En approchant,
Il faut qu'il me surprenne au milieu de mon chant :
Ce sera le signal d'amour...

SCÈNE VIII.

LA PRINCESSE D'ÉBOLI et, un peu après, DON CARLOS.

(La princesse s'est jetée sur une ottomane et joue du luth. Don Carlos entre précipitamment, reconnaît la princesse et reste comme frappé de la foudre.)

DON CARLOS.

O ciel! Où suis-je?

LA PRINCESSE, laissant tomber le luth et allant au-devant du prince :

C'est vous, prince Carlos? Oui, vraiment!

DON CARLOS.

O vertige !
Je vois que je me suis trompé d'appartement !

LA PRINCESSE.

Que le prince Carlos découvre habilement
Les chambres où l'on peut, loin de toute surprise,
Trouver seule une femme !

DON CARLOS.

Excusez ma méprise,
Princesse... J'ai trouvé... Du salon précédent
La porte était ouverte...

LA PRINCESSE.

Est-il vrai ? Cependant,
J'avais tourné, je crois, la clé dans la serrure.

DON CARLOS.

Vous croyez seulement... Vous n'en êtes pas sûre...
Erreur !... Vous vouliez bien la tourner, en effet...
Je l'admets... Vous vouliez... Soit ! mais l'avez-vous fait ?
Vous n'aviez pas fermé, non, j'en ai l'assurance...
J'entends jouer du luth... c'était un luth, je pense ?
 (Il regarde autour de lui avec hésitation.)
Eh ! oui, je l'aperçois... et, Dieu le sait, le luth...
Oui, toujours, à l'excès cet instrument me plut...
Je m'arrête, prêtant une oreille attentive ;
Je ne me connais plus et brusquement j'arrive
Jusqu'en ce cabinet ; impatient de voir
Celle dont les accents venaient de m'émouvoir,
Et jetaient dans mon être un charme inexprimable.

LA PRINCESSE.
Ce désir curieux n'avait rien que d'aimable,
Mais il s'est refroidi vite, à ce qu'il paraît.
(Après un moment de silence et avec intention :)
Que je dois estimer, prince, l'homme discret
Qui, pour mieux ménager la pudeur d'une femme,
Dans de pareils détours s'embarrasse!

DON CARLOS, avec abandon :
                              Madame,
Le mal qu'en ce moment je cherche à réparer,
Mes efforts, je le sens, ne font que l'empirer.
Pour ce rôle, en effet, trop grande est ma faiblesse;
Souffrez que, ne pouvant le remplir, je le laisse.
Vous vouliez loin du monde ici vous retirer;
Loin d'importuns regards, vous vouliez vous livrer
Aux rêves qu'en secret aime à former votre âme;
Et moi, fils du malheur, je me montre, madame,
Et ces rêves si beaux soudain je les détruis!
Ce n'est qu'en m'éloignant, madame, que je puis...
(Il veut partir.)
LA PRINCESSE, surprise et déconcertée, mais se remettant aussitôt :
Prince, c'est mal à vous; très-mal.

DON CARLOS.
                          Je sais comprendre
Ce que veut ce regard, ici, me faire entendre;
Je sais de la vertu respecter l'embarras.
Malheur! oh! oui, malheur à qui ne craindrait pas
De s'enhardir alors que rougit une femme!
Une femme qui tremble en me voyant, madame,
M'enlève tout courage.

LA PRINCESSE.

     En est-il bien ainsi ?
Je ne m'attendais pas à découvrir ceci.
Le scrupule est, je crois, sans exemple à votre âge,
Et dans un fils de roi. — Mais, trève à ce langage !
Ne vous en allez pas ! Je vous en prie... Oui, moi :
Une telle vertu dissiperait l'effroi
De toute jeune fille. — Il faut que je vous dise :
Savez-vous qu'au moment où vous m'avez surprise,
Justement je chantais, — je n'ai pu le finir, —
L'air que j'aime le mieux ?
    (Elle le conduit au sopha et reprend son luth :)
       Eh bien ! pour vous punir,
Je vais recommencer.

DON CARLOS, s'asseyant avec quelque contrainte à côté de la princesse :

     Châtiment désirable,
Madame, comme l'est la faute du coupable.
Et puis, en vérité, je l'avouerai, ce chant
M'a semblé si divin, le sujet m'en plaît tant,
Qu'une troisième fois vous m'y verriez sensible.

LA PRINCESSE.

Vous l'aviez entendu ?... Tout entier ? C'est horrible !...
C'était un chant d'amour, n'est-ce pas ?

DON CARLOS.

       Et, je crois,
C'était l'amour heureux qu'exprimait votre voix.
Texte digne, en effet, d'une bouche si belle,
Mais plus beau qu'il n'est vrai.

LA PRINCESSE.
                    Quelle injure cruelle!
Qu'il n'est vrai?... Dans ce chant, prince, je mentirais,
Selon vous? — Vous doutez...?

DON CARLOS, gravement:
                    Ce dont je douterais,
C'est que l'on puisse voir Carlos et la princesse
D'Éboli se comprendre alors que de tendresse
Il s'agirait entre eux.
        (La princesse est interdite ; il s'en aperçoit et continue d'un ton
        galant:)
                    En effet, en voyant
Ce visage si frais, si rose, si riant,
Qui croirait que d'amour votre âme est tourmentée?
La princesse Éboli, sans se voir écoutée,
Ne soupirerait point... Celui qui sans espoir
Sait aimer, celui-là seulement peut savoir
Ce que c'est que l'amour.

LA PRINCESSE, avec toute sa gaîté précédente:
                    Voulez-vous bien vous taire!
Ce lugubre discours est-il fait pour me plaire?
Il semble, en vérité, que le sort rigoureux
Aime à poursuivre en vous un amant malheureux,
Et qu'aujourd'hui, surtout, sa terrible injustice,
 -- Aujourd'hui, prince? — ici, sur vous s'appesantisse.
        (Elle lui prend la main avec tendresse.)
Vous n'êtes pas gai!... non, cher prince; je le voi.
Vous souffrez, — oui, — beaucoup... Se peut-il? Et
                                                pourquoi?
Vous, qu'à jouir de tout a convié la terre!
Vous, sur qui la nature, en si prodigue mère,

A répandu ses dons! Vous, qui pouvez saisir,
Comme un droit, un tribut, tout bonheur, tout plaisir!
Vous, le fils d'un grand roi! Que dis-je? vous encore,
Beaucoup plus par vous-même, et qui, dès votre aurore,
Avez déjà brillé d'un mérite si grand,
Qu'il effaçait en vous l'éclat de votre rang!
Vous, qui dans le conseil des femmes, — et nous sommes
Arbitres rigoureux du mérite des hommes;
Tribunal sans appel, — vous, qui n'avez en nous
Que des juges séduits se prononçant pour vous!
Vous, qui d'un seul regard tombé sur une femme,
Savez la conquérir; vous, pour qui l'on s'enflamme
Même en vous voyant froid; qui, s'il vous plaît d'aimer,
Si, comme vous charmez, vous vous laissez charmer,
Devez faire éprouver à celle qui vous aime
Un céleste bonheur, la volupté suprême!
Vous, à la fois comblé de ces dons qu'un mortel
Pour le bonheur de tous peut recevoir du ciel,
Et de ces dons à part dont il faut que l'on voie
Quelques rares élus avoir toute la joie!
Vous seriez malheureux, vous aussi, prince!... O toi,
Quand tu lui donnas tout, oui, tout, mon Dieu! pourquoi
Lui refuser des yeux, pour qu'au moins il connaisse
Ses triomphes?

DON CARLOS, qui, après une longue distraction, est rappelé
tout à coup à lui par le silence de la princesse:

    Parfait! Admirable! princesse;
Redites-moi ce chant.

LA PRINCESSE, le regardant avec étonnement:

    D'où sortez-vous, Carlos?

DON CARLOS, se levant vivement:

Par le ciel! vous venez m'avertir à propos :
Il faut, je m'en souviens, il faut que je vous quitte,
Madame; il faut d'ici que je parte au plus vite.
(Il veut partir.)

LA PRINCESSE, le retenant:

Où voulez-vous aller, prince?

DON CARLOS, dans une violente anxiété:

Je veux sortir!
Il me faut le grand air... oui... laissez-moi partir,
Princesse!... L'on dirait que la terre enflammée
M'entoure tout à coup de feux et de fumée!

LA PRINCESSE, le retenant avec force:

Qu'avez-vous? D'où peut naître un tel égarement?
(Don Carlos s'arrête et réfléchit. Elle saisit ce moment pour l'attirer
à elle sur le sopha:)
Il faut vous reposer, cher Carlos, un moment :
Maintenant, votre sang dans vos veines bouillonne.
Ces noires visions que la fièvre vous donne,
Bannissez-les!... Venez près de moi vous asseoir...
Interrogez-vous bien, et cherchez à savoir
Ce qui donne à votre âme un tourment qui l'accable :
Et puis, de ce tourment la cause véritable,
Si vous la connaissez, voyez, pour vous guérir...
Pour vous comprendre... alors que l'on vous voit souffrir,
S'il n'est dans cette cour pas un ami fidèle,
Pas une amie, enfin, que votre cœur appelle...

DON CARLOS, d'un air distrait:

La princesse Éboli peut-être...

7

LA PRINCESSE, avec joie et vivement:
En vérité ?

DON CARLOS.

Donnez-moi pour mon père, ayez cette bonté,
Un écrit qui lui parle en ma faveur, madame ;
Vous avez, on le dit, tout pouvoir sur son âme.

LA PRINCESSE.

Eh! qui donc peut le dire?
(A part :)
Ah! je tiens ton secret :
C'est un soupçon jaloux qui te rendait muet.

DON CARLOS.

J'avais pris tout à coup, — la cour a dû l'apprendre, —
La résolution de partir pour la Flandre :
C'était mes éperons à gagner ; rien de plus.
Mais, à mes vœux mon père oppose ses refus :
Il faut rester ici!... Le bon père!... Sans doute
Qu'à me voir commander une armée, il redoute
Que ma voix ne se gâte.

LA PRINCESSE.

En vérité, Carlos,
Est-ce moi qui croirai de semblables propos?
Vous voulez me tromper, avouez-le bien vite.
Allons, regardez-moi face à face, hypocrite!
A de vaillants exploits quand on est à penser,
Va-t-on réellement jusque-là s'abaisser,
Qu'avec avidité, dites-moi, l'on dérobe

Quelque bout de ruban détaché d'une robe,
Et... pardon!...
(Elle écarte légèrement du doigt la fraise de don Carlos et saisit un ruban qui y était caché :)
Qu'on le cache avec autant de soin?...

DON CARLOS, reculant avec surprise :

Princesse! Vous allez... Oui, c'est aller trop loin...
— Me voilà découvert. Ce n'est pas vous, madame,
Que l'on pourrait tromper.... Vous êtes, sur mon âme!
Avec tous les esprits, tous les démons, d'accord.

LA PRINCESSE.

Pouvez-vous de si peu vous étonner si fort?
Je vous rappellerais, prince, je le parie,
Des faits... oh! oui, des faits!... Essayez, je vous prie :
Veuillez m'interroger. Puisque de vous j'ai pu
Deviner un caprice, un mot interrompu,
Un souris, qu'effaçait soudain un air sévère,
Et même une attitude, un geste involontaire,
Jugez si je devais vous comprendre aisément,
Alors que vous vouliez être compris.

DON CARLOS.
Vraiment,
C'est hasarder beaucoup... J'accepte la gageure,
Princesse. Ainsi de vous j'ai la promesse sûre
Que, lisant dans mon cœur, vous m'y découvrirez
Ce que j'ignore, moi.

LA PRINCESSE, un peu piquée et d'un ton sérieux :
Ce que vous ignorez?
Prince, vous n'avez pas la mémoire fidèle;

Ce cabinet n'est point à la reine; chez elle
La feinte était permise et l'on pouvait louer
Le rôle que le lieu vous forçait à jouer...
Vous êtes interdit, prince, de ce langage?
La rougeur tout à coup vous couvre le visage?...
Sans doute, qui pourrait être assez pénétrant,
Assez hardi, jouir d'un loisir assez grand,
Pour épier Carlos, alors que Carlos pense
S'être mis à l'abri de toute surveillance?
Qui put voir, en effet, comment, au bal dernier,
Carlos, qui de la reine était le cavalier,
Désertant tout à coup sa danseuse royale,
Et se précipitant, d'une ardeur sans égale,
Vers la place où dansait la princesse Éboli,
Lui présenta la main? Ce singulier oubli,
Prince, fut remarqué même de votre père,
Qui venait d'arriver.

   DON CARLOS, avec un sourire ironique:

    De lui?... Si j'ai pu faire
Ce dont vous m'accusez, je vous donne ma foi
Que je ne l'ai point fait pour être vu du roi,
Madame.

   LA PRINCESSE.

    Oh! sur ce point, je vous croirai sans peine.
C'était tout aussi peu pour lui qu'une autre scène,
Celle de la chapelle, et votre souvenir,
De même, n'aura pas voulu la retenir :
Vous étiez à l'autel, prosterné sur la pierre,
Adressant à la Vierge une ardente prière;
D'une certaine dame en ce même moment,

Derrière vous, soudain, frôla le vêtement...
— Était-ce par hasard? — Alors, fils héroïque
De don Philippe, alors, comme fait l'hérétique
Que le saint tribunal ordonne de brûler,
On vous voit à la fois et pâlir et trembler;
La prière à la Vierge est loin de vos pensées;
Elle n'arrive plus sur vos lèvres glacées;
Puis, votre passion reprenant son ardeur,
— Ce spectacle était fait pour émouvoir le cœur, —
Vous saisissez la main de la Vierge immortelle,
Et vos baisers de feu, prince, tombent sur elle,
Sur une main de marbre !

DON CARLOS.

      Ah! vous me faites tort;
Princesse, c'était là quelque pieux transport.

LA PRINCESSE.

S'il en était ainsi, cela change l'affaire...
C'est la peur de trouver la fortune contraire,
Qui, sans doute, aura fait qu'une autre fois, jouant
Avec la reine et moi, vous m'ayez pris ce gant?
Vous y mîtes vraiment une adresse admirable;
  (Don Carlos, tout troublé, se lève précipitamment.)
Mais, un instant plus tard, il est vrai, sur la table,
Et comme s'il n'était qu'une carte du jeu,
Vous l'avez rejeté poliment.

DON CARLOS.

      Oh mon Dieu!
Oh mon Dieu! Qu'ai-je fait?

LA PRINCESSE.

     Rien qu'il soit nécessaire,
Prince, de regretter, de nier, je l'espère.
— Quelle surprise, alors, quel bonheur j'éprouvai
Quand, au fond de ce gant, sous ma main je trouvai,
Le billet que la vôtre, avec tant de prudence,
Y venait de cacher! La plus tendre romance
Que jamais!...

   DON CARLOS, l'interrompant tout à coup :

    Quelques vers, et rien de plus. Souvent
Mon esprit vagabond aime à jeter au vent
De cette poésie étrange, sans mérite,
Qui, comme elle naquit, doit aussi mourir vite...
Voilà tout ce qu'étaient ces vers. — N'en parlons plus!

  LA PRINCESSE, s'éloignant de lui avec surprise et le considérant
     pendant quelque temps :

Je suis à bout. J'ai fait des efforts superflus,
A chaque tentative. — Oh! qu'étrange il se montre! —
C'est la peau d'un serpent que sur lui je rencontre :
Il m'échappe.
    (Elle se tait un moment.)

    Mais quoi! Si par orgueil, pourtant,
Si pour rendre plus doux le bonheur qui l'attend,
Cette timidité, seulement empruntée...?
Oh! oui.
  (Elle s'approche de nouveau du prince, qu'elle regarde d'un air
   de doute.)

   Comme devant une porte enchantée,
Me voilà devant vous, prince; mes clés, en vain,
Ont tenté de l'ouvrir... Daignerez-vous enfin
M'apprendre...?

ACTE II. — SCÈNE VIII.

DON CARLOS.

Devant vous, cette même impuissance,
Je l'éprouve.

LA PRINCESSE *le quitte brusquement, fait quelques pas en silence dans le cabinet et semble préoccupée d'une pensée importante. Enfin, après une longue pause, d'un ton sérieux et solennel:*

Eh bien! Soit! Je romprai le silence;
Soyez mon juge. En vous je sais apprécier
Un noble cœur, un homme, un prince, un chevalier.
Désormais, c'est en vous, en vous seul que j'espère;
Oui, c'est vous qui mettrez un terme à ma misère,
Et s'il faut que je sois perdue, au moins, pour moi,
Vous aurez quelques pleurs.

(Le prince se rapproche d'elle avec intérêt et surprise.)

Un favori du roi,
Le comte de Sylva, don Ruy Gomez, m'assiége;
Il prétend à ma main, Philippe le protége;
Le roi veut cet hymen, tous deux se sont compris;
Ils ont de ce marché déjà réglé le prix.

DON CARLOS, *avec violence:*

Ils ont réglé le prix? On vous vend? Vous, princesse?
Vendue! Et par celui qui vend, qui vend sans cesse?
Le grand marchand du Sud? Que l'on connaît partout?

LA PRINCESSE.

Non, attendez! Veuillez m'écouter jusqu'au bout:
Quand on m'immole ainsi, prince, la politique
Du sacrifice, hélas! n'est pas la cause unique:
Mon honneur est en jeu. — Tenez! ceci pourra

Démasquer ce saint homme.

(Elle lui remet un papier. Don Carlos le prend, mais, tout entier
au récit de la princesse, ne se donne pas le temps de lire.)

        Et qui me sauvera?
A garder ma vertu mon orgueil put suffire
Jusqu'ici; mais enfin...

  DON CARLOS.

     Enfin...? — Qu'allez-vous dire?
Vous avez cédé? Vous? Vous avez accordé...?
Non! non! Dites, pour Dieu! que non!

  LA PRINCESSE, avec noblesse et fierté:

        A qui, cédé?
Misérables calculs! Étonnante faiblesse
D'esprits forts qui se croient l'infaillible sagesse!
Mettre à prix des faveurs, et l'amour, le coter
Comme une marchandise, et vouloir l'acheter!
Lui, qui seul, ici-bas, ne permet à personne
D'oser à prix d'argent demander ce qu'il donne!
Qui s'acquiert par lui-même et se rend tour à tour,
L'amour, enfin, qui seul est le prix de l'amour!...
L'amour est à mes yeux l'inestimable pierre
Qu'aucun or ne saurait payer au lapidaire;
Je veux ou la donner ou bien n'en pas jouir.
On me verrait alors pour jamais l'enfouir,
Semblable à ce marchand, — ce fait l'immortalise, —
Qui, résistant à l'or que lui tendait Venise,
Plus grand que n'est un roi, plus généreux, plus fier,
Restitua sa perle aux trésors de la mer,
Plutôt qu'en accepter un prix indigne d'elle.

DON CARLOS, à part:
Par le Dieu tout-puissant, que cette femme est belle !

LA PRINCESSE.
Qu'on appelle cela caprice ou vanité,
Qu'importe ! Je n'admets nulle communauté
Au bonheur dont je veux être dispensatrice.
Qu'il se présente un homme, un seul que je choisisse,
Et tout sera pour lui, tout ! Je donne une fois,
Mais aussi, pour toujours. Le mortel de mon choix
Sera le seul au monde heureux par ma tendresse,
Le seul : je lui prépare une divine ivresse.
Le ravissant accord de deux cœurs, un baiser ;
Ce moment où l'amour ne sait plus refuser ;
Et ce charme céleste où la beauté vous jette,
Ne sont que les couleurs qu'un seul prisme reflète,
Les pétales qui font une fleur seulement ;
Et j'irais, — insensée ! — et j'irais follement,
Prodigue d'un trésor dont je dois être avare,
Arracher une feuille à cette fleur si rare ?
Et j'irais, dégradant le chef-d'œuvre de Dieu,
La femme, moi ! servir à ranimer un peu
Les jours d'un débauché qui s'éteint ?

DON CARLOS, à part:
                    Admirable !
Hé quoi ! Madrid cachait une femme semblable,
Et moi, moi ! je n'en ai rien su jusqu'à ce jour !

LA PRINCESSE.
J'aurais depuis longtemps abandonné la cour ;
J'aurais depuis longtemps fait mes adieux au monde,

Et d'un cloître gagné la retraite profonde,
S'il n'était un lien, — je n'y résiste pas ! --
Qui me rattache encore à cette terre. — Hélas!
Peut-être est-ce un fantôme, une vaine fumée.
Mais il m'est si cher! J'aime... et ne suis pas aimée!

    DON CARLOS, s'approchant d'elle et avec feu:

Vous l'êtes! Aussi vrai qu'au ciel il est un Dieu!
Vous l'êtes, je le jure, et d'un amour de feu!

    LA PRINCESSE.

Vous me le jurez! Vous?... Vous !... Divine parole!
C'est mon bon ange, oh! oui, qui parle et me console.
Puisque vous le jurez, je le crois, maintenant,
Que l'on m'aime. Oui, Carlos, on m'aime!

    DON CARLOS, la pressant dans ses bras avec tendresse:

                      Douce enfant!
Fille au cœur généreux! créature adorable!
A te voir, à t'entendre, un charme inexprimable,
Un vrai ravissement s'est emparé de moi.
Qui donc, un seul instant, aurait pu te voir, toi,
Qui, dans le monde entier, et se vanter encore
Que son cœur reste froid, que l'amour, il l'ignore?
Mais toi, dans cette cour, où les prêtres partout
Sèment leurs passions et font peser leur joug,
A la cour de Philippe, ange! que viens-tu faire?
Pour des fleurs comme toi ce ciel n'est pas prospère.
Voudraient-ils te briser? Ils y songent, je crois.
Mais, je le jure ici, par le jour que je vois,
Ils ne le pourront pas! De mes bras, je t'enlace:

Ces bras t'emporteront, te feront faire place
A travers cet enfer, ces esprits infernaux !
Oui, permets que je sois ton bon ange !

LA PRINCESSE, avec un regard plein d'amour :

O Carlos !
Que de votre grand cœur j'avais peu connaissance !
De quel immense prix voilà qu'il récompense
Le mal que j'ai souffert avant d'y lire bien !

(Elle lui prend la main et veut la baiser.)

DON CARLOS, la retirant :

Princesse ! Où pensez-vous que vous soyez ?

LA PRINCESSE, avec finesse et grâce, et regardant fixement la main du prince :

Combien
Cette main, à la fois, Carlos, est riche et belle !
Deux dons bien précieux dépendent encor d'elle...
Un trône et votre cœur... Peut-être, tous les deux
D'une seule mortelle iront combler les vœux ?
D'une seule ? un présent si grand, divin, pour elle ?...
Ah ! ne sera-ce pas trop pour une mortelle ?...
Si vous le partagiez ?... Sous le bandeau royal,
Pour peu qu'elle soit reine, une femme aime mal,
Et celle dont le cœur à l'amour s'abandonne
Remplit mal les devoirs qu'impose la couronne.
Aussi, ne faites point, prince, une seule part ;
Il vaut mieux partager. Partagez sans retard !...
— Avez-vous fait déjà le partage, peut-être ?
Vous l'avez fait ? Tant mieux !...Et...pourrai-je connaître..
Celle... que... son bonheur... ?

DON CARLOS.
>Je te la nommerai.
Oui, jeune fille, à toi je me découvrirai ;
A toi, cœur sans détours, innocence si pure,
Dont rien n'a pu ternir la céleste nature,
Je me découvrirai ! Personne, en cette cour,
Dans mon âme n'a pu lire jusqu'à ce jour.
Tu l'as comprise, toi; toi seule, et la première,
Et la plus digne aussi de la voir tout entière.
— Eh bien! oui! je t'en fais l'aveu... j'aime!

LA PRINCESSE.
>Méchant!
Qu'avait donc cet aveu qui dût te coûter tant?
Ne m'aimer qu'au moment où tu me sais à plaindre!

DON CARLOS, interdit:
Comment?... Que signifie...?

LA PRINCESSE.
>Avec moi pourquoi feindre?
Prince, ce n'est pas bien; non. Être même allé
Jusqu'à nier avoir reçu la clé !

DON CARLOS.
>La clé!
La clé!
(Après avoir cherché dans sa mémoire, et après un instant de réflexion :)
>— C'était donc là... Dieu! — Mon Dieu!
(Ses genoux fléchissent; il s'appuie contre un fauteuil et se cache le visage. Après un long silence des deux parts, la princesse jette un cri et tombe.)

ACTE II. — SCÈNE VIII.

LA PRINCESSE.

                                      Malheureuse!
Qu'ai-je fait!

DON CARLOS, se redressant, et avec l'accent de la plus vive douleur:

             Oh! malheur! Oh! quelle chute affreuse!
Du ciel que je rêvais retomber aussi bas!

LA PRINCESSE, se cachant le visage dans les coussins du sopha:

Dieu! Qu'ai-je découvert!

DON CARLOS, à genoux devant elle:

                      Ah! ne m'accusez pas,
Princesse! croyez-moi, je ne suis point coupable.
L'ardeur de mon amour... Une erreur déplorable...
Oh! je suis innocent, j'en jure par le ciel!

LA PRINCESSE, le repoussant:

Sortez! Au nom de Dieu!

DON CARLOS.

                    Dans ce trouble cruel,
Vous abandonner? Moi? Jamais!

LA PRINCESSE, le repoussant avec force:

                            Je vous implore;
Au nom de la pitié je vous conjure encore.
Voulez-vous me tuer? — Soyez donc généreux!
Pour moi votre présence est un supplice affreux...

(Don Carlos veut sortir.)

Mon billet et ma clef? Il faut me les remettre...
La lettre, où l'avez-vous? L'autre?

DON CARLOS.
Quelle autre lettre?

LA PRINCESSE.
Celle du roi.

DON CARLOS, effrayé:
De qui?

LA PRINCESSE.
Tout à l'heure, par moi
Elle vous fut remise.

DON CARLOS.
Une lettre du roi?
Pour qui? Pour vous?

LA PRINCESSE.
O ciel! dans quel embarras suis-je!
C'est affreux! — Rendez-moi la lettre! Je l'exige,
Je veux l'avoir!

DON CARLOS.
A vous, une lettre du roi?

LA PRINCESSE.
Au nom de tous les saints, rendez, rendez-la moi!

DON CARLOS.
Et qui doit démasquer un saint homme?... La lettre...?

LA PRINCESSE.
Je succombe!... Donnez! oh! donnez!

DON CARLOS.
Pourrait être...?

LA PRINCESSE, *se tordant les mains avec désespoir :*

Insensée! Oh! mon Dieu! Qu'ai-je fait! Quel danger!

DON CARLOS.

Cette lettre est du roi?... Dès lors, tout va changer,
Princesse, et promptement.
(Montrant la lettre avec joie.)
　　　　　　　　　　D'une lettre semblable,
La valeur, à mes yeux, est inappréciable :
Qui sait ce qu'elle peut avoir de résultats!
Les royaumes du roi ne me la paieraient pas.
Non, non, à trop bas prix elle serait vendue!
Je garde cette lettre!
(Il sort.)

LA PRINCESSE, *s'élançant sur ses pas :*

O Dieu! Je suis perdue!

SCÈNE IX.

LA PRINCESSE D'ÉBOLI, seule.

(Elle demeure un instant interdite, hors d'elle-même, puis, lorsque
le prince est sorti, elle court après lui et veut le rappeler :)

Prince! Encore un mot.... Prince! Écoutez!.... C'est en
　　　　　　　　　　　　　　　　　　　　　　vain!
Il part!... Encor cela! N'avoir que son dédain!...
Dans quel isolement le cruel m'a laissée!
Être ainsi rejetée!... Être ainsi repoussée!...
(Elle tombe sur un fauteuil. Après une pause :)
Sur moi quelque rivale aura su l'emporter.
Il aime : maintenant je n'en puis plus douter.

L'aveu de cet amour, il me l'a fait lui-même.
Eh bien! Voyons! Quelle est cette femme qu'il aime?
Cette mortelle heureuse? Il aime d'un amour
Qu'il craint, si j'ai bien vu, d'avouer au grand jour;
D'un amour que, sans doute, il devrait s'interdire,
Et dont, devant le roi, jamais rien ne transpire...
D'où vient qu'il prend ce soin de se cacher du roi,
Qui voudrait que son fils fût pris d'amour?... Mais quoi!
Quand il se cache ainsi, pourrait-il bien se faire
Qu'il craignît dans le père un autre que le père?
Quand il a su du roi les desseins amoureux,
Tout à coup son visage a pris un air heureux;
Sa joie, à la nouvelle, a paru tout entière.
D'où peut venir encor que sa vertu sévère,
Qui de pareils desseins devait se révolter,
N'ait trouvé pas un mot de blâme à leur jeter?
Qu'aurait-il à gagner si Philippe, infidèle,
Préparait à la reine...? A la reine?... C'est elle!

(Elle s'arrête tout à coup comme saisie d'une pensée subite, en
même temps elle arrache de son sein le ruban qu'elle a pris à don
Carlos, le regarde rapidement et le reconnaît aussitôt.)

Insensée! — Oh! enfin! — Où donc étaient mes sens?...
Enfin! voilà mes yeux qui s'ouvrent, je le sens:
Avant que par le père au trône elle fût mise,
Élisabeth au fils avait été promise.
Ils s'aimaient! Ils s'aimaient depuis longtemps déjà.
Jamais il ne me vit sans qu'elle ne fût là...
Ainsi, tout son amour s'adressait à la reine,
Quand d'en être l'objet moi j'étais si certaine;
Quand si profondément il semblait m'adorer!...
Affreuse perfidie!... Et moi, qui vais livrer

Le secret de mon cœur à la reine elle-même !¹
(Silence.)
Ce n'est pas sans espoir, non sans doute, qu'il aime.
Un amour sans espoir ne saurait résister
A des coups comme ceux que je viens de porter :
Je l'appelle à goûter un bonheur sans limite ;
Le plus grand roi du monde en vain le sollicite ;
Lui, le refuse! Eh bien! se serait-il montré
Dédaigneux à ce point, l'amant désespéré?
Son baiser annonçait une brûlante ivresse ;
Quand ses bras m'entouraient, c'était avec tendresse ;
Quand nos cœurs l'un sur l'autre étaient pressés, le sien,
Avec ivresse encor, battait contre le mien.
Oh ! la fidélité, quand l'épreuve est si rude,
Doit de sa récompense avoir la certitude,
Pour ne pas succomber!... La clef, il la reçoit
Comme si de la reine elle venait ; il croit
Que ce pas de géant, elle a pu le faire, elle !
Et puis, il vient ! Il est au rendez-vous fidèle !
La femme de Philippe, il n'en saurait douter,
A cet acte de folle a donc pu se porter?
S'il le croit, d'où lui peut venir cette assurance?
C'est que des faits certains l'autorisaient d'avance.
Tout est clair! On l'écoute! Elle aime!... En vérité,
La sainte s'humanise!... Et quelle habileté !
Devant cette vertu si sévère et si pure,
Moi-même je tremblais. Cette noble figure,
Comme un être divin devant moi se plaçait,

---

1. Elle croit l'avoir livré par ce qu'elle a dit acte I, scène III mais, dans sa passion, elle s'exagère l'importance de l'aveu, qui n'est réel que acte IV, scène XIX.

Et devant son éclat tout le mien s'effaçait.
Sa beauté respirait cette paix si profonde
D'un cœur tout étranger aux passions du monde,
Et, lorsque j'enviais cette tranquillité,
Elle n'était qu'un masque insolemment porté!
Ma rivale eût voulu ce double bénéfice :
Savourer en secret les voluptés du vice,
Et conserver un front sans cesse revêtu
De l'éclat tout divin que donne la vertu.
Voilà ce qu'elle osa tenter! Et, sans vengeance,
On laisserait passer une telle impudence?
Quoi? faute d'une main qui la démasquerait,
Elle! la comédienne! elle triompherait?
Non, par Dieu!... Je l'aimais jusqu'à l'idolâtrie...
Vengeance! Que le roi sache la fourberie!
— Le roi?
(Après un moment de réflexion:)
C'est un moyen pour moi de lui parler.
Par un chemin plus sûr je ne saurais aller.
(Elle sort.)

SCÈNE X.

Un salon dans le palais du roi.

LE DUC D'ALBE. DOMINGO.

DOMINGO.

Que voulez-vous me dire?

LE DUC D'ALBE.

Une importante chose;

Un fait dont je voudrais qu'on m'expliquât la cause,
Et qui s'est à mes yeux aujourd'hui même offert.

DOMINGO.

De quoi me parlez-vous? Qu'avez-vous découvert?

LE DUC D'ALBE.

Voici : J'ai rencontré le prince, tout à l'heure,
Près de l'appartement où la reine demeure.
Il m'outrage; à l'affront je réponds vivement,
Et nous tirons le fer. En ce même moment,
Au bruit que nous faisons, sur sa porte s'avance
La reine; elle nous voit, entre nous deux s'élance,
Jette au prince un regard, un regard seulement,
Regard de confiance et de commandement;
Il s'arrête, en mes bras bientôt se précipite,
M'embrasse avec ardeur et disparaît bien vite.

DOMINGO, après un instant de silence :

Ce que vous m'apprenez est suspect. Ce récit,
Duc d'Albe, à d'autres faits reporte mon esprit.
Voici longtemps déjà qu'en moi j'ai senti naître
Les soupçons que vous-même ici faites paraître;
Mais, comme l'on ferait de rêves insensés,
Sans en avoir rien dit, je les ai repoussés;
Il est, vous le savez, de ces armes peu sûres
Dont le double tranchant sait faire deux blessures,
L'une à qui frappe et l'autre à qui l'on veut frapper.
Je crains certains amis qui peuvent nous tromper.
Pour bien juger un homme il faut qu'on soit habile.
Lire au fond de son cœur est encor moins facile.
Qui parle à demi-mot blesse son confident.

Aussi, j'ai su garder le silence, attendant,
Pour dire mon secret, des moments plus propices.
Il n'est pas bon de rendre aux rois certains offices;
C'est hasarder un trait qui, s'il ne porte droit,
Blesse, en rebondissant, le tireur maladroit.
Ce que je sais est vrai, je vous le certifie;
Je pourrai, s'il le faut, en jurer sur l'hostie.
Mais un témoin, un mot que l'on aurait surpris,
Un chiffon de papier, auraient bien plus de prix,
Seraient d'un poids plus lourd, plus sûr dans la balance,
Que ne sera jamais mon intime croyance.
Nous sommes, par malheur, en Espagne, et je croi
Qu'il faut y renoncer à ces preuves.

LE DUC D'ALBE.
                    Pourquoi?

DOMINGO.
Ailleurs, la passion peut s'oublier sans crainte;
Ici, c'est différent : elle y sent la contrainte
Où la retient le joug de soupçonneuses lois.
Faillir n'est pas facile à nos reines, je crois.
Mais, par malheur encor, ces lois qu'on leur impose,
N'entendent les gêner qu'en une seule chose,
Celle précisément où tous deux nous verrions
Un bonheur dans l'écart que nous surprendrions.

LE DUC D'ALBE.
Écoutez! Je n'ai pas fini ma confidence :
Carlos a vu le roi ce matin; l'audience
A duré tout une heure, et le prince y parlait
En termes animés, à voix haute. Il voulait,

Il priait qu'on le fît gouverneur de la Flandre.
Du cabinet du roi je pouvais tout entendre.
Sur le seuil du salon quand je l'ai rencontré,
Ses yeux étaient en feu, tant il avait pleuré.
Quelques heures après, et contre mon attente,
Il paraît devant moi, la mine triomphante :
Il est ravi, dit-il, que l'on m'ait préféré
Pour ce commandement qu'il avait désiré;
Il en rend grâce au roi; les choses sont changées;
Les voilà, selon lui, beaucoup mieux arrangées...
L'art de dissimuler, il l'ignora toujours.
Comment donc expliquer ces étranges retours?
Devant moi quand il faut que le prince s'efface,
Il triomphe; et le roi, m'accordant une grâce,
Me fait voir son courroux! Que croire? En vérité,
Il semble, en me donnant cette autre dignité,
Bien loin de m'honorer, que Philippe m'exile.

DOMINGO.

Ainsi nous aurions pris une peine inutile!
Nous en serions venus à ce point qu'un moment
Détruirait tout à coup, ce que, si lentement,
Depuis des ans entiers nous étions à construire!
Et vous demeurez froid? Vous n'avez rien à dire?
Connaissez-vous Carlos? Êtes-vous sans prévoir
Tout ce qui nous attend, s'il arrive au pouvoir?
Ce jeune homme, — pour lui je ne sens nulle haine;
De bien d'autres soucis, hélas! mon âme est pleine,
Pour le trône, pour Dieu, pour l'Église, — l'infant,
Je le connais, j'ai lu dans son cœur très-avant,
Cache un affreux projet : c'est à régner qu'il vise.

Il prétend se soustraire à notre sainte Église.
D'une vertu nouvelle il a le cœur épris.
Orgueilleuse vertu, qui jette son mépris
A toute autre croyance, et prétend se suffire.
Il pense! Il est brûlant d'un étrange délire :
Il ose honorer l'homme!... Est-ce là, dites-moi,
Celui qu'il conviendrait de nous donner pour roi?

LE DUC D'ALBE.

Vous êtes effrayé, Domingo, d'un fantôme.
Peut-être, là, verrais-je un orgueil de jeune homme
Qui veut jouer un rôle : il le lui faut. Croyez
Que ces rêves seront de lui vite oubliés,
Lorsque son tour viendra de commander.

DOMINGO.
                    J'en doute.
Sa liberté ne veut nul obstacle en sa route.
Il est fier d'être libre. Il ignore, surtout,
Qu'il faut, pour l'imposer, savoir porter le joug.
Souffrirons-nous qu'au trône il aille prendre place?
Ce gigantesque esprit, cette bouillante audace
De notre politique, aussitôt, franchirait
Le cercle trop étroit et nous emporterait.
Pour dompter de Carlos l'indocile courage,
En vain aux voluptés j'exposai son jeune âge;
Il a su résister à l'épreuve. — J'ai peur
A savoir qu'un tel corps emprisonne un tel cœur.
Philippe aura bientôt soixante ans. Quand j'y songe....

LE DUC D'ALBE.
Il est loin l'avenir où votre regard plonge.

DOMINGO.

La reine et don Carlos ne font qu'un. Dans leurs cœurs
A filtré le poison d'insensés novateurs.
Il se cache, il est vrai, mais il poursuit sa voie,
Et du trône lui-même il va faire sa proie.
Cette Valois! je sais tout ce qu'elle pourra :
Sa vengeance sur vous, sur moi s'épuisera,
Si Philippe fait voir un instant de faiblesse.
Il faut tout craindre d'elle; il faut veiller sans cesse :
Vous savez qu'en secret elle nous hait tous deux.
La fortune est encor favorable à nos vœux;
Mais sachons prévenir la reine et son complice
Avant que contre nous l'un ou l'autre n'agisse.
Dans un même réseau prenons-les, elle et lui.
Nous aurions beaucoup fait si Philippe, aujourd'hui,
Écoutant quelque avis sur son fils, sur sa femme,
A de jaloux soupçons pouvait ouvrir son âme :
Que nous ayons ou non des preuves, avançons!
Nous n'en sommes plus, nous, seulement aux soupçons :
Qui se sent convaincu, peut convaincre sans peine.
Nous saurons découvrir, c'est chose bien certaine,
Plus que nous n'avons fait, dès que nous nous dirons
Que ce plus, qu'il nous faut, nous le découvrirons.

LE DUC D'ALBE.

Reste une question, la plus grave, je pense :
Qui se charge de faire au roi la confidence?

DOMINGO.

Ni vous, ni moi. Tout plein de mon vaste projet,
Pour arriver au but, voici ce que j'ai fait,
Travaillant dès longtemps dans l'ombre et le silence :

Duc, pour que notre ligue ait toute sa puissance,
Elle a besoin d'un tiers et j'attends tout de lui.
Philippe aime d'amour la princesse Éboli.
Je nourris cet amour à mes vœux si propice;
J'en suis le confident, il sera mon complice.
Si le succès venait couronner mon espoir,
Dans cette jeune femme, où d'abord il faut voir
Notre alliée, un jour nous aurions notre reine.
Un ordre venu d'elle en ce salon m'amène.
J'espère tout : peut-être en une seule nuit,
Une fille d'Espagne aura-t-elle détruit
Cette fleur des Valois sur notre trône assise.

LE DUC D'ALBE.

Qu'entends-je ! Il serait vrai? Grand Dieu! Quelle
surprise !
O chef-d'œuvre! Je rends hommage, en vérité,
Fils de Saint-Dominique, à ton habileté.
Nous triomphons!

DOMINGO.

On vient. C'est elle.

LE DUC D'ALBE.

Je vous laisse.

Je serai là... S'il faut...

DOMINGO.

J'appellerai.
(Le duc sort.)

SCÈNE XI.

LA PRINCESSE D'ÉBOLI, DOMINGO.

DOMINGO.
                              Princesse,
Je me rends à votre ordre.

LA PRINCESSE, suivant le duc d'Albe d'un regard curieux :
                    En cet appartement
Ne sommes-nous pas seuls? Vous avez là...

DOMINGO.
                                   Comment!

LA PRINCESSE.
Oui; quelqu'un vous parlait, et dans l'instant vous quitte.

DOMINGO.
Princesse, c'est le duc, qui de vous sollicite
L'honneur d'être après moi reçu.

LA PRINCESSE.
                         Le duc? Eh bien!
Que peut-il me vouloir? Pourquoi cet entretien?
Sauriez-vous me le dire?

DOMINGO.
                    Il est juste, peut-être,
Avant de m'expliquer, que je puisse connaître
Sur quel grave motif on m'accorde aujourd'hui
Le bonheur de revoir la princesse Éboli.
Longtemps de le goûter j'eus la vaine espérance.

(Après une pause, pendant laquelle il a attendu la réponse de la princesse :)

Pourrai-je dire au roi si quelque circonstance
Vous a rendue enfin favorable à ses vœux?
Puis-je espérer pour lui que, réfléchissant mieux,
Vous jugiez maintenant avec moins d'injustice
Des propositions que l'humeur, le caprice
Vous ont fait repousser? J'ose vous faire voir
L'impatient désir que j'ai de le savoir.

LA PRINCESSE.

Avez-vous dit au roi ma dernière réponse?

DOMINGO.

De vos refus encor j'ai différé l'annonce,
Princesse; ils blesseraient le roi mortellement.
Mais il dépend de vous de répondre autrement;
Il en est temps encore.

LA PRINCESSE.

    Au roi faites connaître
Que je le recevrai.

DOMINGO.

    Ce mot-là doit-il être
Pour moi, belle princesse, une réalité?

LA PRINCESSE.

Aurais-je, selon vous, l'air d'avoir plaisanté?...
Par Dieu! vous m'effrayez... Qu'ai-je pu dire ou faire,
Pour que vous pâlissiez? Vous, pâlir! Vous, mon Père?

DOMINGO.

Je puis comprendre à peine, et si je suis surpris...

LA PRINCESSE.

Aussi ne faut-il pas que vous ayez compris.
Non, je ne voudrais pas, pour tout l'or de la terre,
Que vous en arriviez à comprendre, mon Père.
Exécutez mon ordre et n'allez pas plus loin ;
Cela vous doit suffire. Épargnez-vous le soin
De rechercher à qui vous pourriez rendre grâce
Du changement auquel je vous dis que je passe.
Mais, pour vous rassurer tout à fait, je veux bien
Vous déclarer encor que vous n'êtes pour rien
Dans ma faute ; c'est moi, moi qui l'aurai commise.
Je ne veux pas non plus en accuser l'Église ;
Et vos raisonnements, cependant, m'ont prouvé
Qu'elle sait employer pour un but élevé,
Quand ses pieux desseins le rendent nécessaire,
Jusques à la beauté de ses filles. Mon Père,
Je ne l'accuse point, quoi que vous m'ayez dit :
Vos saints raisonnements dépassent mon esprit.

DOMINGO.

Je consens volontiers à n'en plus faire usage,
Dès qu'ils sont superflus.

LA PRINCESSE.

     Lorsqu'ainsi je m'engage,
Que le roi n'aille pas juger légèrement
Du motif qui me porte à ce grand changement ;
J'exprime ce désir, faites-le-lui connaître.
Ce que j'étais avant, je le suis, je veux l'être.
Les choses seulement ont changé. Quand je crus,
Aux vœux du roi devoir opposer mes refus,
Je le croyais heureux : la reine était si belle !

A cette femme, alors, que je croyais fidèle,
Je devais, mais alors, montrer ce dévouement.
Aujourd'hui, j'ai le droit de penser autrement.

DOMINGO.

Daignez continuer; continuez, princesse :
Nous nous sommes compris. Parlez!

LA PRINCESSE.

       Le charme cesse!
Je la dévoile enfin. Plus de ménagement!
Sa ruse et son larcin auront leur châtiment.
Elle a trompé le roi, le royaume et moi-même.
Elle aime! Je le sais maintenant, moi, qu'elle aime;
Et j'en pourrai fournir des témoignages, moi,
A la faire trembler. Elle a trompé le roi,
Mais ce ne sera point, par Dieu! sans qu'on le venge.
De sa haute vertu, de cette vertu d'ange,
J'arracherai le masque et ferai qu'à son front,
Et le crime, et la honte au grand jour paraîtront.
Sans doute, ce sera d'un sacrifice immense
Que j'aurai, je le sais, à payer ma vengeance,
Mais, ce qui me ravit, mon triomphe sera
Que bien plus cher encore elle lui coûtera.

DOMINGO.

Bien! Tout est mûr... Le duc... Souffrez que je l'appelle.
      (Il sort.)

LA PRINCESSE, étonnée:

Que va-t-il arriver?

SCÈNE XII.

LES PRÉCÉDENTS, LE DUC D'ALBE.

DOMINGO, introduisant le duc:

Duc d'Albe, la nouvelle
Que nous comptions donner arrive ici trop tard :
La princesse Éboli vient de me faire part
Du secret que de nous elle devait apprendre.

LE DUC D'ALBE.

Ma visite, dès lors, ne doit pas la surprendre.
Pour de semblables faits je n'en crois pas mes yeux :
Les regards d'une femme en jugent beaucoup mieux.

LA PRINCESSE.

De quels faits parlez-vous ?

DOMINGO.

Pour en parler, peut-être,
Sera-t-il plus prudent de nous faire connaître
Le lieu, l'heure ?...

LA PRINCESSE.

Où je puis vous recevoir ? Eh bien !
A demain, vers midi, je fixe l'entretien,
J'ai de bonnes raisons pour ne plus vouloir taire,
Pour dévoiler, enfin, ce coupable mystère,
Et du roi, sans retard, il faut qu'il soit connu.

LE DUC D'ALBE.

Pour les mêmes raisons ici je suis venu.
Ne différons donc pas. Que le roi le connaisse.

Qu'il soit par vous instruit; par vous-même, princesse,
A qui donc plus qu'à vous ajoutera-t-il foi?
A vous qu'on vit toujours, de l'épouse du roi,
Compagne vigilante et sévère?

DOMINGO.
     A vous-même,
Qui sur le roi prendrez un empire suprême,
Dès que vous le voudrez?

LE DUC D'ALBE.
      On sait trop que je suis
Ennemi déclaré du prince, et je ne puis...

DOMINGO.
On sait tout aussi bien quelle est pour lui ma haine.
La princesse Éboli n'a rien qui la retienne.
Où nous devons rester muets, ne rien savoir,
Au contraire, parler est pour vous un devoir,
Devoir de votre emploi. Pour peu que le coup frappe,
Il n'est pas à risquer que le roi nous échappe.
A nous d'achever l'œuvre, alors.

LE DUC D'ALBE.
      Songez qu'il faut
Attaquer sans retard, triompher au plus tôt.
Le temps est précieux. Gardons-nous bien d'attendre
Que l'ordre de partir soit venu me surprendre.

DOMINGO, *après un moment de réflexion et se tournant vers la princesse Éboli :*
Si nous pouvions avoir des lettres de l'infant...?
Elles seraient pour nous d'un secours important.

Voyons! — Oui. — Ce n'est pas une espérance vaine :
Ne partagez-vous pas la chambre de la reine?

LA PRINCESSE.

Non, mon appartement touche au sien. Mais pourquoi?
Quel intérêt ceci peut-il avoir pour moi?

DOMINGO.

Qu'en serrures quelqu'un, peut-être, se connaisse!...
— D'ordinaire, où la reine a-t-elle soin, princesse,
De déposer la clé qui ferme son coffret?
Vous devez le savoir.

LA PRINCESSE, réfléchissant:

Cela nous servirait.
A découvrir la clé l'on parviendra peut-être.

DOMINGO.

Il faut un messager pour porter une lettre...
La suite de la reine est nombreuse... On pourrait,
Parmi ses serviteurs trouver un indiscret...
L'or vient à bout de tout.

LE DUC D'ALBE.

N'a-t-on pas connaissance
De gens à qui l'infant donne sa confiance?

DOMINGO.

Il n'a dans tout Madrid pas un seul confident.

LE DUC D'ALBE.

C'est bien étrange.

DOMINGO.

Rien n'est plus vrai, cependant.

Il n'a que du mépris pour la cour tout entière ;
Je le sais.

LE DUC D'ALBE.

    Attendez! C'est un trait de lumière :
Lorsque j'ai rencontré don Carlos aujourd'hui,
Un page de la reine était auprès de lui.
Ils se parlaient tous deux avec un grand mystère.

LA PRINCESSE, l'interrompant brusquement :

Il s'agissait entre eux d'une tout autre affaire.

DOMINGO.

Aurions-nous un moyen de nous en assurer?
Don Carlos et ce page ainsi se rencontrer!...
Cela m'est bien suspect.
(Au duc d'Albe :)
    Connaissez-vous ce page?

LA PRINCESSE.

Je vous dis que c'était un pur enfantillage,
Je le sais. Finissons! — C'est convenu : tous trois,
Nous nous réunirons une dernière fois
Avant qu'au roi je parle, et d'ici là, je pense,
Que d'importants secrets nous aurons connaissance.

DOMINGO, prenant la princesse à part :

Et maintenant le roi peut enfin espérer?
Et vous m'autorisez à le lui déclarer?
Vrai?.... Pour combler ses vœux, quelle est l'heure
          charmante
Que vous fixez?

LA PRINCESSE.

Sous peu je me dirai souffrante;
Aussitôt, de la reine on me séparera,
— Vous savez, c'est l'usage, — et l'on me trouvera
Dans ma chambre.

DOMINGO.

Parfait! Nos chances sont certaines.
Nous pouvons maintenant braver toutes les reines!

LA PRINCESSE.

On me cherche... Écoutez! La reine veut m'avoir
Auprès d'elle. Je cours la rejoindre. Au revoir.

(Elle sort précipitamment.)

SCÈNE XIII.

LE DUC D'ALBE, DOMINGO.

DOMINGO, après un moment de silence, pendant lequel il a suivi des yeux la princesse:

Qu'en dites-vous, duc d'Albe? Avec ce frais visage,
Vos combats....

LE DUC D'ALBE.

Et ton Dieu, je puis braver l'orage
Qui doit fondre sur nous.

(Ils sortent.)

SCÈNE XIV.

Un couvent de Chartreux.

DON CARLOS, LE PRIEUR DES CHARTREUX.

DON CARLOS, au prieur, en entrant:

Il est déjà venu?
Je suis contrarié de ne l'avoir pas vu.

LE PRIEUR.

Il est venu trois fois durant la matinée.
Depuis une heure il est parti.

DON CARLOS.

Dans la journée
Sans doute il reviendra? Ne vous l'a-t-il pas dit?

LE PRIEUR.

Il m'a bien assuré, du moins, qu'avant midi
Il serait de retour.

DON CARLOS, s'approchant d'une fenêtre:

Votre cloître, mon Père,
Est loin du grand chemin. De ce lieu solitaire,
On voit encor les tours de Madrid. Ici près,
Coule paisiblement l'eau du Mançanarès.
Ce site est à mon gré : mystère et paix profonde.

LE PRIEUR.

Comme au seuil qu'on franchit au sortir de ce monde.

####### DON CARLOS.

A votre loyauté, mon Père, je remets
Tout ce que j'ai de cher, de sacré. Que jamais
Aucun mortel ne sache ou même ne soupçonne
Mes entretiens secrets dans ce couvent. Personne!
Pour de graves motifs, aux yeux du monde entier,
L'homme qu'ici j'attends, je dois le renier.
C'est pourquoi j'ai choisi votre cloître, mon Père.
Je n'y saurais avoir à craindre, je l'espère,
Surprise ou trahison? Vous vous souvenez bien
Que vous m'avez juré....

####### LE PRIEUR.

Prince, ne craignez rien.
Non, le soupçon des rois, pour trouver la lumière,
N'ira pas des tombeaux interroger la pierre.
La curiosité tend l'oreille partout
Où règne le bonheur, où la passion bout;
Mais au pied de ces murs, prince, le monde expire.

####### DON CARLOS.

Sous ces précautions que la crainte m'inspire,
Vous imaginez-vous, peut-être, que je vien
Cacher quelque remords?

####### LE PRIEUR.

Je n'imagine rien.

####### DON CARLOS.

Vous me jugeriez mal. Le secret que je porte
Craint l'homme, et non pas Dieu.

LE PRIEUR.

       Mon fils, peu nous importe :
Nous ne distinguons pas. L'asile où tu te vois,
Au crime, à l'innocence est ouvert à la fois.
Quel que soit ton dessein, ou mauvais ou louable,
Que ce dessein soit juste ou bien qu'il soit coupable,
A ton âme, toujours, c'est à toi de penser.

DON CARLOS, avec feu:

Ce dessein, votre Dieu ne peut s'en offenser :
Il est son œuvre, à lui; son œuvre la plus belle.
Tenez! qu'à vous, mon Père, à vous je le révèle.

LE PRIEUR.

A quoi bon? Il vaut mieux me cacher ce secret :
Voici longtemps déjà qu'à partir je suis prêt;
Depuis longtemps, au monde, à tout ce qu'il renferme
Mes yeux se sont fermés. Lorsque je touche au terme,
Pour un moment encor ne me les ouvrez plus.
Que faut-il à qui vise au bonheur des élus?
Je vous quitte, la cloche aux prières m'appelle.

           (Il sort.)

SCÈNE XV.

DON CARLOS, LE MARQUIS DE POSA.

DON CARLOS.

Enfin, je te revois!

LE MARQUIS.

      Quelle épreuve cruelle !
Ah! que pour ton ami ce moment a tardé!

Depuis que de Carlos le sort est décidé,
Le soleil, dans son cours, a deux fois pu descendre
Et monter, et j'en suis encore à tout apprendre!
— Dis! vous êtes enfin réconciliés?

DON CARLOS.

       Moi,
Et qui?

LE MARQUIS.

  Je veux parler de Philippe et de toi.
Il consent, n'est-ce pas, à t'envoyer en Flandre?

DON CARLOS.

Oui, si bien que le duc dès demain va s'y rendre.

LE MARQUIS.

Cela n'est pas possible! oh! non, cela n'est point.
On ne peut pas tromper tout Madrid à ce point.
Tu fus admis, dit-on, en secrète audience,
Et le roi....

DON CARLOS.

   Je n'ai pu vaincre sa résistance.
Nous voilà séparés plus que nous ne l'étions :
Il n'est plus de remède à nos divisions.

LE MARQUIS.

Quoi! Tu ne pars point?

DON CARLOS.

Non! Non! Non!

LE MARQUIS.

      Plus d'espérance?

DON CARLOS.

Laissons là ce sujet... Que depuis ton absence,
Rodrigue, j'ai vécu! Pour moi quel changement!
Avant tout, tes conseils dans ce grave moment!
Je veux la voir.

LE MARQUIS.

   Ta mère?... Oh! non... Pourquoi?

DON CARLOS.

         J'espère!
— Tu pâlis? Sois tranquille. Enfin le sort prospère
M'annonce le bonheur et je le goûterai.
De tout cela plus tard je te reparlerai.
Cherche, trouve un moyen qui puisse me conduire
Auprès d'elle.

LE MARQUIS.

   Aller...? Toi?—Voyons! Que veux-tu dire?
De quels rêves nouveaux es-tu donc agité?
D'où vient...?

DON CARLOS.

   Des rêves? Non. C'est la réalité!
C'est la réalité! Par le Dieu des miracles!
Désormais, mon bonheur ne connaît plus d'obstacles.
 (Il lui présente la lettre du roi à la princesse d'Éboli.)
Ce bonheur, il est là! Ce papier précieux
Me l'assure!... La reine est libre!... Libre aux yeux,
Et du monde, et du ciel. Lis! Ta surprise extrême
Va cesser.

LE MARQUIS, *ouvrant la lettre:*

   Un billet de Philippe lui-même!

Se peut-il ?
(Après avoir lu :)
Et qui donc a reçu ce billet ?

DON CARLOS.

La princesse Éboli. — Sache donc qu'en secret
Un page de la reine est venu me remettre,
Avant-hier, à la fois, une clef, une lettre
Dont l'écriture était inconnue à mes yeux.
D'après ce que disait l'écrit mystérieux,
Dans l'aile du palais réservée à la reine,
— On indiquait la chambre et quel chemin y mène, —
Une dame que j'aime, et depuis bien longtemps,
M'attendait. A l'appel aussitôt je me rends....

LE MARQUIS.

Insensé ! Quoi ! Tu vas...?

DON CARLOS.

Je te le dis encore :
Je ne connaissais pas l'écriture. J'adore
Une femme, une seule. Eh ! quelle autre, à la cour,
Pourrait croire qu'elle est l'objet de mon amour ?
Plein d'ivresse, j'arrive. Un chant se fait entendre
Dans le cabinet même où l'on a dû m'attendre,
Chant divin, qui me guide. — O terreur ! Tout à coup,
J'aperçois, qui, Rodrigue ?...

LE MARQUIS.

Oh ! je devine tout.

DON CARLOS.

J'étais perdu, perdu ! si dans les mains d'un ange

Je n'étais pas tombé... Mais, quel hasard étrange,
Quel hasard malheureux! Le langage imprudent
Que parlent mes regards abuse cette enfant.
Tout entière à l'erreur qu'en elle j'ai fait naître,
Elle croit m'inspirer l'amour qu'ils font paraître;
Elle s'émeut des maux dont mon cœur est souffrant,
Et le sien, généreux et trop imprévoyant,
Veut me rendre l'amour qu'au mien elle suppose.
Le silence absolu qu'aussitôt je m'impose,
Lui semble du respect. Elle ose enfin parler,
Et je vois sa belle âme à moi se révéler.

LE MARQUIS.

Et si tranquillement tu peux tout me redire!...
La princesse Éboli dans ton cœur a su lire,
Elle a de ton amour pénétré le secret,
Et tu vas la blesser du plus sensible trait,
Quand sur le cœur du roi sa puissance est si grande!

DON CARLOS, avec assurance:

J'affirme sa vertu!

LE MARQUIS.

   Que l'amour lui commande;
Vertu que j'ai trop bien comprise, j'en ai peur.
Ah! combien elle est loin de l'idéale fleur,
De cette autre vertu qui germe, éclôt dans l'âme,
Comme au sol maternel! Qui, sans qu'elle réclame
D'inutiles secours, s'élance en liberté,
Et brille avec orgueil de sa riche beauté!...
C'est la plante étrangère à son soleil ravie,
A qui, sous un ciel froid, l'art seul donne la vie :

Que l'éducation ait fait cette vertu,
Qu'on l'appelle principe, il n'importe; vois-tu,
Elle sera toujours une innocence acquise,
Disputée avec ruse aux passions; conquise
Après de longs efforts, et dont on compte bien,
Pour contenter le ciel, s'être fait un moyen :
C'est au ciel à payer la vertu qu'il ordonne.
Crois-tu que la princesse à la reine pardonne
Qu'un homme ait dédaigné cette même vertu,
Pour laquelle elle aura si longtemps combattu,
Quand cet homme, bercé d'une espérance vaine,
Follement se consume à brûler pour la reine?

DON CARLOS.

Dans le cœur d'Éboli crois-tu lire à ce point?

LE MARQUIS.

Je ne l'ai pas sondé : je ne la connais point;
C'est à peine deux fois que j'ai vu la princesse.
Mais, souffre encor ces mots que l'amitié t'adresse :
Elle me semble habile à ne jamais offrir
Des dehors où le vice en vienne à se trahir.
De ce qu'est sa vertu, crois qu'elle a conscience.
J'ai vu la reine aussi, mais quelle différence!
L'honneur avec la vie est né dans ce grand cœur.
Tranquille dans la paix que donne cet honneur,
Sans dignité factice et sans insouciance,
Sans audace et sans crainte, on la voit qui s'avance
D'un pas sûr, courageux, libre de tout soutien,
Dans le sentier étroit qui doit conduire au bien;
Et, quand elle conquiert l'universel hommage,

L'ignore et doute encor de son propre suffrage.
Eh bien! dans ce portrait, pourras-tu, mon ami,
Voir aussi, voir encor ta princesse Éboli?
C'est son amour qui, seul, a fait sa résistance :
Sa vertu stipulait l'amour pour récompense;
A la condition tu n'as pas consenti,
Elle succombera.

DON CARLOS, avec vivacité :

Non! Non! Je te le di!
(Après s'être promené avec agitation :)
Si Rodrigue savait quelle peine cruelle
Il cause en ce moment à son ami fidèle,
En voulant lui ravir cette félicité,
Ce céleste bonheur : croire à l'humanité,
A sa perfection!

LE MARQUIS.

Mon amitié, si tendre,
A ce reproche-là devait-elle s'attendre?
Non, je n'ai pas voulu te rendre malheureux.
Cette Éboli serait comme un ange à mes yeux,
Devant sa gloire, moi, plein d'un respect sincère,
Je me prosternerais, comme je te vois faire,
Si cette femme, ami, n'avait pas ton secret.

DON CARLOS.

Ah! que ta crainte est vaine! Éboli ne pourrait
Révéler qu'à sa honte un secret qui l'offense;
Et du triste plaisir que donne la vengeance,
Au prix du déshonneur voudra-t-elle jouir?

LE MARQUIS.

Pour un moment de honte, et pour n'en plus rougir,
De son honneur plus d'une a fait le sacrifice.

DON CARLOS, s'emportant:

C'en est trop! je ne puis souffrir cette injustice.
Noble et fier est ce cœur que tu juges si bas ;
Je connais la princesse et je ne la crains pas.
Mon espoir, vainement tu voudrais le détruire :
Oui, je verrai ma mère !

LE MARQUIS.

    Et que veux-tu lui dire?...

DON CARLOS.

Je n'ai plus à garder aucun ménagement.
Je veux connaître enfin mon sort. Toi, vois comment
Je pourrai lui parler.

LE MARQUIS.

    Et tu veux faire usage
De cette lettre? Vrai? Tu l'aurais, ce courage?

DON CARLOS.

Ne m'interroge pas! Trouve, trouve un moyen...
Pour qu'au plus tôt je puisse avoir cet entretien.

LE MARQUIS, avec intention:

Ne m'avais-tu pas dit que tu l'aimais, ta mère?
Et tu veux lui montrer cet écrit?

 (Don Carlos, les yeux fixés vers la terre, garde le silence.)

         Sois sincère :
Je lis sur ton visage; il te trahit. J'y voi

Un projet.... tout nouveau... tout étranger pour moi....
Tu détournes les yeux? C'est donc vrai? J'y sais lire?...
Fais-moi voir cette lettre.
(Don Carlos lui donne la lettre, le marquis la déchire.)

DON CARLOS.
Es-tu donc en délire?
(Avec une émotion contenue.)
Cet écrit m'importait beaucoup, je l'avouerai.

LE MARQUIS.
C'est pour cette raison que je l'ai déchiré.
(Le marquis s'arrête et fixe un regard pénétrant sur le prince, qui
le regarde à son tour avec hésitation. Long silence.)
Réponds-moi : Si le roi manque à la foi donnée,
Si la couche royale est par lui profanée,
Qu'importe à ton... amour? As-tu vu dans le roi,
Pour atteindre ton but, le seul obstacle? En quoi
Les torts que peut avoir un époux infidèle,
Et ta folle espérance, encor plus criminelle,
Peuvent-ils s'accorder? Son infidélité
Fait-elle évanouir ta culpabilité?
Maintenant jusqu'au fond de ton cœur je pénètre.
Ah! de ce que pour toi cet amour devait être,
Que j'avais mal jugé!

DON CARLOS.
Que crois-tu?
LE MARQUIS.
Mon cœur sent
Quelle douce habitude il faut perdre à présent.
Avec les temps passés, différence cruelle!

Que ton âme était riche, alors; ardente, belle !
Tout un monde eût trouvé place dans ton amour.
Tout cela, maintenant, tout a fui sans retour,
Tout ! devant les calculs de ta coupable flamme,
De ton mince égoïsme ! Elle est morte, ton âme !
Les provinces de Flandre et leurs affreux malheurs
Ne sauraient de tes yeux faire couler des pleurs.
Non, non, plus une larme à verser pour la Flandre !
A quelle pauvreté je vois ton cœur descendre,
Depuis qu'au monde entier tu n'aimes plus que toi !

DON CARLOS se jette sur un fauteuil. Après un moment de silence et avec des sanglots qu'il étouffe avec peine :

Tu ne m'estimes plus, Rodrigue, je le voi !

LE MARQUIS.

Ne te plus estimer ? Ah ! j'en suis incapable.
Ta fougue est une erreur d'un sentiment louable :
La reine était à toi. Tout à coup, ton trésor
Par le roi t'est ravi. Mais tu doutes encor,
La force de tes droits te paraît incertaine :
Peut-être que Philippe est digne de la reine ;
Tu n'oses exprimer ce que ton cœur résout.
Cette lettre survient, elle décide tout :
Le plus digne, c'est toi ! Ton âme, enorgueillie,
Voit le sort convaincu de vol, de tyrannie ;
Tu triomphes, heureux d'être sacrifié.
Lorsque sous l'injustice un grand cœur a plié,
C'est avec volupté qu'il souffre son offense.
Mais c'est ici, Carlos, que ton erreur commence :
Ton orgueil satisfait, ton cœur ose espérer.

Vois-tu que dans ce cœur j'ai bien su pénétrer.
Ici, tu n'as pas su te connaître toi-même.

    DON CARLOS, ému :

Non ! non ! Rodrigue, non ! Ton erreur est extrême.
Ces nobles sentiments dont mon cœur, selon toi,
Se serait trouvé plein, étaient bien loin de moi.

    LE MARQUIS.

T'aurais-je méconnu?... Carlos, quand tu t'égares,
Je cherche en tes vertus, si nombreuses, si rares,
A laquelle imputer ta faute. — Enfin, tous deux,
Nous sommes arrivés à nous comprendre mieux.
Maintenant, il le faut, oui, tu verras la reine.

   DON CARLOS, se jetant au cou du marquis :

Ah ! tu me fais rougir.

    LE MARQUIS.

     Ma parole est certaine.
Mais pour cet entretien je veux préparer tout.
Je sens dans mon esprit s'élever, tout à coup,
Une pensée... Elle est heureuse, des plus grandes.
D'une bouche plus belle il faut que tu l'entendes.
Je me rends chez la reine et, peut-être, demain,
Aurai-je déjà fait approuver mon dessein.
Jusque-là, retiens bien ceci, je t'en conjure :
Un projet enfanté par une raison sûre,
Qui doit de maux affreux sauver l'humanité,
Dans sa marche fût-il mille fois arrêté,
Ne s'abandonne pas. Carlos, tu dois m'entendre.
Je te répète encor : Souviens-toi de la Flandre !

DON CARLOS.
A tout ce que de moi Rodrigue exigerait,
Et la vertu sublime avec lui, je suis prêt!

LE MARQUIS, allant à une fenêtre:
Séparons-nous, j'entends ta suite qui s'avance.
(Ils s'embrassent.)
Le rang entre nous deux a repris sa distance.

DON CARLOS.
Tu rentres à Madrid? Tout de suite?

LE MARQUIS.
      A l'instant.

DON CARLOS.
Ah! j'allais oublier un avis important:
Le roi lit toute lettre adressée à Bruxelle.
Sois donc prudent. Je tiens d'une bouche fidèle
Que la poste a reçu des ordres.

LE MARQUIS.
      Cet avis
De qui l'as-tu?

DON CARLOS.
  Taxis est l'un de mes amis.

LE MARQUIS, après un moment de silence:
Encore ce danger qu'il faut que je redoute!
Eh bien! de l'Allemagne elles prendront la route.
(Ils sortent tous deux par des côtés opposés.)

FIN DU SECOND ACTE.

ACTE TROISIÈME.

DON CARLOS.

ACTE TROISIÈME.

La chambre à coucher du roi.

SCÈNE PREMIÈRE.

Sur une table de nuit, deux flambeaux allumés. Au fond de l'appartement, quelques pages endormis, à genoux. Le roi, à demi déshabillé, est assis devant la table, un bras appuyé sur le fauteuil et dans une attitude pensive. Devant lui sont placés un médaillon et des papiers.

LE ROI.

Qu'elle ait été, d'ailleurs, trop prompte à s'exalter,
Qui le contesterait ? Lui pouvais-je apporter
Un amour dont son cœur avait besoin peut-être ?
Et, pourtant, ce besoin l'a-t-elle fait connaître ?...
Il est clair qu'elle est fausse.

(Il fait un mouvement qui le rappelle à lui-même, et se lève tout surpris.)

Où donc étais-je ?   Quoi !
Est-ce que nul ici ne veille que le roi ?...
Ces flambeaux consumés...! Est-il jour ?... Tout entière
La nuit aurait passé sans fermer ma paupière ?
De cette nuit, nature, il faut te contenter.
Celles qu'il perd, un roi ne peut les racheter...

Je suis levé : le jour pour chacun doit renaître.
> (Il éteint les flambeaux et tire les rideaux d'une fenêtre. En se promenant dans l'appartement, il remarque les pages endormis et s'arrête en silence devant eux. Enfin il sonne.)

Voyons! Dans l'antichambre on dort aussi, peut-être.

SCÈNE II.

LE ROI. LE COMTE DE LERME.

LE COMTE DE LERME, avec surprise, en voyant le roi levé:

Sire, êtes-vous souffrant?

LE ROI.

     Le feu s'est déclaré
Au pavillon de gauche. Avez-vous ignoré
L'accident? Vous n'avez rien entendu?

LE COMTE DE LERME.

      Non, sire.

LE ROI.

Non? Comment donc? D'un rêve ai-je subi l'empire?
Ce n'est pas du hasard ce fait qui m'a frappé.
Ce côté n'est-il point par la reine occupé?

LE COMTE DE LERME.

Elle y couche, en effet.

LE ROI.

     Ce rêve-là me trouble.
La garde, sur ce point, désormais qu'on la double!

Vous m'entendez ?... Le soir, et dès qu'il fera nuit...
Mais bien secrètement... Qu'on agisse sans bruit...
Je voudrais éviter... Vous m'examinez !

LE COMTE DE LERME.

Sire,
Dans vos yeux enflammés aisément je puis lire :
Il leur faut du sommeil. Sachez ménager mieux,
J'ose vous en prier, vos jours si précieux.
Songez à vos sujets. Si, sur votre visage,
D'une nuit d'insomnie on voyait le passage,
Quelle terreur viendrait les frapper au réveil !
— Quelques heures encor de sommeil !

LE ROI, d'un air égaré :

Le sommeil ?
J'attendrai qu'à mes yeux l'Escurial le donne.
Pendant que le roi dort, il risque sa couronne,
Et le mari l'amour de sa femme. — Non ! non !
C'est une calomnie !... Une femme, — ce nom,
Ce nom de femme seul veut dire calomnie, —
Une femme, tout bas, m'a dit cette infamie.
Qu'un homme la confirme, alors je la croirai.

(Aux pages, qui viennent de s'éveiller :)

Le duc d'Albe.

(Les pages sortent.)

Plus près de moi, comte.... Est-ce vrai ?

(Il fixe sur le comte un regard perçant.)

Pendant une seconde, une seule, ne puis-je
Savoir tout ?... Est-ce vrai ?... Suis-je trompé ?... Le suis-je ?
Est-ce vrai ?... Jurez, comte !

LE COMTE DE LERME.
          O grand, excellent roi!

LE ROI, reculant:
Le roi! Le roi toujours! Rien que ce mot pour moi!
D'un monotone écho le seul son que j'entende!...
Je frappe ce rocher, ma bouche lui demande,
Pour ma fiévreuse soif, de l'eau, rien que de l'eau...
— Et c'est de l'or brûlant que tu verses, bourreau!

LE COMTE DE LERME.
Qu'est-ce qui serait vrai, sire?

LE ROI.
                Rien, rien! Arrière!
Le comte veut s'éloigner; le roi le rappelle.
Vous êtes marié, comte? Vous êtes père.
N'est-ce pas?

LE COMTE DE LERME.
    Oui, mon roi.

LE ROI.
        Vous êtes marié,
Et vous avez ici tout une nuit veillé!
Vous croyez sans rougir, vous, homme à tête grise,
A la fidélité qu'une femme a promise?
Rentrez, et vous verrez la vôtre, je vous dis,
Livrée, incestueuse, aux bras de votre fils!
Croyez-en votre roi, rentrez! — Je vous étonne?
Et, pour comprendre mieux l'avis que je vous donne,
En moi vous voulez lire? — A voir que mes cheveux
Sont grisonnants aussi...? Songez-y, malheureux!

La vertu d'une reine est toujours sans souillure.
N'en doutez pas, sinon, la mort!

LE COMTE DE LERME, avec feu :

La reine est pure!
Qui donc en douterait? Dans les États soumis
A Votre Majesté, qui se serait permis
De ternir sa vertu, si pure, si sereine,
Par d'odieux soupçons? Qui?... La meilleure reine!
A ce point...

LE ROI.

La meilleure? Aussi, comte, pour vous?
Elle a des amis chauds, bien chauds, autour de nous.
Elle aura bien payé marchandise si chère;
Plus qu'à ma connaissance elle ne pouvait faire...
Retirez-vous! Au duc dites que je l'attends.

LE COMTE DE LERME.

Dans le premier salon il est prêt, je l'entends.

(Il veut sortir.)

LE ROI, d'un ton plus doux :

Comte, vous aviez vu, tout à l'heure, à merveille :
Je sens ma tête en feu de cette nuit de veille.
Ce que je vous ai dit, rêvant tout éveillé,
Ayez soin de l'avoir promptement oublié.
Vous m'entendez? Il faut en perdre la mémoire.
Comptez sur la faveur du roi.

(Il lui donne sa main à baiser. Le comte de Lerme se retire et
ouvre la porte au duc d'Albe.)

SCÈNE III.

LE ROI, puis LE DUC D'ALBE.

LE DUC D'ALBE, s'approchant du roi avec hésitation, à part:

Qu'en dois-je croire?
Me donner un tel ordre, à pareille heure, à moi!

(Il se trouble en examinant le roi de plus près.)

Et ce regard!

LE ROI.

(Il s'est assis et a pris le médaillon sur la table. Il regarde fixement le duc pendant longtemps et en silence.)

Ainsi, plus de doute! Le roi
Ne saurait pas compter un serviteur fidèle!

LE DUC D'ALBE, stupéfait:

Comment?

LE ROI.

Oui. Je reçois une offense mortelle;
Je l'ignore moi seul, et nul ne vient à moi;
Nul ne vient m'avertir!

LE DUC D'ALBE, considérant le roi avec surprise:

Une offense à mon roi?
Et qu'à ma vigilance ait échappé l'injure?
Se peut-il!

LE ROI, lui montrant des lettres:

Savez-vous de qui cette écriture?

LE DUC D'ALBE.

Du prince don Carlos.

LE ROI, après une pause, pendant laquelle il a observé attentivement
le duc :
                    Ne soupçonnez-vous rien ?
De son ambition, déjà, je le sais bien,
Vous m'avez prévenu. Mais, est-ce là le pire ?
N'avais-je à craindre en lui que l'ambition ?

                    LE DUC D'ALBE.
                              Sire,
Ce mot s'étend fort loin, on peut beaucoup y voir.

                    LE ROI.
Et vous n'avez plus rien à me faire savoir ?

    LE DUC D'ALBE, après un moment de silence et avec une réserve
                    affectée :
Vous avez confié le royaume à ma garde ;
Je dois et donne, sire, à ce qui le regarde,
Mes méditations et mes soins assidus.
En dehors de l'État, je crois ne devoir plus
Compte de mes soupçons, ni de ce que je pense,
Ni de ce que je sais. Voilà, dans ma croyance,
D'inviolables biens. L'esclave et le sujet
Peuvent fermer aux rois ce domaine secret.
Ce qui m'est clair à moi pourrait bien ne pas être
De la même évidence aux regards de mon maître.
S'il exige, pourtant, que je parle, je doi
Le prier de ne pas m'interroger en roi.

            LE ROI, lui donnant les lettres :
Lisez !

LE DUC D'ALBE, après avoir lu et se tournant avec terreur vers le roi :
        Quel insensé, dans votre main royale,
Sire, a pu déposer cette lettre fatale ?

LE ROI.

Vous savez donc à qui l'écrit fut adressé ?
Il ne l'indique pas.

LE DUC D'ALBE, reculant interdit, à part:
Je me suis trop pressé.

LE ROI.

Le savez-vous ?

LE DUC D'ALBE, après un moment de réflexion :
Eh bien ! Soit ! Mon maître l'ordonne ;
Je ne diffère plus : je connais la personne.

LE ROI, se levant, et dans une extrême agitation :
Impitoyable dieu de la vengeance ! oh ! oui,
Donne-moi d'inventer un supplice inouï !
Ils étaient à ce point tous deux d'intelligence,
De leurs relations telle était l'évidence,
Que, sans qu'on se donnât le soin d'examiner,
Tout, au premier coup d'œil, pouvait se deviner !
C'en est trop ! Tout cela se passe et je l'ignore !
Dans mon royaume, moi ! j'étais le seul encore,
Le seul à le savoir !

LE DUC D'ALBE, se jetant aux pieds du roi :
O mon roi ! devant vous
Je confesse ma faute et le fais à genoux.
Vous me voyez rougir d'une lâche prudence,
Qui m'avait conseillé de garder le silence,
Lorsque si hautement, tout, honneur de mon roi,
Justice, vérité, me faisaient une loi
De ne pas plus longtemps vous celer ce mystère.

Mais puisque tout le monde est d'accord pour se taire;
Puisque de la beauté les charmes séduisants
Paralysent la voix de tous les courtisans,
Eh bien! je vais parler... Cependant, quelles armes,
Dans les serments d'un fils accusé, dans les charmes,
Dans les pleurs d'une épouse, aura-t-on contre moi!

LE ROI, avec vivacité :

Levez-vous! Vous avez ma parole de roi.
Levez-vous, et parlez sans crainte!

LE DUC D'ALBE, se relevant :

De la scène
Du jardin d'Aranjuez, vous souvient-il? La reine,
Loin de ses dames, seule, et le regard troublé,
Fut surprise par vous sous l'ombrage isolé
D'un bosquet...

LE ROI.

Oh! que vais-je apprendre?

LE DUC D'ALBE.

La marquise
Essaya de sauver la reine ainsi surprise,
Et de ce dévouement un exil fut le prix.
Mais la marquise, ainsi que nous l'avons appris,
N'avait fait qu'obéir à l'ordre de la reine.
Le prince l'avait vue et la quittait à peine.

LE ROI, s'emportant :

Il avait été là! Je ne puis plus douter...

LE DUC D'ALBE.

Avec la reine un homme avait dû s'arrêter :

Le sable de ses pas avait gardé la trace.
Elle allait, du bosquet, se perdre vers la place
Où se trouve une grotte. Un mouchoir, ramassé,
Prouvait qu'en cet endroit le prince avait passé.
C'est ainsi que, d'abord, les soupçons durent naître.
Plus tard, un jardinier fit encore connaître
Qu'il avait vu l'infant de ce même côté,
Dans la minute même où Votre Majesté
Arrivait au jardin.

   LE ROI, revenant à lui, et après être resté un moment plongé
     dans de sombres réflexions :

     Et lorsque la surprise
Que je lui laissai voir par elle fut comprise,
Elle a versé des pleurs!... J'ai rougi, moi, le roi,
Devant toute ma cour! et j'ai rougi de moi!
Par le ciel! j'étais là, devant cette innocence,
Comme le criminel qui reçoit sa sentence!...

   (Long et profond silence. Il s'assied et se cache le visage.)

Duc, vous avez raison... Tout cela pourrait bien
Me faire recourir à quelque affreux moyen...
Je désire être seul.

     LE DUC D'ALBE.

     Pour vous convaincre, sire,
Ce que je vous ai dit ne peut encor suffire.

     LE ROI, saisissant les papiers :

Et cela? Ces papiers? Ces témoins écrasants,
Les pourrez-vous trouver de même insuffisants?
C'est plus clair que le jour... Je le savais d'avance :
Ce n'est pas d'aujourd'hui que le crime commence.

Il remonte à ce jour où la reine, par vous,
Dans Madrid fut remise à son royal époux.
Ah! je la vois encor fixant, pâle et tremblante,
Sur mes cheveux blanchis son regard d'épouvante.
Leur comédie, alors, alors a commencé!

LE DUC D'ALBE.

Le prince ne pouvait oublier le passé,
Car, dans sa jeune mère, il avait, pour la vie,
Perdu sa fiancée à son amour ravie.
Pleins d'une même ardeur, formant les mêmes vœux,
Des rêves les plus doux ils se berçaient tous deux,
Quand le sort, d'un amour, la veille légitime,
Était, le lendemain, venu leur faire un crime.
Ils n'en étaient donc plus, alors, à ressentir
La crainte qui retient l'aveu prêt à sortir,
Et la séduction dut agir plus puissante
Sur des cœurs absorbés par l'image riante
D'un passé dont était permis le souvenir.
L'âge, les sentiments, tout devait les unir;
Tous deux du même joug souffraient l'impatience :
Dès lors, leur passion prit plus de violence,
Et, tout entière, enfin, osa se faire jour.
Quand la raison d'État domina leur amour,
A l'arrêt du conseil, pouvez-vous croire, sire,
Qu'Élisabeth ait dû facilement souscrire?
Qu'elle ait pu résister à ce plaisir secret
D'examiner quel choix lui dictait cet arrêt?
Elle attendait l'amour... Elle eut un diadème.

LE ROI, blessé et avec amertume :

J'admire à disserter votre talent extrême;

Vous jugez à merveille et vous parlez fort bien.
Duc, je vous remercie.
                (Il se lève et continue avec calme et fierté:)
                    Avec vous, j'en convien,
La reine fut coupable en gardant le silence
Sur ce que renfermait cette correspondance.
La reine fut coupable encore en me cachant
Qu'au jardin d'Aranjuez elle avait vu l'infant.
Par générosité, fausse et mal entendue,
Elle s'est égarée alors qu'elle s'est tue.
Je saurai l'en punir.
                    (Il sonne.)
                    Quelqu'un auprès de nous,
Demande-t-il accès? Duc d'Albe, éloignez-vous!
Je ne vous retiens plus.

            LE DUC D'ALBE.
                    Par mon zèle, à mon maître
Une seconde fois ai-je déplu peut-être?

            LE ROI, à un page, qui entre:
Appelez Domingo.
                    (Le page sort.)
                    Je veux bien oublier
Qu'un instant vous n'avez pas craint de m'effrayer
De la peur qu'envers moi l'on osât une offense
Que de vous faire, à vous, on peut prendre licence.
                    (Le duc d'Albe sort.)

SCÈNE IV.

LE ROI. DOMINGO.

(Le roi va et vient pendant quelques instants pour se remettre.)

DOMINGO entre quelques moments après que le duc est sorti; puis, il s'approche du roi, qu'il a considéré, pendant quelque temps, en gardant un solennel silence :

Sire, quelle est ma joie et mon étonnement
A vous voir ce sang-froid, ce calme.

LE ROI.

       Vous? Comment?
Vous étonner?... De quoi?

DOMINGO.

      La bonté souveraine
Du ciel a donc permis que ma crainte fût vaine !
Ah ! qu'il en soit béni ! Je puis reprendre espoir.

LE ROI.

Votre crainte? De quoi pouviez-vous en avoir?

DOMINGO.

Il faut qu'envers mon roi je rompe le silence,
Sire : certain secret est à ma connaissance.

LE ROI, d'un air sombre :

Et vous ai-je déjà montré qu'il me plairait
De vous faire avec moi partager ce secret?
Qui donc ose venir, sans que je le demande,
Me devancer ainsi? Par Dieu ! l'audace est grande.

DOMINGO.

Du reproche qui m'est adressé par mon roi,

Le lieu, l'occasion où l'on vint à ma foi
Livrer tout récemment cet important mystère,
Et le sceau sous lequel j'en suis dépositaire,
Doivent me disculper : c'est au saint tribunal
Que l'on m'a confié ce mystère fatal.
Il pesait comme un crime à sa révélatrice,
Qui venait implorer la divine justice.
La princesse Éboli, trop tard, a le regret
D'avoir pu révéler un semblable secret,
Et voit à quels dangers il expose la reine.

LE ROI.

Vraiment ? Oh ! le bon cœur !... Vous devinez sans peine
Pourquoi je vous ai fait appeler près de moi :
Un zèle trop aveugle a jeté votre roi
Dans un dédale obscur. Rendez-moi la lumière !
J'attends la vérité. Dites-la tout entière.
Que croire ? Que résoudre ? Allons ! La vérité !
La dire est un devoir pour vous.

DOMINGO.

                                 La charité
De mon saint ministère, et la mansuétude,
Dont le prêtre s'est fait une douce habitude,
Ne m'imposeraient pas la modération,
Que je vous supplierais, en cette occasion,
De ne pas plus avant pousser la découverte.
D'un repos précieux épargnez-vous la perte.
Couvrez, sire, couvrez d'un éternel oubli
Tout ce qu'a révélé la princesse Éboli.
Craignez d'un examen le résultat pénible.
Aujourd'hui le pardon est encore possible.

A la reine, d'un mot, le roi rendra l'honneur.
Le roi fait la vertu comme il fait le bonheur,
Et sa sérénité seule pourra détruire
Les bruits calomnieux que l'on ose produire.

LE ROI.

Des bruits? Parmi mon peuple? Et sur moi?

DOMINGO.
                            Bruits menteurs,
Je le jure, et semés par de vils imposteurs.
Mais, parfois, à l'erreur la commune croyance
De la vérité même a donné l'importance.

LE ROI.

Par le ciel! Et le peuple, à ces bruits odieux...?

DOMINGO.

La bonne renommée est un bien précieux,
Le seul pour qui la reine avec toute autre femme
Doive rivaliser.

LE ROI.
            Pour ce bien, sur mon âme!
Je n'ai pas jusqu'ici, je l'espère, à trembler?
(Il regarde Domingo d'un air d'inquiète attente; puis, après un instant de silence:)
Chapelain! d'un malheur vous voulez me parler:
Ne vous contraignez plus. Ce sinistre visage,
Depuis assez longtemps déjà, me le présage.
Quel que soit ce malheur, dites-le franchement.
Je suis à la torture, abrégez ce moment:
Le peuple, que croit-il?

DOMINGO.

            Sire, je le répète,
Il peut errer... Ici son erreur est complète.
De ce qu'on dit le roi ne peut être troublé...
Mais que jusqu'à ce point déjà l'on soit allé !

LE ROI.

Comment ! Me faudra-t-il longtemps attendre encore
La goutte de poison qu'ici de vous j'implore ?

DOMINGO.

Le peuple se reporte à l'époque de deuil,
Où son roi fut si près de descendre au cercueil...
Sept mois plus tard il sut l'heureuse délivrance...
    (Le roi se lève et sonne. LE DUC D'ALBE entre. Domingo, interdit :)
Sire !

LE ROI, allant au-devant du duc d'Albe:

  Duc, sauvez-moi de ce prêtre !

DOMINGO, échangeant avec le duc d'Albe des regards d'embarras, puis, après un moment de silence :

                  D'avance
Si nous avions connu que cet avis pourrait
Devenir si fatal à qui le donnerait...

LE ROI.

Un bâtard ! dites-vous ? Vous me dites qu'à peine
A la mort j'échappais, au moment où la reine
A senti qu'elle allait devenir mère ? Quoi ?
Alors, pour le miracle opéré sur le roi,
Vous rendiez tous les deux, dans chaque basilique,
Si j'ai bon souvenir, grâce à saint Dominique ?

ACTE III. — SCÈNE IV.

Le miracle d'alors n'est donc plus rien ici?
Alors ou maintenant vous avez donc menti?
Expliquez-vous! A quoi voulez-vous que je croie?
Ah! j'ai lu dans vos cœurs, je suis sur votre voie :
Si le complot dès lors eût été mûr, par Dieu!
L'honneur de votre saint se fût réduit à peu!

LE DUC D'ALBE.

Le complot?

LE ROI.

   Sans avoir été d'intelligence,
Vous penseriez ainsi, l'un ce que l'autre pense?
Et vous voulez, à moi! me le persuader?
Je n'aurais donc pas vu, pour vous le concéder,
Combien d'avidité, quelle féroce joie
Vous mettiez tous les deux à saisir votre proie?
Je n'aurais donc pas vu, moi, quelle volupté,
Vous goûtiez tous les deux à me voir tourmenté,
A suivre, en leurs progrès, ma douleur, ma colère?
Pour ravir à mon fils la faveur de son père,
Le duc d'un zèle ardent se montrait dévoré,
Et je ne l'ai pas vu? J'ai peut-être ignoré
Qu'à ce moine, au saint homme, il serait agréable
D'armer de mon courroux sa haine misérable?
Sans doute, j'aurais dû, pour votre bon plaisir,
Être l'arc que l'on bande ou détend à loisir?...
Mais à vos volontés j'opposerai la mienne;
Et s'il faut, après tout, que le doute me vienne,
Qu'il commence par vous, ne soyez pas surpris.

LE DUC D'ALBE.

Notre fidélité n'attendait pas ce prix.

LE ROI.

Vous, fidèles? Allez! Qui de ce nom se pare,
Vient avertir à temps du crime qu'on prépare :
Consommé, la vengeance elle seule en instruit.
De votre empressement, quel est pour moi le fruit?
Que me restera-t-il s'il faut que je vous croie?
La douleur d'un divorce, ou bien la triste joie
Qu'on trouve à se venger... Mais, non! dans ce moment
Vous en êtes tous deux à craindre seulement.
A de vagues soupçons livrant votre victime,
Vous m'amenez au bord d'un infernal abîme,
Et vous m'abandonnez!

DOMINGO.

              Pourrait-on prouver mieux
Des faits qui n'ont pas eu de témoins?

LE ROI, *après un long silence, se tournant vers Domingo, d'un air grave et solennel :*

                                Soit! Je veux
Rassembler ma grandesse en tribunal suprême;
Au sein de ce conseil, je m'asseoirai moi-même;
Présentez-vous alors. Venez, si vous l'osez,
Proclamer l'adultère. A voix haute accusez!
Je serai sans pitié pour la reine infidèle :
Il faudra qu'elle meure et l'infant avec elle.
Mais aussi, prenez garde! oh! si la reine sort
Pure de ce combat, à vous, à vous la mort!
Voulez-vous à ce prix, — aurez-vous ce courage? —
Rendre à la vérité votre éclatant hommage?
Parlez! Le voulez-vous?... Il faut prendre un parti...
Non? Vous restez muets? Vous avez donc menti?...
Tant de zèle à vouloir que triomphe un mensonge!

LE DUC D'ALBE, qui est resté silencieux à l'écart, avec calme :

J'accepte.

LE ROI se retourne avec surprise vers le duc, qu'il regarde fixement
pendant quelques instants :

Quelle audace!... Et, cependant, je songe
Que pour bien moins encor, dans de rudes combats,
On vous a vu, duc d'Albe, affronter le trépas,
Jouant, pour un vain nom, vos jours à la légère,
Comme jette son or le joueur téméraire.
Que sont pour vous ces jours exposés tant de fois?
Je n'irai point livrer le noble sang des rois
A la merci d'un fou, qui n'a qu'une espérance :
Finir avec éclat sa chétive existence.
Le sacrifice offert est par moi rejeté.
Je vous ferai, tantôt, savoir ma volonté.
Au salon d'audience, allez! que l'on m'attende.

(Le duc d'Albe et Domingo se retirent.)

SCÈNE V.

LE ROI, seul :

O Providence! ô toi, dont la bonté si grande
M'a déjà donné tant, aujourd'hui donne-moi
Un homme à qui m'ouvrir, qui me conseille! — Toi,
Bien que seule, tu n'as nul besoin qu'on t'éclaire,
Car ton regard pénètre au fond de tout mystère.
Mais moi, qui ne peux pas tout savoir, tout sonder,
Il me faut un ami, daigne me l'accorder!
Ces gens qu'à mes côtés pour m'aider tu fis naître,
Tu sais qu'ils sont pour moi tout ce qu'ils peuvent être :

Leurs vices, contenus, dirigés par mes mains,
Dociles instruments, secondent mes desseins.
Ces vices, je m'en sers, comme toi du tonnerre
Et des vents, quand tu veux purifier la terre.
J'ai besoin de voir luire enfin la vérité.
Au milieu du chaos par l'erreur enfanté,
Sous les sombres débris que sans cesse elle roule,
Voir la source tranquille où la vérité coule
N'est pas le sort des rois. — Prête-moi ton secours!
Donne-moi l'homme rare, au cœur pur, sans détours,
Qui juge sans erreur, sans passion décide,
Et m'aide à découvrir cette source limpide!
Je me livre au hasard. Permets donc qu'à mes yeux
Vienne s'offrir, enfin, cet homme précieux,
Parmi tous ces mortels dont le flot tourbillonne
Sous l'éclat des rayons que jette ma couronne!

Il ouvre un coffret et en tire des tablettes à écrire. Après les avoir parcourues des yeux pendant quelque temps:

Des noms!... Rien que des noms sur la liste d'honneur!
Quels services leur ont conquis cette faveur?
Elle est à cet égard du plus complet silence:
Rien ne dure si peu que la reconnaissance.

Passant à d'autres tablettes:

Au contraire, le soin le plus minutieux
Note ici chaque faute et la met sous mes yeux.
A quoi bon? Il n'est pas besoin qu'on les rappelle:
De qui veut se venger la mémoire est fidèle.

Il reprend la lecture des premières tablettes:

Ah! Le comte d'Egmont? Que veut dire ceci?
Pourquoi son nom encor se trouve-t-il ici?
S'il a de Saint-Quentin remporté la victoire.

Il m'a forcé depuis d'en perdre la mémoire.
Qu'il soit au rang des morts!

(Il efface ce nom des premières tablettes et l'inscrit sur les secondes. Après avoir lu plus avant:)

      Le marquis de Posa?...
Posa?... Je m'en souviens à peine. — Et ce nom-là
Est marqué de deux croix! Ce signe-là me prouve
Que j'avais réservé l'homme que je retrouve,
Pour de vastes projets... Comment! Jusqu'aujourd'hui,
Est-ce donc qu'à dessein cet homme m'aurait fui?
D'un royal débiteur craindrait-il la présence?
Par le ciel! il est donc, dans mon royaume immense,
Le seul homme qui n'ait aucun besoin de moi?
Il eût depuis longtemps paru devant le roi,
S'il avait désiré les honneurs, la richesse.
A cet original faut-il que je m'adresse?
Qui de moi n'attend rien dira la vérité.

(Il sort.)

SCÈNE VI.

La salle d'audience.

DON CARLOS, qui s'entretient avec LE PRINCE DE PARME;
LES DUCS D'ALBE, DE FÉRIA et DE MÉDINA-SIDONIA,
LE COMTE DE LERME et d'autres grands, avec des papiers
à la main. Tous attendent le roi.

LE DUC DE MÉDINA-SIDONIA, que tout le monde évite avec affectation, se tourne vers le duc d'Albe qui va et vient seul à l'écart:

Duc, vous qui ce matin vîtes Sa Majesté,
Quel accueil croyez-vous que je reçoive d'elle?

LE DUC D'ALBE.

Elle recevra mal vous et votre nouvelle.

LE DUC DE MÉDINA-SIDONIA.
J'étais, en vérité, plus à l'aise qu'ici
Sous les canons anglais.
(Don Carlos, qui l'a observé en silence et avec intérêt, va à lui et lui serre la main :)
                  Merci, prince, merci
De ces pleurs généreux. Vous voyez : à ma vue,
Chacun fuit. Maintenant, ma perte est résolue.

LE DUC DE MÉDINA-SIDONIA.

Espérez pour le mieux, mon cher duc. Ayez foi,
Comme en votre innocence, en la bonté du roi.

LE DUC DE MÉDINA-SIDONIA.
La mer ne vit jamais une flotte si belle...
Je l'ai perdue !... Eh bien ! cette tête, qu'est-elle
Au prix de mes vaisseaux ?... Songez ! soixante-dix,
Et tous abîmés, tous !... Hélas ! et mes cinq fils,
Prince ; cinq ! Ils étaient de si belle espérance !...
Comme vous... Ah ! mon cœur se brise à sa souffrance !

SCÈNE VII.

LE ROI, en costume royal. LES PRÉCÉDENTS.

(Tous se découvrent et se rangent des deux côtés du théâtre, de manière à former autour du roi un demi-cercle. Silence.)

LE ROI, jetant un regard rapide sur ceux qui l'entourent :

Couvrez-vous !

(Don Carlos et le prince de Parme s'avancent les premiers et baisent la main du roi. Il se tourne vers ce dernier d'un air affectueux, sans vouloir remarquer son fils :)

            Mon neveu, votre mère voudrait
Savoir si de son fils nous sommes satisfait.

ACTE III. — SCÈNE VII.

LE PRINCE DE PARME.

Elle se hâte trop, ma mère : qu'elle attende
De mon premier combat réponse à sa demande.

LE ROI.

Soyez tranquille : un jour, et lorsque je perdrai
Ces vaillants champions dont je suis entouré,
Vous aurez votre tour.
(Au duc de Féria :)
Vous venez me remettre...?

LE DUC DE FÉRIA, mettant un genou en terre :

L'ordre de Calatrave a perdu son grand-maître :
Il est mort ce matin ; je rapporte sa croix.

LE ROI la prend et regarde autour de lui :

Pour cette dignité de qui ferai-je choix ?
(Il fait signe au duc d'Albe d'approcher ; le duc fléchit un genou et
le roi lui met au cou le collier.)

Je reconnais en vous mon premier capitaine,
Duc ! Pour que ma faveur vous demeure certaine,
Ne soyez rien de plus.
(Apercevant le duc de Médina-Sidonia :)
Vous, amiral ?

LE DUC DE MÉDINA-SIDONIA s'approche en tremblant, se met
à genoux devant le roi et courbe la tête :

Voilà
La jeunesse espagnole et toute l'Armada :
Je reviens seul.

LE ROI, après un long silence :

De Dieu la volonté soit faite !
Contre l'homme et non pas contre écueils et tempête

Vous étiez envoyé.... Soyez le bienvenu !
(Il lui donne sa main à baiser.)
Pour un bon serviteur vous êtes reconnu,
— Que ma cour s'en souvienne ! — et je vous remercie
D'avoir à votre roi conservé votre vie.
(Il lui fait signe de se relever et de se couvrir, puis, se tournant
vers les autres grands :)
Messieurs, quelqu'un encor veut-il parler au roi ?
(A don Carlos et au prince de Parme :)
Princes, j'ai pris plaisir à vous voir près de moi.
(Ils se retirent tous les deux. Les autres grands s'approchent,
mettent un genou en terre et présentent au roi des papiers ; il
y jette un coup d'œil et les remet au duc d'Albe :)
Duc, dans mon cabinet ces placets qu'on m'adresse !
Est-ce fini ?
(Personne ne répond.)
        D'où vient que, parmi ma noblesse,
Le marquis de Posa ne se montre jamais ?
Cet homme avec honneur m'a servi, je le sais.
Est-ce qu'il ne vit plus ? Pourquoi sa longue absence ?

LE COMTE DE LERME.

Il n'attend que le jour de publique audience,
Pour offrir son hommage à Votre Majesté.
Il fut absent longtemps, sire ; il a visité
Toute l'Europe.

LE DUC D'ALBE.

        C'est ce chevalier de Malte
Que pour un fait hardi la renommée exalte :
Lorsque les chevaliers de l'ordre de Saint-Jean,
Au sein de leurs remparts qu'assiégeait Soliman,

Durent se réunir à l'appel du grand-maître,
Celui-ci, tout à coup, devant lui voit paraître
Un jeune homme, — il comptait à peine dix-huit ans, —
Qui n'était point inscrit parmi les combattants.
Il s'était échappé d'Alcala : « Ma famille
« M'acheta cette croix dont ma poitrine brille,
« Et pour la mériter, dit-il, je suis venu. »
Il fut bientôt après, ce jeune homme inconnu,
L'un de ces chevaliers dont l'audace étonnante
Soutint au fort Saint-Elme,—ils n'étaient que quarante!—
En plein jour, trois assauts, et, trois fois, repoussa
Ulucciali, Hassem, Piali, Mustapha.
Lorsque ces chevaliers à la fin succombèrent,
Quand du fort ébranlé les murailles tombèrent,
Se jetant à la mer et traversant les flots,
Au grand-maître il revint, seul de tous ces héros.
Et quand, désespérant d'en faire la conquête,
De Malte Soliman opéra sa retraite,
Le chevalier reprit le chemin d'Alcala.

LE DUC DE FÉRIA.

C'est ce jeune homme encor, le marquis de Posa,
Qui découvrit, plus tard, les trames criminelles
Qu'ourdissaient contre vous les Catalans rebelles,
Et qui, seul, conserva par son activité,
Sa plus belle province à Votre Majesté.

LE ROI.

Ma surprise, messieurs, est grande. Que doit être
Un homme qui déjà s'est ainsi fait connaître,
Et, sur trois courtisans que j'interroge ici,
N'a pas un envieux qui parle contre lui?

Cet homme est un esprit bien extraordinaire,
Ou doit complétement manquer de caractère.
Par curiosité je veux l'entretenir.

(Au duc d'Albe:)

Duc, dans mon cabinet vous le ferez venir,
Au sortir de la messe.

(Le duc d'Albe sort. Le roi appelant le duc de Féria:)

      Et vous, prenez ma place
Dans le conseil privé, Féria.

(Le roi sort.)

LE DUC DE FÉRIA.

      Quelle grâce,
Que de bonté, messieurs, montre aujourd'hui le roi!

LE DUC DE MÉDINA-SIDONIA.

Dites qu'il est un dieu! — C'est ce qu'il fut pour moi.

LE DUC DE FÉRIA.

Que vous méritez bien cette faveur extrême,
Amiral! J'y prends part chaudement.

UN DES GRANDS.

      Moi de même.

UN SECOND.

Elle me touche aussi.

UN TROISIÈME.

    Moi, le cœur me battait :
Un si grand général!

LE PREMIER.

      De la faveur? C'était
Justice seulement.

LE COMTE DE LERME, en s'en allant, au duc de Médina-Sidonia:
Qu'avec deux mots du maître,
Vous voilà riche!
(Ils sortent tous.)

SCÈNE VIII.

Le cabinet du roi.

LE MARQUIS DE POSA, LE DUC D'ALBE.

LE MARQUIS, en entrant:
Moi? Cela ne peut pas être.
Vous vous trompez de nom... Vous dites que le roi
Désire me parler? Que veut-il donc de moi?

LE DUC D'ALBE.
Le roi veut vous connaître.

LE MARQUIS.
Un caprice!... La vie
Veut un emploi meilleur; elle est sitôt finie!
C'est dommage d'en perdre un moment.

LE DUC D'ALBE.
Chevalier,
Je dois à votre étoile, ici, vous confier.
Le roi vous est livré, le sort vous l'abandonne;
Sachez mettre à profit les instants qu'il vous donne,
Et, si vous les perdez, n'en accusez que vous.
(Il sort.)

SCÈNE IX.

LE MARQUIS DE POSA, seul:

Duc, vous avez bien dit : quand le hasard, pour nous,
A fait naître un moment à nos desseins propice,
Il ne nous le rend plus, il faut qu'on le saisisse...
Ce courtisan me donne une utile leçon...
Du moins, pour mes projets, le conseil est fort bon.
(Après s'être promené pendant quelques instants:)
De ma présence ici que faut-il que j'augure?...
Et que tous ces miroirs reflètent ma figure,
Dois-je l'attribuer au hasard seulement?
Parmi tant de mortels, c'est moi, précisément,
Qu'au souvenir du roi rappelle son caprice!
Du hasard, de lui seul, est-ce bien là l'indice?
Si c'était davantage? — Eh! qu'est donc le hasard?
Le bloc qu'un statuaire anime par son art.
Le hasard! c'est toujours le ciel qui nous l'envoie,
Pour que l'homme, à son tour, à ses desseins l'emploie.
Quels que soient les projets de Philippe sur moi,
Je sais ce qu'il me faut tenter auprès du roi.
Dans l'âme du despote, et grâce à mon audace,
Qu'une simple lueur de vérité se fasse,
Et l'œuvre que je vais, tout à l'heure, essayer,
Entre les mains de Dieu saura fructifier;
Et ce même projet que mon rêve caresse,
Loin d'être extravagant, serait plein de sagesse;
Et j'atteindrais le but que mon rêve poursuit!
Que je me trompe ou non, cet espoir me conduit.
(Il fait quelques pas dans l'appartement et s'arrête en silence devant un tableau. Le roi paraît dans la salle voisine et y donne quelques ordres; puis, il s'avance, s'arrête à la porte et considère pendant quelque temps le marquis, sans être vu de lui.)

SCÈNE X.

LE ROI. LE MARQUIS DE POSA.

(Dès que le marquis aperçoit le roi, il s'avance vers lui, met un genou en terre, se relève et se tient devant lui sans aucun signe d'embarras.)

LE ROI, le regardant d'un air étonné :

Vous m'avez donc parlé dans quelque autre audience?

LE MARQUIS.

Non.

LE ROI.

Je vous dois beaucoup. A ma reconnaissance
Pourquoi vous dérober? Ma mémoire a besoin
Qu'on l'aide quelquefois : tant de gens prennent soin
Que sans cesse leurs noms l'occupent tout entière!
Dieu seul peut tout savoir. C'était à vous de faire
Que le roi se souvînt de ce qu'il vous devait.
Pourquoi jusqu'à présent ne l'avez-vous pas fait?

LE MARQUIS.

Sire, depuis deux jours, après un long voyage,
Je revois mon pays.

LE ROI.

Ce n'est pas mon usage
De rester débiteur de ceux à qui je dois :
Quelle faveur...?

LE MARQUIS.

Je suis protégé par les lois.

LE ROI.

C'est un droit qu'avec vous le meurtrier partage.

LE MARQUIS.

Le bon citoyen, sire, en jouit davantage.
Je suis content.

LE ROI, à part :

Par Dieu! quel langage hardi!
De soi quel sentiment!... Il en doit être ainsi :
Je veux dans l'Espagnol cet orgueil légitime ;
Je souffre volontiers que cet orgueil s'exprime,
Dût-il aller trop loin.
(Au marquis :)
Vous avez renoncé
A me servir, dit-on?

LE MARQUIS.

Je me suis effacé,
Laissant ma place à qui mieux que moi la mérite.

LE ROI.

Vous m'affligez, vraiment. Quand un esprit d'élite,
Comme vous, se décide à l'inactivité,
L'État y perd beaucoup... Auriez-vous redouté
Qu'on ne vous ouvrît point précisément la route
Où vous mériteriez de marcher?

LE MARQUIS.

Non, sans doute.
Je suis bien assuré que le profond expert
Qui lit, sans se tromper, aux cœurs dont il se sert,
Eût jugé, d'un coup d'œil, ce que je pouvais faire
Pour être à ses desseins favorable ou contraire.

Avec reconnaissance, avec humilité
Je reçois la faveur que Votre Majesté
M'accorde en ce moment, en voulant bien me dire
Sa haute opinion de moi... Cependant, sire...
(Il s'interrompt.)

LE ROI.
Pourquoi vous recueillir?

LE MARQUIS.
Je ne puis le celer :
En citoyen du monde au moment de parler,
J'ai peine à revêtir tout à coup mon langage
Des formes dont il faut qu'un sujet fasse usage.
Quand du trône à jamais je me suis séparé,
Sire, envers lui j'ai dû me croire délivré
De l'obligation d'expliquer ma conduite.

LE ROI.
De frivoles raisons l'auraient-elles produite?
Craignez-vous de les dire?

LE MARQUIS.
A vous les expliquer,
Si vous m'en accordez le temps, qu'ai-je à risquer?
Ma vie au plus... Ce temps dût-il me manquer, sire,
Du moins la vérité saurai-je vous la dire?
S'il faut me décider, s'il faut choisir soudain,
Ou de votre disgrâce, ou de votre dédain,
Je suis prêt : à vos yeux j'aime bien mieux paraître
Criminel qu'insensé.

LE ROI, avec curiosité :
Parlez!

LE MARQUIS.

      Je ne puis être
Le serviteur d'un roi.
   (Le roi le regarde avec surprise.)
     Moi! tromper l'acheteur?
Non, non! Que d'un emploi vous m'accordiez l'honneur,
Vous me permettriez les seuls faits qui, d'avance,
Auraient été pesés, mais dans votre balance;
Vous me demanderiez, aux conseils, mon avis,
Mon courage et mon bras contre vos ennemis,
Rien de plus. Il faudrait, pour régler ma conduite,
Voir ce qu'aux yeux du trône elle aurait de mérite,
Et non point la grandeur ou bien l'utilité
D'un acte que j'aurais, moi libre, exécuté.
Mais, pour moi, la vertu tient son prix d'elle-même.
Le bonheur? par mes mains faut-il qu'un roi le sème,
Quand je sens que, de moi, je le dispenserais?
Qu'avec joie, et par goût, et par moi je ferais
Ce qu'on m'eût imposé comme un devoir? — Non, sire!
Eh bien! approuvez-vous ce que je viens de dire?
Dans votre œuvre, jamais, pourriez-vous tolérer
Qu'un autre créateur que vous osât entrer?
Et moi, quand je pourrais être le statuaire,
Au rôle du ciseau voudrais-je bien me faire?
J'aime l'humanité, mais, où commande un roi,
Sire, je suis contraint de n'aimer plus que moi.

LE ROI.

J'applaudis le premier au feu qui vous anime;
Vous montrez pour le bien un zèle légitime;
Mais, quand on veut le faire, au sage, au citoyen,

Pour atteindre le but qu'importe le moyen ?
Cherchez dans mes États le poste où satisfaire
De si nobles penchants.

LE MARQUIS.
Tout y serait contraire.

LE ROI.
Comment !

LE MARQUIS.
Serait-ce bien le bonheur des humains
Que Votre Majesté confierait à mes mains ?
Serait-ce le bonheur que pour l'homme réclame
L'amour pur dont pour lui je sens brûler mon âme ?
Du bonheur que je veux un monarque aurait peur.
La politique a fait un tout autre bonheur ;
Pour le donner, le trône est assez riche encore ;
Au cœur de ses sujets il a su faire éclore
Des penchants tout nouveaux, qui les rendent heureux
De la félicité qu'on fabrique pour eux ;
Puis, comme une monnaie, il fait, à son empreinte,
La seule vérité dont il souffre l'atteinte,
Et toute vérité qui porte un autre coin,
Il la traite d'erreur et la rejette au loin.
Mais l'intérêt du trône, à moi peut-il suffire ?
Et l'amour fraternel que tout homme m'inspire
Pourrait-il se prêter au rapetissement
Que l'on a fait subir à mes frères ? Comment !
Puis-je les croire heureux avant qu'à leur pensée
L'entière liberté, sire, ne soit laissée ?
Ne me choisissez pas, alors que vous voudrez
Répandre ce bonheur que vous nous préparez :

Cette monnaie est fausse, et moi je me refuse
A la transmettre à ceux que par elle on abuse.
Non, je ne puis pas être au service d'un roi.

LE ROI, avec quelque vivacité :

Vous êtes Protestant.

LE MARQUIS, après un instant de réflexion :

Nous avons même foi.

(Après une pause :)

Vous m'avez mal compris, et c'était là ma crainte.
Vous voyez que mes yeux ont pénétré l'enceinte
Où de la royauté se cachent les secrets.
Qui vous répond, dès lors, que je respecterais
Ce que je ne crains plus? C'est la peur que j'inspire,
Pour avoir médité sur moi-même? Erreur, sire,
Car, tous mes vœux, ici je sais les renfermer.

(Il met la main sur son cœur.)

Je ne sentirai point dans mon sang s'allumer
La ridicule ardeur d'innover. — Impuissante
Contre le poids des fers, c'est elle qui l'augmente.
Non, pour mon idéal, le siècle n'est pas mûr :
Je suis le citoyen, moi, d'un siècle futur.
Ne vous effrayez pas du tableau que je trace :
Vous n'aurez qu'à souffler, sire, pour qu'il s'efface.

LE ROI.

Sous cet aspect quelqu'un avant moi, chevalier,
Vous a-t-il déjà vu?

LE MARQUIS.

Vous êtes le premier.

LE ROI se lève, fait quelques pas et s'arrête devant le marquis. A part:
D'être neuf ce langage a du moins le mérite.
La louange s'épuise, et, sitôt qu'il imite,
L'homme supérieur s'abaisse. Que fait-on?
Du contraste on essaie... Eh bien! on a raison :
L'inattendu toujours a fait fortune, on l'aime.
(Au marquis:)
Si sur l'humanité c'est là votre système,
Pour vous, dans mes États, je vais créer un rang,
Où de votre esprit fort...

LE MARQUIS.

Ah! sire, je comprend...
La dignité de l'homme est donc, dans votre idée,
Misérable à ce point? à ce point dégradée?
Un homme libre parle, et, même en ses discours,
D'un habile flatteur vous voyez les détours!
Pourquoi juger ainsi? Je crois pouvoir le dire :
Vous y fûtes contraint, et par les hommes, sire.
A leur noblesse ils ont renoncé librement;
Ils ont voulu descendre à cet abaissement;
S'ils comprennent parfois la dignité de l'homme,
Ils en sont effrayés : c'est pour eux un fantôme.
De leur abjection ils se montrent heureux;
Ils se parent des fers qu'on fait peser sur eux;
Ils appellent vertu les porter avec grâce.
O lâcheté! Du monde, hélas! voilà la face.
Vous l'avez reçu tel, et tel, avant son fils,
L'illustre Charles-Quint l'avait reçu jadis.
L'homme, ainsi mutilé, pourrait-il bien prétendre,
Qu'à l'honorer encor vous voulussiez descendre?

LE ROI.

Ce discours a du vrai.

LE MARQUIS.

     Mais, le tort, le voici :
C'est d'avoir changé l'homme, et d'avoir rétréci
L'œuvre du Créateur, en la faisant la vôtre ;
A côté du seul Dieu, d'en avoir mis un autre :
Vous-même ; car, pour tel vous vous êtes donné
A cet homme nouveau par vos mains façonné.
Votre prévision, ici, s'est égarée :
Vous êtes resté l'homme, et tel que Dieu le crée.
Sous sa divinité, l'homme en vous, cependant,
A l'extrême douleur et le désir ardent.
Vous voudriez des cœurs pour vous aimer, vous plaindre :
Que faire pour un dieu ? Le prier et le craindre,
Et lui sacrifier... Changement insensé !
Comme dans la nature il a tout renversé !
De l'immense clavier que votre main manie,
Qui donc, sire, avec vous goûtera l'harmonie,
Si vous réduisez l'homme à cet abaissement
De n'être qu'une touche, un son de l'instrument ?

LE ROI, à part :

Par Dieu ! que ce langage à ce point me saisisse !

LE MARQUIS.

Vous n'êtes pas ému de ce grand sacrifice :
Vous voilà l'être unique, à part, Dieu même ! Aussi,
Combien vous souffririez s'il n'en était ainsi !
Si, brisant le bonheur de tant d'hommes, vos frères,
Vous n'aviez gagné rien à toutes leurs misères ;

Si, pour vous, bien qu'ayant tué la liberté,
Y revenir était une nécessité!
— Maintenant, permettez, sire, que je vous quitte,
Je me sens emporté loin de toute limite.
Je sens mon cœur trop plein; il ne peut résister
Au charme qu'il éprouve à se faire écouter
Du seul mortel à qui, dans l'ardeur qui l'inspire,
Il ait voulu s'ouvrir.

(LE COMTE DE LERME entre et dit quelques mots au roi à voix basse.
Le roi lui fait signe de s'éloigner et reprend son attitude.)

LE ROI, au marquis, après le départ du comte:

Eh bien! Achevez!

LE MARQUIS, après un moment de silence:

Sire,
Je comprends tout le prix que doit avoir...

LE ROI.

Parlez!
Vous ne m'avez pas dit tout ce que vous voulez.

LE MARQUIS.

Sire, tout récemment j'arrivai de Bruxelles.
La Flandre et le Brabant, ces provinces si belles,
Si riches, je les vis, et, dans leurs habitants,
Un peuple grand et fort, et bon en même temps.
Régner sur lui, disais-je, et s'en montrer le père,
C'est un bonheur divin à goûter sur la terre...
Eh bien! mon pied heurtait, au sol de ce pays,
Des ossements humains par la flamme blanchis!

(Il se tait. Ses yeux se fixent sur le roi, qui essaie de répondre à ce
regard, mais qui, saisi et troublé, baisse les yeux.)

Je comprends : à vos yeux, ce mal fut nécessaire ;
Mais qu'en le jugeant tel, vous ayez pu le faire,
Voilà ce qui, pour vous, sire, a dû me donner
Une admiration qui me fait frissonner.
Oh ! lorsque tout son sang sous le couteau s'écoule,
Dans les convulsions alors qu'elle se roule,
Pourquoi donc la victime, au sacrificateur,
Ne peut-elle entonner un hymne admirateur ?
Pourquoi donc l'homme seul est-il chargé d'écrire
L'histoire de la terre, alors que, pour bien lire
Dans le cœur des mortels, dans leurs intentions,
Il faudrait les esprits des hautes régions ?...
L'avenir nous prépare une ère plus heureuse :
La sagesse des rois sera moins rigoureuse ;
Le bonheur des sujets et la grandeur des rois,
Sans se contrarier, fleuriront à la fois ;
L'État se montrera de ses enfants avare,
Et la nécessité ne sera plus barbare.

LE ROI.

Quand viendraient-ils ces temps dont vous voulez parler,
Si, moi, devant mon siècle on m'avait vu trembler ?
Croyez-vous qu'en effet sa haine m'accompagne ?
Promenez vos regards à travers mon Espagne ;
Vous y verrez mon peuple au milieu d'une paix
Dont le calme bonheur ne se trouble jamais.
C'est la paix que je veux assurer à la Flandre.

LE MARQUIS, vivement :

La paix d'un cimetière !... Et vous osez prétendre
Achever ce qu'ainsi vous avez commencé ?

L'immense mouvement dans lequel est poussé
Tout le monde chrétien; cette aurore nouvelle,
Ce printemps, que la terre a vu briller pour elle,
Vous les empêcheriez? Et dans l'Europe, encor,
Vous voulez arrêter, seul, arrêter l'essor
De ce char qui, portant les destins de la terre,
Poursuit incessamment sa rapide carrière?
Un bras mortel pourrait suffire à l'enrayer?
Non! non! il ne faudrait pas même l'essayer!
Vous avez déjà vu, sire, des milliers d'hommes,
Dépouillés, mais heureux, déserter vos royaumes.
Ces sujets, pour leur foi persécutés par vous,
Étaient, songez-y bien, les plus nobles de tous.
Élisabeth leur a tendu des bras de mère,
Et nos arts exilés font fleurir l'Angleterre.
Grenade est un désert depuis qu'elle a perdu
De ces nouveaux chrétiens le travail assidu,
Et l'Europe triomphe, et sa joie est extrême,
A voir que sous les coups qu'il se porte lui-même,
Saigne son ennemi.
(Le roi est ému; le marquis s'en aperçoit et fait quelques pas vers lui.)
                    Vous croyez bien à tort
Semer pour l'avenir. Non! Vous semez la mort!
Cette œuvre de contrainte où votre esprit se livre,
Après son créateur, seule ne pourra vivre.
Vous aurez travaillé pour faire des ingrats.
En vain vous soutiendrez les plus rudes combats,
Pour qu'à vos volontés la nature se plie;
En vain vous donnerez votre royale vie,
Pour faire réussir un projet destructeur:
L'homme est plus qu'à vos yeux ne l'a fait votre erreur.

Il saura du sommeil secouer la contrainte,
Réclamera ses droits, qui lui sont chose sainte,
Et mettra votre nom au livre où sont inscrits,
— En vous jugeant comme eux, — Néron et Busiris.
Je souffre à ce penser, car vous étiez bon, sire.

LE ROI.
Qui donc de l'avenir si bien sut vous instruire ?

LE MARQUIS, avec feu:
Par le Dieu tout-puissant! Oui! je le répète, oui!
Restituez un bien que vous avez ravi!
Ayez la grandeur d'âme ainsi que la puissance!
Laissez sur vos sujets couler en abondance
Le bonheur dont vos mains retiennent le trésor!
Mûrissent les esprits pour prendre leur essor!
Restituez ce bien, et, — glorieux empire! —
De millions de rois devenez le roi, sire !

(Il s'approche du roi avec hardiesse et arrête sur lui un regard ferme et ardent.)

Oh! de tant de mortels, dont va fixer le sort
Ce suprême moment, pour un dernier effort,
Que ne puis-je en moi seul réunir l'éloquence!
Pour ces grands intérêts, que n'ai-je la puissance
De faire que se change en un feu généreux
Ce rayon que je vois s'échapper de vos yeux!
Abdiquez, abdiquez, oh! je vous en conjure,
Votre divinité qui blesse la nature,
Qui nous anéantit! Que le type, pour nous,
De l'éternel, du vrai, se réalise en vous!
A qui plus de pouvoir échut-il en partage?
Qui, pour ce but divin, en peut mieux faire usage?

Le beau nom Espagnol, de splendeur entouré,
Est par les rois d'Europe hautement honoré.
Sire, devancez-les! Vous en êtes le maître :
Un mot de cette main, le monde va renaître!
A la pensée, ô roi! rendez la liberté!

(Il se jette aux pieds du roi.)

LE ROI, surpris, détourne un moment la vue, puis la reporte
sur le marquis.

Dans quelles visions vous êtes-vous jeté?...
Mais... Levez-vous... Marquis, puis-je bien...?

LE MARQUIS.

Voyez, sire,
La grande œuvre de Dieu, la nature, vous dire
Que son unique base est dans la liberté ;
Que tel est le secret de sa fécondité !
Oui! le grand créateur l'a libre organisée,
Et lui, qui donne au ver la goutte de rosée,
Veut qu'en la pourriture il aille, en liberté,
Si tel est son instinct, chercher la volupté.
Mais qu'au contraire, elle est misérable et petite,
L'autre création que vous avez produite !
Il suffit d'un rameau par le vent agité,
Pour effrayer un roi, chef de la chrétienté.
Devant toute vertu ce roi frémit et tremble!...
Plutôt que de troubler ce ravissant ensemble,
Qu'offre la liberté, sur sa création
Dieu permet que des maux fonde le tourbillon.
Nul n'aperçoit l'auteur de tant d'œuvres si belles,
Discrètement caché sous ses lois éternelles.
L'esprit fort voit ces lois, mais ne veut plus voir Dieu!

Au monde, désormais, il importe fort peu,
Dit-il, l'œuvre est complète et marche d'elle-même ;
Et lorsque l'esprit fort prononce ce blasphème,
Il honore plus Dieu que ne peut l'honorer
Le chrétien, quel qu'il soit, qui veut le célébrer.

LE ROI.

Et vous, dans mes États, vous aurez le courage
De vouloir former l'homme à la sublime image
De cet homme qui doit être au-dessus de tous ?

LE MARQUIS.

A vous de le former ! Qui le peut mieux que vous,
Sire ? Cette puissance, à vos mains confiée,
Qui, depuis si longtemps, hélas ! fut employée
Pour la seule grandeur du trône, à l'avenir,
Au bonheur des mortels, faites-la donc servir !
A l'homme redonnez sa noblesse perdue,
Et que la royauté redevienne assidue
À l'œuvre qu'on la vit accomplir autrefois :
Former le citoyen et maintenir ses droits !
Qu'il respecte à son tour tous les droits de son frère ;
C'est là l'unique loi que je voudrais lui faire.
Quand l'homme comprendra toute sa dignité,
Quand l'on verra fleurir, enfin, la liberté
Et les hautes vertus que son amour inspire ;
Quand, de tout l'univers, votre royaume, sire,
Sera le plus heureux, et par vous le sera,
Alors, un grand devoir pour vous commencera :
Ce devoir ce sera de soumettre le monde,
Pour le même bonheur, pour cette paix profonde.

ACTE III. — SCÈNE X.

LE ROI, après un long silence :

Chevalier, je vous ai jusqu'au bout écouté.
Le monde, je conçois, s'est à vous présenté
Comme à l'esprit de l'homme il ne se montre guère;
Aussi, vous placerai-je au-dessus du vulgaire.
Je crois, — je le savais, — que je suis le premier
A qui vous vous soyez révélé tout entier;
Et, puisque vous avez su garder le silence,
Puisque vous avez eu la louable prudence
De ne pas divulguer tout ce que votre esprit
De rêves si brûlants, si dangereux, nourrit,
Je veux bien, en faveur de cette retenue,
Oublier que votre âme à présent m'est connue,
Et comment elle s'est ouverte devant moi.
Jeune homme, levez-vous! Je veux, non pas en roi,
Mais en vieillard, combattre une ardeur insensée,
De se montrer au jour beaucoup trop empressée,
Et j'écoute en ceci seule ma volonté...
Le poison, je le sais, a son utilité :
Il peut perdre, parfois, sa vertu délétère,
Et dans de bons esprits devenir salutaire.
Un avis, cependant : Faites que, sur ses pas,
Mon Inquisition ne vous rencontre pas!
Il me serait cruel...

LE MARQUIS.
Philippe-Deux l'atteste?

LE ROI, contemplant le marquis et absorbé dans cette contemplation :

Homme extraordinaire!... Eh bien, non! Je proteste :
Vous me jugez, marquis, trop sévèrement. Non!

Je ne veux pas, surtout pour vous, être un Néron.
Tout bonheur n'aura point péri sous mon empire;
Vous-même, sous mes yeux, soyez, je le désire,
Soyez toujours un homme...

LE MARQUIS, vivement:

Et mes concitoyens?
Ce sont leurs intérêts, ce ne sont pas les miens
Que j'ai voulu défendre. Et tous vos sujets, sire?

LE ROI.

Et puisque vous savez, — vous venez de le dire, —
Quel jugement sur moi l'avenir doit porter,
Qu'il sache et dise aussi comment j'ai su traiter
Un homme comme vous, quand j'ai pu le connaître.

LE MARQUIS.

O des rois le plus juste! ici, craignez d'en être
Soudain le plus injuste: en vos Flandres je voi
Des hommes, par milliers, qui valent mieux que moi.
Seulement, quand ainsi votre bouche m'honore,
— Permettez, ô grand roi! cette franchise encore —
C'est que la liberté, peut-être, devant vous,
Pour la première fois prend un aspect plus doux.

LE ROI, avec une gravité douce:

C'est assez! Brisons là, jeune homme! Ces pensées
Seront de votre esprit promptement effacées,
Quand vous aurez vu l'homme ainsi que je le vois...
Vous ne me parlez point pour la dernière fois?
Je le regretterais. Et puisque je désire
Vous attacher à moi, comment...?

ACTE III. — SCÈNE X.

LE MARQUIS.

                      Laissez-moi, sire,
Rester ce que je suis. De quelle utilité
Pourrais-je être pour vous, une fois acheté?

LE ROI.

Croyez-vous qu'avec moi tant d'orgueil réussisse?
A partir de ce jour, soyez à mon service.
Ne me répliquez pas!... Telle est ma volonté.
        (Après une pause, et à part :)
Mais quoi? Qu'ai-je voulu? Savoir la vérité,
Et dans cet entretien plus encore on me donne.
        (Au marquis :)
Marquis, vous avez vu le roi sous sa couronne.
Est-ce qu'en sa maison...?
        (Le marquis semble se recueillir.)
                    J'entends. Mais,... croyez-vous
Qu'il faille renoncer au bonheur de l'époux,
Parce que je serais le plus malheureux père?

LE MARQUIS.

Pour la félicité que peut donner la terre,
Si c'est assez d'un fils du plus brillant espoir,
A côté de ce fils, si c'est assez d'avoir
La femme, assurément, la plus digne qu'on l'aime,
De ce bonheur, en vous, est l'exemple suprême :
Vous êtes heureux, sire, et par elle, et par lui.

LE ROI, d'un air sombre :

Non, je ne le suis pas! Jamais plus qu'aujourd'hui
Je n'ai de mon malheur pu juger la mesure.
        (Il regarde le marquis avec douleur.)

LE MARQUIS.

Le prince votre fils a l'âme noble et pure.
De lui je n'ai jamais pensé différemment.

LE ROI.

Mais moi, moi ! j'ai le droit d'en penser autrement...
Me ravir ce trésor ! Il n'est point de couronne
Qui compense le bien qu'il faut que j'abandonne :
Une reine si pure !

LE MARQUIS.

         Eh ! qui donc oserait
Dire cette infamie ? Et qui donc y croirait,
Sire ?

LE ROI.

    La calomnie, et le monde, et moi-même.
Les preuves, je les ai. L'évidence est extrême.
La reine est condamnée. Et puis, ce n'est pas tout ;
J'ai de quoi redouter le plus terrible coup...
Cependant, jusqu'ici, mon esprit se refuse
A croire un seul témoin... Je songe qui l'accuse...
Admettre que la reine ait pu tomber si bas !
Elle en est incapable, et je ne le crois pas.
Combien, combien je dois, avec plus de justice,
Voir dans une Éboli sa calomniatrice !
De Domingo la reine et Carlos sont haïs ;
Albe cherche comment se venger de mon fils...
Avant tous ces gens-là je placerai ma femme.

LE MARQUIS.

Et la femme, d'ailleurs, porte au fond de son âme,
Quelque chose de pur, un sentiment qu'il faut

Ne jamais oublier, et qui parle plus haut
Que toute calomnie et que toute apparence :
Sire, c'est sa vertu.

LE ROI.

Comme vous, je le pense.
Oui, pour sacrifier sa pudeur jusqu'au bout,
Comme l'eût fait la reine, il en coûte beaucoup.
Le lien de l'honneur jamais ne se déchire
Aussi facilement qu'on veut bien me le dire...
Vous savez ce que vaut l'humanité. J'attends
Un homme tel que vous, marquis, depuis longtemps.
Bien que l'humanité vous soit ainsi connue,
Vous avez le cœur bon, votre âme est ingénue;
Aussi, pour mes desseins, ai-je fait choix de vous.

LE MARQUIS, surpris et effrayé:

De moi, sire ?

LE ROI.

Oui. Comment! vous êtes devant nous,
Et, dans votre intérêt, pas la moindre demande!
Pour moi cette réserve est nouveauté bien grande.
Vous serez juste, vous, et jugerez au mieux.
Jamais la passion n'égarera vos yeux.
Dans l'esprit de mon fils sachez vous introduire;
Dans le cœur de la reine, aussi, tâchez de lire.
De la voir en secret vous aurez tout pouvoir.
Laissez-moi maintenant.

(Il sonne.)

LE MARQUIS.

Ce jour, si j'y peux voir

Du succès de mes vœux... d'un seul... la garantie,
Ce jour, sire, sera le plus beau de ma vie!

LE ROI, lui donnant sa main à baiser:

Dans la mienne il n'est pas perdu.
(Le marquis se lève et sort. LE COMTE DE LERME paraît.)
Que le marquis,
Sans que vous l'annonciez, désormais soit admis!

FIN DU TROISIÈME ACTE.

ACTE QUATRIÈME.

DON CARLOS.

ACTE QUATRIÈME.

Un salon chez la reine.

SCÈNE PREMIÈRE.

LA REINE, LA DUCHESSE D'OLIVAREZ, LA PRINCESSE D'ÉBOLI, LA COMTESSE FUENTÈS et d'autres dames.

LA REINE, se levant, et s'adressant à la duchesse d'Olivarez :
La clé ne peut donc pas se retrouver, duchesse ?
Qu'on brise le coffret ! Vite !

(Elle aperçoit la princesse d'Éboli, qui s'approche et lui baise la main.)

Chère princesse !
Venez ! Ma joie est grande à vous voir, Éboli,
Rendue à la santé... Vous avez bien pâli !

LA COMTESSE FUENTÈS, avec malignité :
Il faut en accuser cette fièvre maudite :
Elle attaque les nerfs et fatigue bien vite ;
N'est-il pas vrai, princesse ?

LA REINE.
Il m'eût été bien doux
D'aller passer, ma chère, un moment avec vous.
Je ne l'ai point osé.

LA DUCHESSE D'OLIVAREZ.

Pendant sa maladie,
La princesse n'a point manqué de compagnie.

LA REINE.

Je le crois aisément... Vous ne semblez pas bien...
Vous tremblez...

LA PRINCESSE D'ÉBOLI.

Ce n'est rien, madame;... ce n'est rien...
Permettez que d'ici, pourtant, je me retire.

LA REINE.

Votre mal est plus grand que vous ne voulez dire.
Aussi, rester debout vous fatigue. Il faudrait
Vous asseoir... Aidez-la, comtesse! Un tabouret!

LA PRINCESSE D'ÉBOLI.

Le grand air promptement me remettra.
(Elle sort.)

LA REINE.

Comtesse,
Suivez-la!... Quel étrange accès a la princesse!
(Un page entre et parle à la duchesse d'Olivarez, qui se tourne ensuite vers la reine.)

LA DUCHESSE D'OLIVAREZ.

Le marquis de Posa, par les ordres du roi,
Madame.

LA REINE.

Je l'attends.
(Le page va ouvrir la porte au marquis.)

SCÈNE II.

Les précédents, LE MARQUIS DE POSA.

(Le marquis met un genou en terre devant la reine, qui lui fait signe de se relever.)

LA REINE.

Qu'exige-t-on de moi?
Puis-je apprendre devant...?

LE MARQUIS.

Du sujet qui m'amène
Il faut que sans témoins j'entretienne la reine.

(Les dames s'éloignent sur un signe de la reine.)

SCÈNE III.

LA REINE, LE MARQUIS DE POSA.

LA REINE, avec étonnement :

En croirai-je mes yeux, marquis? En vérité?
De la part du roi? Vous!

LE MARQUIS.

A Votre Majesté
Cela paraît étrange? A moi, point.

LA REINE.

Quel mystère!
Le monde est donc sorti de sa route ordinaire?
Vous et lui!... J'avouerai...

LE MARQUIS.

      Que c'est fort surprenant?
Madame, j'en conviens; mais on voit, maintenant,
Des faits plus merveilleux tous les jours se produire.

LA REINE.

J'en doute.

LE MARQUIS.

     Supposez qu'on ait pu me séduire.
A la cour de Philippe à quoi bon essayer
Le rôle sans profit d'un homme singulier?
Quand on veut être utile aux hommes, il faut faire
Que, dans leur bienfaiteur, ils voient d'abord un frère.
A quoi bon afficher l'orgueil du sectateur?
Supposez, quel mortel ne sent pas dans son cœur
Le désir orgueilleux, mais aussi, légitime,
De faire partager une croyance intime? --
Supposez que j'aie eu moi-même cet espoir,
De faire que la mienne au trône aille s'asseoir.

LA REINE.

Non, même en badinant, je n'irais pas vous faire
Le reproche d'avoir ce projet téméraire,
Vous n'êtes pas rêveur à former un dessein
Que l'on ne pourrait pas mener à bonne fin.

LE MARQUIS.

Madame, l'on verrait si j'en suis incapable.

LA REINE.

Ce dont, moi, tout au plus, je vous croirais coupable,
— A mon étonnement, — ce serait... ce serait...

LE MARQUIS.

Quelque duplicité? Peut-être.

LA REINE.

L'on pourrait
Vous reprocher, du moins, de manquer de franchise.
Je doute que du roi l'ordre vous autorise
A dire ce que vous me direz.

LE MARQUIS.

Non.

LA REINE.

Eh bien!
La cause ennoblit-elle un coupable moyen?
Et votre noble orgueil, — pardonnez cette crainte, —
Pourra-t-il d'un tel rôle accepter la contrainte?
Je ne le croirais pas facilement.

LE MARQUIS.

Ni moi,
S'il n'était question que de tromper le roi.
Tel n'est pas mon dessein. Mes services, je pense,
Vont être plus loyaux, dans cette circonstance,
Qu'en me les demandant lui-même n'y songeait.

LA REINE.

Je vous reconnais là. — Mais, laissons ce sujet.
Que fait-il?

LE MARQUIS.

Qui? Le roi?... La question, peut-être,
Me venge des soupçons que vous faisiez paraître :

Oui, je tarde, sans doute, à vous dire pourquoi
Ici je suis venu par les ordres du roi;
Mais Votre Majesté semble être de l'apprendre
Bien moins pressée encor. Pourtant, il faut m'entendre :
Le roi vous fait prier de ne pas recevoir
L'ambassadeur de France aujourd'hui. Mon devoir
De ce désir du roi se borne à vous instruire.

LA REINE.

Et c'est bien là, marquis, tout ce qu'il me fait dire?

LE MARQUIS.

C'est bien, à peu près, là ce qui, dans ce moment,
Me donne le droit d'être en cet appartement.

LA REINE.

Je consens volontiers à ce que l'on me cache
Ce qu'il peut être bon que jamais je ne sache.

LE MARQUIS.

Oui, madame, ignorez toujours certains secrets.
Si vous n'étiez vous-même, ah! je vous les dirais;
Ce serait un devoir de rompre le silence,
De porter certains faits à votre connaissance
Et de vous prémunir contre certaines gens.
Mais, il ne vous faut pas ces avertissements.
Qu'importe que sur vous un orage s'amasse!
Vous pouvez ignorer que c'est vous qu'il menace;
L'ange en son pur sommeil ne doit pas s'en troubler.
Aussi n'est-ce point là ce dont je viens parler;
C'est du prince.

LA REINE.
Comment l'avez-vous laissé?

LE MARQUIS.
                              Comme
Le sage d'autrefois, le vrai sage. C'est l'homme
Qui de la vérité fervent adorateur,
Voit s'imputer à crime une aussi noble ardeur.
Pour son amour, en sage, il est prêt au martyre.
Du reste, de sa part j'ai peu de chose à dire;
Il parle en cette lettre.
        (Il remet une lettre à la reine.)

LA REINE, après avoir lu:
              Il veut un entretien.
Il le faut, me dit-il.

LE MARQUIS.
            Cet avis est le mien.

LA REINE.
Sera-t-il plus heureux, croyez-vous, pour apprendre
Que moi-même au bonheur je ne puis plus prétendre?

LE MARQUIS.
Il en sera plus fort, plus résolu.

LA REINE.
                Comment?

LE MARQUIS.
Albe des Pays-Bas a le gouvernement.

LA REINE.
On le dit.

LE MARQUIS.

Vous savez le monarque inflexible.
Se rétracter! pour lui l'effort est impossible.
Mais que le prince reste est impossible aussi.
Il ne peut, à présent surtout, rester ici,
Comme il ne se peut pas que la Flandre périsse.

LA REINE.

Pouvez-vous la sauver de ce grand sacrifice ?

LE MARQUIS.

Oui... Peut-être un moyen encore en reste-t-il.
Ce moyen est extrême ainsi que le péril;
Il est audacieux; le désespoir l'inspire;
C'est le seul désormais...

LA REINE.

Vous allez me le dire.

LE MARQUIS.

A vous, et rien qu'à vous j'ose le révéler,
Madame; mais, à lui, c'est à vous d'en parler.
De vous seule Carlos sans horreur peut l'apprendre.
C'est... Le nom en est dur, sans doute, à faire entendre...

LA REINE.

C'est la rébellion.

LE MARQUIS.

Qu'il n'obéisse pas!
Qu'en secret pour Bruxelle il parte! Tous les bras
Y sont vers lui tendus! Il paraît, et la Flandre
Tout entière se lève! Un fils de roi va rendre,

ACTE IV. — SCÈNE III.

Mieux que tout autre, espoir et force à de saints droits.
Que le trône espagnol tremble à voir ses exploits,
Et Carlos, à Bruxelles, obtiendra de son père
Ce qu'il n'a pas encore, à Madrid, voulu faire.

LA REINE.

Vous avez aujourd'hui vu le prince et pensez
Pouvoir me garantir ce que vous m'annoncez?

LE MARQUIS.

C'est bien pour l'avoir vu que je puis vous le dire.

LA REINE, après une pause :

Votre plan m'épouvante... et pourtant il m'attire.
Oui, vous avez vu juste en formant ce projet.
L'idée en est hardie, et, par cela, me plaît.
J'y songerai... Carlos en est-il instruit?

LE MARQUIS.

Reine,
Il entre dans mes plans que de vous il l'apprenne.

LA REINE.

Oui, ce projet est grand!... Mais il exigera...
Si la fougue du prince...

LE MARQUIS.

Elle nous servira.
Il va trouver, là-bas, ces grandes renommées
Qui de l'empereur Charle ont guidé les armées :
Un Orange, un Egmont, qui sont, en même temps,
De sages conseillers, de rudes combattants.

LA REINE, avec animation:

Oui! le projet est grand et beau. Qu'il s'accomplisse!
Il le faut, je le sens. — Oui! que le prince agisse!
De son rôle à Madrid je souffre trop pour lui...
De la France je peux lui promettre l'appui...
Il aura la Savoie... Oui! Qu'il parte! Qu'il ose
Être le champion de cette noble cause!
Je suis de votre avis... Cependant, il faudrait
Beaucoup d'argent.

LE MARQUIS.

Aussi, cet argent est-il prêt.

LA REINE.

D'ailleurs, je sais comment en obtenir.

LE MARQUIS.

Madame,
Lui ferai-je espérer l'entretien qu'il réclame?

LA REINE.

J'y songerai.

LE MARQUIS.

Carlos ne veut point de retard;
J'ai promis la réponse.

(Il présente des tablettes à la reine.)

Un mot de votre part...

LA REINE, après avoir écrit:

Pourrai-je vous revoir?

LE MARQUIS.

Je suis prêt à me rendre
A vos ordres.

LA REINE.

De moi cela pourrait dépendre?
De moi? Quand je voudrai, marquis? En vérité?
Comment dois-je juger de cette liberté?

LE MARQUIS.

Avec la pureté que dans vous on admire,
Madame; on nous la laisse et cela doit suffire;
— Doit suffire, du moins, pour Votre Majesté...

LA REINE, l'interrompant:

Quel serait mon bonheur si, pour la liberté,
Quand de toute l'Europe à présent on l'exile,
On pouvait conserver encore cet asile,
Et si ce grand bienfait, notre espoir aujourd'hui,
Il pouvait arriver qu'on le lui dût! A lui!..
Croyez que tous mes vœux sont pour cette entreprise.

LE MARQUIS, avec feu :

Ah! ma pensée, ici, devait être comprise!
Je ne me trompais pas!
(LA DUCHESSE D'OLIVAREZ paraît à la porte.)

LA REINE, froidement au marquis:

Tout ce qui vient du roi,
De mon maître, marquis, est un ordre pour moi.
Allez! assurez-le de mon obéissance.
(Elle fait un signe au marquis. Il sort.)

SCÈNE IV.

Une galerie.

DON CARLOS, LE COMTE DE LERME.

DON CARLOS.

Ici, nous n'avons pas à craindre la présence
De témoins importuns. Parlez-moi hardiment.

LE COMTE DE LERME.

Votre Altesse, à la cour, eut un ami?

DON CARLOS, surpris:

Comment!
Et je ne l'ai pas su?... Mais pourquoi ce mystère!
Parlez! Que voulez-vous?

LE COMTE DE LERME.

Je vois qu'il faut me taire;
Je vois que ce secret j'aurais dû l'ignorer.
Prince, pardonnez-moi... Mais, pour vous rassurer,
J'ajoute qu'il me vient d'une source bien pure;
C'est... Bref, je l'ai surpris moi-même, je vous jure.

DON CARLOS.

De qui me parlez-vous?

LE COMTE DE LERME.

Du marquis de Posa.

DON CARLOS.

Eh bien?

LE COMTE DE LERME.
Si votre cœur dans son cœur déposa,
— Je le crains, — des secrets que nul homme, peut-être,
Tant ils sont dangereux, de vous n'eût dû connaître?...

DON CARLOS.
Vous le craignez?

LE COMTE DE LERME.
Il a vu le roi.

DON CARLOS.
Lui? Comment!

LE COMTE DE LERME.
Pendant deux heures, prince, et très-secrètement.

DON CARLOS.
Posa?

LE COMTE DE LERME.
Leur entretien n'était pas peu de chose.

DON CARLOS.
Je le crois.

LE COMTE DE LERME.
Votre nom revenait.

DON CARLOS.
Je suppose
Que vous n'y voyez pas mauvais signe pour moi.

LE COMTE DE LERME.
Et déjà ce matin, dans la chambre du roi,
Il fut, à mots couverts, question de la reine.

DON CARLOS, reculant de surprise:

Comte!

LE COMTE DE LERME.

Et du cabinet Posa sortait à peine,
Que le roi m'a donné l'ordre de le laisser
Entrer, à l'avenir, sans même l'annoncer.

DON CARLOS.

C'est bien grave.

LE COMTE DE LERME.

Depuis que je sers la couronne,
C'est la première fois qu'un tel ordre se donne.

DON CARLOS.

C'est grave... Vraiment grave... Et comment parlait-on
De la reine? On en a parlé?

LE COMTE DE LERME, qui veut se retirer:

Prince, pardon:
Sur ce point mon devoir m'ordonne de me taire.

DON CARLOS.

Permettez que je trouve étrange ce mystère :
De ces deux entretiens pourquoi me confier
Le second et ne pas me dire le premier?

LE COMTE DE LERME.

De l'un, je vous devais, à vous, de vous instruire,
Mais, de l'autre, je dois au roi de n'en rien dire.

DON CARLOS.

Vous faites bien.

ACTE IV. — SCÈNE IV.

LE COMTE DE LERME.

Toujours le marquis, à mes yeux,
Fut un homme d'honneur.

DON CARLOS.

C'est le juger au mieux.

LE COMTE DE LERME.

Il faut croire toujours la vertu sans souillure,
Jusqu'au jour de l'épreuve.

DON CARLOS.

Elle peut rester pure
Même après. Lui, n'a pas l'épreuve à redouter.

LE COMTE DE LERME.

La faveur d'un monarque est faite pour tenter,
Et plus d'une vertu que l'on croyait sauvage
S'est prise à cet appât.

DON CARLOS.

Oui.

LE COMTE DE LERME.

Souvent il est sage
De révéler à temps un mystère qui doit
Être connu plus tard de tout le monde.

DON CARLOS.

Soit!
Cependant, ce Posa, que j'honore, que j'aime,
Est un homme d'honneur; vous l'avez dit vous-même.

LE COMTE DE LERME.

S'il est vrai qu'il soit digne encore de ce nom,
Sa vertu ne saurait rien perdre à mon soupçon,
Et si de l'entretien intacte elle est sortie,
Prince, elle vous sera doublement garantie :
L'épreuve aura pour vous ce résultat heureux.
(Le comte veut sortir.)

DON CARLOS, *ému, le suit et lui serre la main* :

J'y gagne plus encor, cœur noble et généreux !
J'ai le nouvel ami que ce jour me révèle,
Sans perdre le premier.
(Le comte sort.)

SCÈNE V.

DON CARLOS, LE MARQUIS DE POSA, *arrivant par la galerie.*

LE MARQUIS.

Carlos !

DON CARLOS.

Qui donc m'appelle ?
C'est toi, Rodrigue !... Bien ! Au cloître je me rends.
Tu vas m'y suivre.
(Il veut sortir.)

LE MARQUIS.

Encor deux minutes. Attends !

DON CARLOS.

Si l'on nous surprenait !

LE MARQUIS.

C'est une crainte vaine.
Un instant seulement et j'ai fini... La reine...

DON CARLOS.

As-tu vu mon père?

LE MARQUIS.

Oui; mais sur son ordre.

DON CARLOS, avec impatience:

Eh bien?

LE MARQUIS.

La reine, mon ami, t'accorde un entretien.

DON CARLOS.

Et le roi? Que veut-il?

LE MARQUIS.

Le roi? Fort peu de chose...
Le désir de savoir qui je suis, je suppose...
Peut-être... des amis empressés, indiscrets,
Voulant, à mon insu, servir mes intérêts...
Que sais-je?... Il a voulu m'employer.

DON CARLOS.

Et, je pense,
Tu refuses?

LE MARQUIS.

Sans doute.

DON CARLOS.

Et comment l'audience
S'est-elle terminée?

LE MARQUIS.
Assez bien.

DON CARLOS.
Et, de moi,
Pas un mot?

LE MARQUIS.
Nous avons aussi parlé de toi...
En général..
(Il tire des tablettes qu'il présente à don Carlos.)
Voici quelques mots de la reine,
Et demain je saurai le lieu, l'heure certaine...

DON CARLOS lit d'un air distrait, serre les tablettes et veut sortir.
Ainsi, chez le prieur.

LE MARQUIS.
Quoi! Si tôt t'en aller?
Reste : personne encor qui vienne nous troubler.

DON CARLOS, avec un sourire affecté :
Nous avons donc changé de rôles? Je t'admire :
Aujourd'hui tant de calme!

LE MARQUIS.
Aujourd'hui? Qu'est-ce à dire?

DON CARLOS.
Et la reine m'écrit?...

LE MARQUIS.
Ne l'as-tu donc pas lu?
A l'instant?

DON CARLOS.

Moi? C'est vrai.

LE MARQUIS.

Voyons, qu'éprouves-tu?
D'où peut venir ce trouble?

DON CARLOS relit ce que lui écrit la reine, puis, avec chaleur et ravissement :

Oui, je veux, je le jure,
Être digne de toi, céleste créature!
Les grands cœurs par l'amour sont encore grandis.
Qu'exiges-tu de moi? N'importe! J'obéis...
Elle me fait savoir qu'un grand projet m'appelle;
Il faut résolûment m'y préparer, dit-elle..
Est-il connu de toi?

LE MARQUIS.

Quand même il le serait,
Penses-tu qu'à l'apprendre à présent tu sois prêt?

DON CARLOS.

Ai-je pu t'offenser? Ah! Rodrigue, pardonne
Une distraction...

LE MARQUIS.

Qu'est-ce qui te la donne?

DON CARLOS.

Je l'ignore moi-même... Ainsi, je puis garder
Ces tablettes?

LE MARQUIS.

Du tout! Je viens te demander
De remettre en mes mains les tiennes, au contraire...

DON CARLOS.

Les miennes! Et pourquoi? Dis! Qu'en prétends-tu faire?

LE MARQUIS.

Et tout ce que tu peux avoir qu'on ne saurait,
Sans danger, laisser lire à l'œil d'un indiscret :
Ces lettres, ces papiers que sur soi-même on garde ;
Ton portefeuille enfin.

DON CARLOS.
Pourquoi?

LE MARQUIS.
Pour être en garde
Contre tout accident. On peut être surpris.
Chez moi, nul ne viendra rechercher ces écrits;
Donne-les!

DON CARLOS, avec inquiétude :
C'est étrange!... Une telle prudence,
Tout à coup!

LE MARQUIS.
Je te dis d'être sans défiance.
Ne me suppose pas une autre intention.
C'est, contre le danger, une précaution ;
A ces vaines frayeurs j'étais loin de m'attendre.

DON CARLOS, lui donnant son portefeuille :
Garde bien ce dépôt!

LE MARQUIS.
Le soin que j'en vais prendre...

DON CARLOS, d'un air significatif:

Je te donne beaucoup, Rodrigue!

LE MARQUIS.

Beaucoup moins
Que tu ne m'as donné déjà... Je te rejoins.
Adieu! Chez le prieur ce qui me reste à dire.

(Il veut sortir.)

DON CARLOS, après avoir lutté avec lui-même, le rappelle:

Rends-moi ce portefeuille! Il faut que j'en retire
Ce qu'elle m'écrivit lorsque, son fiancé,
Je fus, dans Alcala, par la mort menacé.
Sur mon cœur je portais, avec un soin fidèle,
Cette lettre si chère, et me séparer d'elle
Serait un sacrifice, en vérité, trop grand...
Laisse-moi celle-là... prends les autres; tiens, prend!

(Il retire la lettre du portefeuille, et le rend au marquis.)

LE MARQUIS.

Je te cède, Carlos, mais avec répugnance.
Justement cette lettre avait une importance...

DON CARLOS.

Adieu!

(Il s'éloigne lentement et en silence, s'arrête un moment à la porte, se retourne et vient rendre la lettre au marquis.)

Tiens! la voilà.

(Sa main tremble, des larmes s'échappent de ses yeux; il se jette dans les bras du marquis et appuie la tête sur son sein.)

Rodrigue! A ces détours,
Mon père, n'est-ce pas, ne peut avoir recours?

(Il sort à la hâte.)

SCÈNE VI.

LE MARQUIS, étonné, le suit des yeux.

Vraiment! Est-ce possible? O fatale lumière!
Je n'aurais pas connu son âme tout entière!
Ce repli de son cœur m'aurait donc échappé!
Soupçonner son ami!... Non! je me suis trompé;
Non! je le calomnie... Eh! d'où vient qu'il me blesse?
Lui reprocher ainsi la dernière faiblesse,
Moi, coupable, à mon tour, de l'avoir soupçonné?...
Sa surprise... Ah! qu'il s'est à bon droit étonné!
Eût-il, après des ans d'entière confiance,
Attendu d'un ami cet étrange silence?
Sa douleur... Je ne puis, Carlos, te l'épargner.
Longtemps ton âme tendre encor devra saigner.
Le roi, de son secret m'a fait dépositaire,
Parce qu'il a compté que je saurais le taire.
La confiance veut qu'on soit reconnaissant.
Ce secret qui, pour toi, n'a rien de menaçant,
A quoi bon, cher Carlos, te le faire connaître?
Cette discrétion te servira peut-être.
Quand d'un profond sommeil je te vois endormi,
Pourquoi donc t'en tirer? Te montrer, mon ami,
Le nuage orageux suspendu sur ta tête?
C'est assez que de toi j'écarte la tempête;
Et lorsqu'un peu plus tard tu rouvriras les yeux,
Le ciel t'apparaîtra plus pur, plus radieux.

(Il sort.)

SCÈNE VII.

Le cabinet du roi.

LE ROI, dans un fauteuil. A côté de lui, L'INFANTE CLAIRE-EUGÉNIE.

LE ROI, après un profond silence:

Non, non! c'est bien ma fille... Eh quoi donc! la nature
Sous tant de vérité cacherait l'imposture?
Cet œil bleu, c'est le mien! Dans chacun de ces traits
Me voilà, c'est moi-même. Oui, je me reconnais.
Enfant de mon amour!... Oui, tu l'es!... Douce ivresse!
Oh! viens, viens! sur son cœur que ton père te presse!
Je retrouve mon sang!...

(Il s'arrête avec un trouble subit.

Mon sang? Pour en douter,
Quelle plus forte preuve avais-je à redouter?
Il est mon sang aussi, lui!...

(Il a pris le médaillon dont il a été question acte III, scène 1, et porte alternativement les yeux sur le portrait et sur une glace qui est en face de lui. Enfin, il jette à terre le médaillon, se lève précipitamment et repousse l'infante.)

Va-t'en!... Quel martyre!...
Va-t'en!.. Mon cœur se perd dans cet abîme!...

SCÈNE VIII.

LE ROI. L'INFANTE. LE COMTE DE LERME.

LE COMTE DE LERME.

Sire,
La reine vient d'entrer dans cet appartement...

LE ROI.

La reine, dites-vous?

LE COMTE DE LERME.
                    Et demande instamment
La faveur d'être admise auprès de vous.

LE ROI.
                              La reine?
Comment! A pareille heure!... Et quel motif l'amène?...
Comte, nous ne pouvons l'admettre devant nous.

LE COMTE DE LERME.
Voici Sa Majesté...
                    (Il sort.)

SCÈNE IX.

LE ROI. L'INFANTE. LA REINE.

(L'infante court au-devant de la reine et s'attache à elle. La reine
se prosterne devant le roi, qui demeure muet et interdit.)

LA REINE.
            Mon maître! Mon époux!
Je viens chercher justice au pied de votre trône,
Justice!... On m'y contraint... Que mon roi me la donne!

LE ROI.
Justice?

LA REINE.
         Je me vois traitée indignement.
Oui, sire, on a forcé ma cassette.

LE ROI.
                        Vraiment!

ACTE IV. — SCÈNE IX.

LA REINE.

J'ai perdu des objets d'une extrême importance.

LE ROI.

Pour vous? D'une importance extrême?

LA REINE.

                      Sire, immense,
Selon ce que pourraient, pour des gens mal instruits,
Méchants, signifier les objets qu'on m'a pris.

LE ROI.

Des méchants?..... Mal instruits?..... Mais, levez-vous,
                      madame!

LA REINE.

Pas avant d'obtenir tout ce que je réclame :
Je veux que mon époux m'engage ici sa foi,
D'employer jusqu'au bout sa puissance de roi
A me faire justice, à mettre en ma présence
Le détestable auteur d'une telle insolence,
Ou je quitte une cour, — je n'hésiterais pas, —
Qui protége l'auteur de pareils attentats.

LE ROI.

Levez-vous donc!... Voyez quelle attitude, reine!...
Levez-vous!

LA REINE se lève.

           De ce vol, l'auteur, j'en suis certaine,
Est d'un rang élevé, car il ne m'a rien pris
De ces nombreux bijoux, de ces pierres de prix
Dont la même cassette était dépositaire;
Des lettres, des papiers ont pu le satisfaire.

LE ROI.

Vous m'apprendrez, au moins, quels étaient ces papiers,
Madame! N'ai-je pas le droit...?

LA REINE.

Très-volontiers :
Sire, avec son portrait, j'avais dans ma cassette
Des lettres de l'infant.

LE ROI.

De qui?

LA REINE.

Je le répète :
Des lettres de l'infant, de votre fils.

LE ROI.

A vous?

LA REINE.

Oui, sire.

LE ROI.

Et vous osez le dire?

LA REINE.

A mon époux?
Sans doute.

LE ROI.

Avec ce front, vous osez me le dire?

LA REINE.

Eh! qu'a donc cet aveu qui vous surprenne, sire?
Ne vous souvient-il plus qu'à Saint-Germain, jadis,
Le prince don Carlos m'adressa ces écrits,

Et que, si j'ai reçu cette correspondance,
C'est du gré des deux cours et d'Espagne et de France?
Son portrait à sa lettre un jour se trouva joint,
Et je l'ai conservé. Je n'examine point
Si l'envoi fut permis, ou si, trop téméraire,
Le prince, par amour, prit sur lui de le faire.
D'avoir été trop prompt on peut lui pardonner,
Car il ne pouvait pas, alors, imaginer,
Sire, que ce portrait s'adressât à sa mère.
(Elle remarque de l'agitation chez le roi..)
Qu'est-ce donc?... Qu'avez-vous?

L'INFANTE, qui, dans l'intervalle, a joué avec le médaillon qu'elle
a ramassé, le présente à la reine.

Oh! maman! considère
Ce beau portrait! Vois-tu?

LA REINE.

Quoi! Mon...
(Elle reconnait le médaillon et demeure muette de surprise. Elle et
le roi se regardent fixement. Après un long silence:)

Ah! c'est très-bien!
Pour éprouver sa femme, un semblable moyen,
Sire, est vraiment royal; d'une âme noble, grande.
Permettez seulement encore une demande.

LE ROI.

Madame, c'est à moi de vous interroger.

LA REINE.

De mes soupçons, du moins, je ne veux point charger
Quiconque est innocent. Si par vos ordres, sire,
On a commis ce vol, veuillez bien me le dire.

LE ROI.

Oui.

LA REINE.

Je n'ai plus, dès lors, qui j'en accuserais,
Comme je ne vois pas, sire, qui je plaindrais...
Hors vous, de n'être pas le mari d'une femme
Près de qui ce moyen dût réussir.

LE ROI.

      Madame,
Croyez-moi, je suis fait à de pareils discours.
Ils seront impuissants à me tromper toujours.
C'est assez d'Aranjuez... Cette angélique reine,
Qui défendait alors sa vertu surhumaine,
Aujourd'hui, mieux qu'alors, je la connais.

LA REINE.

      Comment!

LE ROI.

Madame, finissons! Répondez franchement :
Au jardin d'Aranjuez, pouvez-vous bien le dire,
Personne ne vous a parlé? Personne?

LA REINE.

      Oui, sire,
Au jardin d'Aranjuez, à l'infant j'ai parlé.

LE ROI.

A l'infant?... A présent tout est donc dévoilé!...
Qui douterait encor? Tant d'audace m'étonne.
Mépriser à ce point l'honneur de ma couronne!

LA REINE.

Sire, si l'on osa se jouer d'un honneur,
C'est d'un honneur tout autre et plus grand, j'en ai peur,
Que celui que pour dot m'a donné la Castille.

LE ROI.

Pourquoi m'avoir nié...? Dire qu'à votre fille...?

LA REINE.

Parce que je n'ai pas coutume de me voir
Traitée en criminelle, et contrainte d'avoir
A répondre devant une cour tout entière.
Il faudra me parler, sire, d'autre manière...
Quand on voudra de moi savoir la vérité.
Je puis faire un appel à Votre Majesté :
M'a-t-elle avec égards, alors, interrogée?
Fallait-il, par vos grands, que je fusse jugée?
C'est à ce tribunal qu'une reine rendrait
Compte des actions qu'elle fait en secret!
Oh! non, non! En secret si le prince m'a vue,
C'est qu'il sollicita de moi cette entrevue;
C'est que je l'ai voulu; c'est que, lorsque je crois
Qu'un acte est innocent, ce ne sera pas moi
Qui me demanderai si l'usage est contraire;
Et si de l'entretien je vous ai fait mystère,
C'est que, devant mes gens, sire, il ne m'a point plu
D'entamer le débat que vous auriez voulu.

LE ROI.

Madame, vous tenez un bien hardi langage!

LA REINE.

Sire, je vais vous dire encore davantage :

J'ai vu le prince et j'ai voulu l'entretenir,
Parce que de son père il ne peut obtenir
La justice à laquelle il a droit de prétendre.

LE ROI.

A laquelle il a droit ?

LA REINE.

Eh ! pourquoi m'en défendre ?
Je l'estime, je l'aime ; il est, dans cette cour,
Mon parent le plus proche ; on le crut digne, un jour,
D'un nom qui me touchait de bien plus près encore.
Sire, je l'avouerai, jusqu'à présent j'ignore
Pourquoi, plus qu'en tout autre, il faudrait, aujourd'hui,
Ne voir précisément qu'un étranger en lui,
Par la seule raison qu'on m'avait fait connaître,
Dans le prince, autrefois, l'homme qui devait être
Le plus cher à mon cœur. Si, quand elle veut bien,
Votre raison d'État peut former un lien,
Plus tard moins aisément elle peut le défaire.
Je ne veux point haïr, quand j'ai droit, au contraire....
En un mot, puisqu'il faut m'expliquer, je prétends
N'être pas dans mes goûts contrainte plus longtemps.
Non ! non !

LE ROI.

Élisabeth, de mes jours de faiblesse,
Des heures où, pour vous, éclata ma tendresse,
Vous avez souvenir, et de là naît en vous
L'audace qu'aujourd'hui vous montrez devant nous.
Vous essayez encor l'influence puissante
Qui de ma fermeté fut souvent triomphante ;

Mais craignez d'autant plus! Ce qui porta mon cœur
A faiblir, le pourrait porter à la fureur.

LA REINE.

Qu'ai-je fait?

LE ROI, lui saisissant la main:

Si c'est vrai!... vrai, malgré ce langage!...
— Et n'est-il donc pas vrai que j'ai reçu l'outrage? —
Si c'est vrai!... Si déjà le crime est accompli!
De vos fautes, déjà, si le vase est rempli!
Pour qu'il déborde enfin s'il suffit d'une goutte!
S'il est vrai qu'on me trompe!...

(Il quitte sa main.)

— Oh! je vaincrai, sans
doute,
Ma faiblesse pour vous... Je le puis... Je le veux! —
Alors, malheur sur vous, sur moi, sur tous les deux,
Élisabeth!

LA REINE.

Enfin, sire, je le demande:
Qu'ai-je donc fait?

LE ROI.

Alors, que le sang se répande!

LA REINE.

C'est à ce point! O ciel!

LE ROI.

Je ne me connais plus!
Arrière les égards et les soins superflus!
La nature, ses lois, son cri, je les méprise!
Avec les nations, mes traités, je les brise!...

LA REINE.

Sire, que je vous plains!

LE ROI, hors de lui:

Oser me plaindre, moi?
Me donner sa pitié! L'impudique!

L'INFANTE, effrayée, se suspend à sa mère.

Le roi
Qui se fâche, et ma mère en larmes!
(Le roi arrache l'infante à la reine.)

LA REINE, avec douceur et dignité, mais d'une voix tremblante.

Une mère
De mauvais traitements la sauvera, j'espère...
Viens avec moi, ma fille, oh! viens!
(Elle prend l'infante dans ses bras.)
Et si le roi
Refuse, désormais, de voir sa fille en toi,
Ta mère saura bien demander à la France
Des soutiens qui viendront prendre notre défense.
(Elle veut sortir.)

LE ROI, troublé:

Reine!...

LA REINE.

Non, c'en est trop! Mon cœur est impuissant
A souffrir...
(Elle veut atteindre la porte et tombe sur le seuil avec l'infante.)

LE ROI, se précipitant vers elle avec effroi:

Qu'est-ce donc?... O ciel!

L'INFANTE, jetant des cris de frayeur:
                        Ma mère en sang!
        (Elle s'enfuit.)

LE ROI, très-inquiet et lui donnant des soins :

Ah! quel affreux malheur!... Du sang! Est-il possible?
Ai-je donc mérité ce châtiment terrible?...
Levez-vous!... Levez-vous!... Reprenez vos esprits!...
On vient... Il ne faut pas que nous soyons surpris...
Levez-vous!... Ce spectacle à ma cour tout entière?...
Levez-vous!... Me faut-il descendre à la prière?...
            (La reine se relève, soutenue par le roi.)

SCÈNE X.

LES PRÉCÉDENTS, LE DUC D'ALBE, DOMINGO, entrant
    effrayés. Plusieurs dames les suivent.

LE ROI.

Reconduisez la reine en son appartement;
Elle vient d'éprouver un mal subit.
        (La reine sort accompagnée de ses dames; le duc d'Albe et Domingo s'approchent.)

LE DUC D'ALBE.
                        Comment!
La reine tout en pleurs! Du sang sur son visage!

LE ROI.

Puis-je en voir étonnés les démons dont la rage
Aussi loin m'a conduit?...

LE DUC D'ALBE et DOMINGO.
                Nous!

LE ROI.

      Les accusateurs
Qui m'en ont dit assez pour causer mes fureurs,
Et rien pour me convaincre, absolument rien?

LE DUC D'ALBE.

         Sire,
A Votre Majesté nous ne pouvions pas dire
Plus que nous ne savions.

LE ROI.

      De vos soins empressés
Puissiez-vous par l'enfer être récompensés!...
Oh! de ce que j'ai fait le repentir m'accable!
Son langage était-il celui d'une coupable!

LE MARQUIS, derrière le théâtre :

Au roi peut-on parler?

SCÈNE XI.

LES PRÉCÉDENTS, LE MARQUIS DE POSA.

LE ROI, se ranimant à cette voix et s'avançant au-devant du marquis :

      Ah! le voici!... C'est vous!
Soyez le bienvenu, marquis... Duc! laissez-nous!
Vous êtes inutile.

 (Le duc d'Albe et Domingo se regardent avec un muet étonnement
  et sortent.)

SCÈNE XII.

LE ROI. LE MARQUIS DE POSA.

LE MARQUIS.

Il est pénible, sire,
Pour le vieux serviteur qui d'ici se retire
D'être, — dans vingt combats, pour Votre Majesté
Il a bravé la mort, — de la sorte écarté.

LE ROI.

Il nous convient, à vous, de voir d'une manière,
A moi, d'agir d'une autre. Ah ! dans sa vie entière,
Cet homme, de beaucoup, n'a pas fait pour son roi
Ce que vous avez fait depuis que je vous voi.
Que ma faveur pour vous ne reste pas secrète ;
Je veux que votre front en tous lieux la reflète,
Je veux que de chacun ici soit envié
L'homme que s'est choisi ma royale amitié.

LE MARQUIS.

Bien que cette faveur si haute, inattendue,
A mon obscurité seule puisse être due?

LE ROI.

Chevalier, qu'avez-vous à me dire?

LE MARQUIS.

A l'instant,
Sire, je traversais le salon précédent ;
J'y saisis par hasard quelques mots qu'on échange ;
On se communiquait un bruit affreux, étrange :

Un débat animé qu'on aurait entendu...
On parlait de la reine et de sang répandu...

LE ROI.

Vous venez du salon?

LE MARQUIS.

La nouvelle m'effraie.
Je serais désolé, sire, qu'elle fût vraie;
Que, peut-être, depuis que je vous ai quitté,
A quelque acte trop prompt vous vous fussiez porté,
Et... Les choses vont prendre une face nouvelle,
Devant la découverte importante...

LE ROI.

Qu'est-elle?

LE MARQUIS.

Ce portefeuille, sire, à l'infant appartient.
J'ai trouvé le moyen de l'avoir... Il contient
Des papiers qui pourront répandre, je l'espère,
Quelque jour...

(Il donne au roi le portefeuille de don Carlos.)

LE ROI, le parcourant avec rapidité.

Un écrit de l'empereur mon père!
Voilà qui me surprend. Jamais de cet écrit,
Autant qu'il m'en souvient, un mot ne me fut dit.

(Il le lit, le met de côté et passe rapidement à d'autres papiers.)

Voici le plan d'un fort... Des extraits de Tacite...
Une lettre... Comment! Par une femme écrite?
Il me semble connaître... Une lettre sans nom...

(Il lit attentivement, tantôt à voix haute et tantôt à voix basse.

« Cette clé... de la reine ouvre le pavillon...
« Par la petite porte...» Oh ciel! que vais-je apprendre?...
En toute liberté, l'amant discret et tendre...
« On saura l'exaucer... Il recevra le prix...»
Trahison qu'inspira l'enfer!... J'ai tout appris!
C'est elle! C'est sa main!

LE MARQUIS.

Cette main serait celle
De la reine? Impossible!

LE ROI.

Eh! non! d'Éboli!... d'elle!

LE MARQUIS.

Au page Hénarez récemment j'ai parlé :
Il dit avoir remis, et la lettre, et la clé.
Les rapports qu'il m'a faits étaient donc véritables?

LE ROI, prenant la main du marquis et dans une violente agitation :

Marquis, je suis tombé dans des mains exécrables.
Cette femme a forcé la cassette, marquis,
Et mes premiers soupçons viennent de ses avis.
Qui sait quelle est la part du moine à cette trame!
Oh! je me vois trompé par un complot infâme!

LE MARQUIS.

Il est heureux, du moins...

LE ROI.

Marquis! marquis! j'ai peur
D'avoir poussé trop loin ma jalouse fureur.

LE MARQUIS.

Si la reine et Carlos furent d'intelligence,
Croyez que, de beaucoup, sire, leur alliance
N'est pas ce qu'on la dit; non, non, cela n'est pas.
Le désir de Carlos d'aller aux Pays-Bas
Ne lui vient, je le sais d'une source certaine,
Que d'un projet éclos dans l'esprit de la reine.

LE ROI.

Je l'ai pensé toujours.

LE MARQUIS.

La reine donne essor
A son ambition. Dirai-je plus encor?
Elle souffre à regret, avec impatience,
Qu'on trompe de son cœur l'orgueilleuse espérance,
Qu'on l'écarte du trône, et que, dans le pouvoir,
On ne lui donne pas ce qu'elle crut avoir.
La jeunesse du prince, ardente, impétueuse,
Aux projets de la reine a semblé précieuse...
Je doute que l'amour soit possible à son cœur.

LE ROI.

De son habileté, marquis, je n'ai pas peur.

LE MARQUIS.

Mais serait-elle aimée? Et faut-il qu'on redoute
Plus encor de l'infant? La question, sans doute,
Est digne d'examen, et je serais d'avis
De faire avec rigueur surveiller votre fils.

LE ROI.

Vous répondez de lui.

ACTE IV. — SCÈNE XII.

LE MARQUIS, après un moment d'hésitation :

Pour cette surveillance,
Si j'avais quelques droits à votre confiance,
Je vous demanderais un absolu pouvoir.

LE ROI.

Et vous l'aurez.

LE MARQUIS.

Au moins, voudrais-je ne point voir,
Lorsque j'aurais jugé tout à fait nécessaire
D'agir d'une façon, sire, un auxiliaire,
Quelque nom qu'il portât, agir d'autre.

LE ROI.

Jamais :
Vous n'en verrez aucun, marquis ; je le promets...
Vous êtes mon sauveur. Quelle rare prudence !
Quels bons avis ! Comptez sur ma reconnaissance.

(Au COMTE DE LERME, qui est entré pendant ces derniers mots.)

Que fait Sa Majesté ?

LE COMTE DE LERME.

Sire, son accident
L'a beaucoup affaiblie.

Il jette au marquis un regard de défiance et sort.

LE MARQUIS, après une pause :

Il me semble prudent
De prendre une mesure encore : il peut se faire
Qu'on prévienne Carlos des soupçons de son père,
Car de nombreux amis au prince sont restés.
S'il correspond à Gand avec les révoltés,

La crainte que chez lui cet avis doit produire,
A quelque extrémité pourrait bien le conduire.
Il faudrait, selon moi, sur-le-champ aviser
A des moyens certains et prompts de s'opposer
A tel coup qu'oserait sa jeunesse imprudente.

LE ROI.

Oui, vous avez raison. Mais, comment...?

LE MARQUIS.

S'il le tente,
On s'empare de lui, sire... Un ordre secret,
Que Votre Majesté dans mes mains remettrait;
Qu'au moment du danger j'aurais droit de produire ;
Que...
(Le roi semble réfléchir.)
Ce serait d'abord un secret d'État, sire,
Et plus tard...

LE ROI va à sa table et écrit l'ordre d'arrestation.

Quand je vois l'État près de périr,
A d'extrêmes moyens je peux bien recourir...
Voici l'ordre, marquis... Inutile, je pense,
De vous recommander d'agir avec prudence.

LE MARQUIS, prenant l'ordre d'arrestation :

C'est un dernier remède.

LE ROI, lui mettant la main sur l'épaule:

Allez, mon cher marquis,
Rendre à mon cœur la paix, le sommeil à mes nuits!
(Ils sortent par des côtés opposés.)

SCÈNE XIII.

Une galerie.

DON CARLOS, arrivant dans la plus vive inquiétude. LE COMTE
DE LERME, allant au-devant de lui.

DON CARLOS.
C'est vous? Je vous cherchais.

LE COMTE DE LERME.
      Moi, Votre Altesse?

DON CARLOS.
            Comte,
Est-ce vrai? Répondez!... Est-ce vrai?... L'on raconte...

LE COMTE DE LERME.
Quoi donc?

DON CARLOS.
    Qu'il a tiré sur elle le poignard;
Qu'on l'emporta sanglante... Ah! c'est trop de retard!
Au nom de tous les saints, comte, je vous supplie,
Que croirai-je? Est-ce vrai?

LE COMTE DE LERME.
      La reine, évanouie,
S'est blessée en tombant. Voilà tout.

DON CARLOS.
         Vous jurez,
Que contre tout péril ses jours sont assurés?
Comte, sur votre honneur!

LE COMTE DE LERME.

      La reine est préservée;
Mais craignez d'autant plus pour vous.

DON CARLOS.

        Elle est sauvée!
Ma mère!... Grâce au ciel!.. Sachez qu'un bruit affreux
M'avait dit que le roi, devenu furieux,
Avait osé frapper et l'infante et sa mère;
Qu'on avait découvert un important mystère.

LE COMTE DE LERME.

Ceci peut être vrai.

DON CARLOS.

    Peut être vrai? Comment?

LE COMTE DE LERME.

Vous n'avez fait nul cas de l'avertissement
Qu'aujourd'hui je vous ai donné! Je vous conseille,
A ce nouvel avis de mieux prêter l'oreille.

DON CARLOS.

Parlez!

LE COMTE DE LERME.

   Entre vos mains j'ai vu, ces derniers jours,
Un portefeuille bleu, brodé d'or, en velours...
N'est-ce pas?

DON CARLOS, déconcerté:

    En effet, j'en possède un semblable...
Et puis?

ACTE IV. — SCÈNE XIII.

LE COMTE DE LERME.

Ce portefeuille est encor remarquable
En ce que l'on y voit, d'un côté seulement,
Un médaillon garni de perles...

DON CARLOS.

Justement.

LE COMTE DE LERME.

Au cabinet du roi, qui ne pouvait m'attendre,
Tout à l'heure j'entrais, lorsque j'ai cru surprendre
Ce même portefeuille entre ses mains. Posa
Était auprès de lui.

DON CARLOS, vivement, après un instant de silence et de stupéfaction :

Ce que vous dites là,
Est faux!

LE COMTE DE LERME, blessé :

Je mentirais?

DON CARLOS, le regardant fixement :

Oui! C'est faux! Je le jure.

LE COMTE DE LERME.

Je dois vous pardonner cette mortelle injure.

DON CARLOS se promène dans une vive agitation et s'arrête enfin
devant le comte.

Que t'a-t-il fait? En quoi peuvent donc t'avoir nui
Les innocents liens qui m'attachent à lui,
Pour qu'avec une ardeur que l'enfer seul inspire,
Tu viennes mettre ainsi tes soins à les détruire?

LE COMTE DE LERME.

Prince, vous me voyez respecter la douleur
Qui vous rend à ce point injuste.

DON CARLOS.

De mon cœur
Écarte le soupçon, mon Dieu!

LE COMTE DE LERME.

Je me rappelle
Ce que Sa Majesté, lorsque j'entrai chez elle,
Lui disait : « Croyez-moi reconnaissant, marquis :
« Quelle rare prudence, et quels sages avis ! »

DON CARLOS.

Oh !... silence ! silence !

LE COMTE DE LERME.

Un bruit encore passe
De bouche en bouche : on dit le duc d'Albe en disgrâce,
Et don Ruy Gomez du conseil renvoyé,
Et le sceau du royaume au marquis confié.

DON CARLOS, absorbé dans ses réflexions:

Et ne m'avoir rien dit !... Pourquoi donc ce mystère ?

LE COMTE DE LERME.

Déjà toute la cour en Posa considère
Le ministre absolu, le puissant favori.

DON CARLOS.

Il m'a beaucoup aimé, beaucoup! Il m'a chéri
D'un amour qu'il n'eut pas, j'en suis sûr, pour lui-même.

Il m'a prouvé cent fois cette tendresse extrême.
Mais ne devait-il pas préférer, quelque jour,
Humanité, patrie, à cet unique amour?
Une seule amitié dans cette âme si grande?
Ce n'était pas assez pour ce qu'elle demande.
Le bonheur de Carlos? C'était encor trop peu
Que ce seul but offert à cette âme de feu.
A sa vertu je sens qu'il m'offre en sacrifice.
Puis-je bien l'en blâmer? Ce serait injustice.
Maintenant, plus de doute! Il est perdu pour moi!
Mon malheur est certain!

(Il se détourne et se cache le visage.)

LE COMTE DE LERME.

Dites, cher prince, en quoi
Pourrais-je vous servir en ce moment suprême?

DON CARLOS, sans le regarder:

Allez trouver le roi! Trahissez-moi de même!
Je n'ai rien à donner.

LE COMTE DE LERME.

Ce qui peut arriver
De dangereux pour vous, vous voulez le braver?

DON CARLOS, s'appuyant sur la balustrade de la galerie
et le regard fixe :

Je le perds à jamais, et chacun m'abandonne!

LE COMTE DE LERME, s'approchant de lui avec émotion et intérêt:

Songez que le péril, prince, vous environne.

DON CARLOS.

Bon cœur! Vous prenez soin de me le rappeler?

LE COMTE DE LERME.
Pour personne que vous n'avez-vous à trembler?

DON CARLOS, *subitement éclairé*:
Grand Dieu!... Quel souvenir!... Ma mère!... Cette lettre,
Que j'avais refusé, d'abord, de lui remettre,
Que pourtant j'ai livrée!...
(Il se promène en se tordant les mains.)
      Oh! quel acharnement!
Pour elle aussi n'avoir aucun ménagement!...
N'est-ce pas qu'il eût dû l'épargner, le barbare?
(Avec une résolution subite:)
Il faut la prévenir... Il faut qu'on la prépare...
Je cours..... Comte! cher comte! — Oh! qui donc
        envoyer?...
N'aurais-je plus personne à qui me confier?...
— Dieu soit béni! J'y songe... Un ami qui me reste!..
Oui, je puis tout risquer dans ce moment funeste!
(Il sort précipitamment.)

LE COMTE DE LERME *le suit en le rappelant*:
Prince! Où courez-vous donc?
      (Il sort.)

SCÈNE XIV.

LA REINE, LE DUC D'ALBE, DOMINGO.

LE DUC D'ALBE.
      Grande reine, à vos yeux
Si nous nous présentons...

LA REINE.
    Que voulez-vous tous deux?

ACTE IV. — SCÈNE XIV.

DOMINGO.

A Votre Majesté, pleins d'un zèle sincère,
Qui ne nous permet pas plus longtemps de nous taire,
Nous venons révéler un grave événement,
Dont votre sûreté peut souffrir grandement.

LE DUC D'ALBE.

Tandis qu'il en est temps, par cet avis, madame,
Nous voulons déjouer une odieuse trame,
Un complot qu'on avait dirigé contre vous.

DOMINGO.

Nous venons déposer ensemble à vos genoux
L'offre d'un dévouement et d'un zèle...

LA REINE, avec surprise:

Mon Père,
Et vous, mon noble duc, vous permettrez, j'espère,
Que je vous fasse voir tout mon étonnement :
Et de l'un, et de l'autre, un si beau dévouement?
Vous, Domingo? Vous, duc?... Je sais, je vous assure,
Apprécier ce zèle à sa juste mesure.
Vous parlez d'un complot dirigé contre nous :
M'en direz-vous l'auteur?

LE DUC D'ALBE.

Madame, gardez-vous
D'un marquis de Posa, dont la faveur commence,
Qui possède du roi toute la confiance.

LA REINE.

J'apprends cette nouvelle avec un vrai plaisir.
A mon avis, le roi ne pouvait mieux choisir.

Du marquis de Posa la valeur m'est connue,
Messieurs ; on m'a de lui souvent entretenue.
Grand est son caractère et généreux son cœur,
Et, je vous l'avoûrai, plus insigne faveur
Ne pouvait, selon moi, se trouver mieux placée.

　　　　　　DOMINGO.

Madame, nous avons tout une autre pensée.

　　　　　　LE DUC D'ALBE.

Ce n'est plus un secret ; on sait parfaitement
Quel office cet homme ose remplir.

　　　　　　LA REINE.
　　　　　　　　　　Vraiment ?
Eh ! vite ! faites-moi confidence complète.

　　　　　　DOMINGO.

Quand Votre Majesté vit-elle sa cassette
Pour la dernière fois ?

　　　　　　LA REINE.
　　　　　　Comment ?

　　　　　　DOMINGO.
　　　　　　　　　　On vous a pris
Des objets qui pour vous avaient beaucoup de prix,
Madame ; n'est-ce pas ?

　　　　　　LA REINE.
　　　　　　Demande singulière !
Le fait est bien connu de ma cour tout entière.
Mais comment, au larcin dont vous avez parlé,
Le marquis de Posa se trouve-t-il mêlé ?

LE DUC D'ALBE.

Il l'est très-fort. Le prince, — on en a l'assurance, —
A son tour, a perdu des papiers d'importance,
Et le roi les tenait, le fait est bien certain,
Lorsque le chevalier fut reçu, ce matin,
En secrète audience.

LA REINE, après un moment de réflexion :

En vérité, j'éprouve
Un grand étonnement. Quoi! soudain je me trouve
Un ennemi, — jamais à lui je ne pensai, —
Et puis, tout aussitôt, le mal est compensé :
J'ai deux amis de plus, sans que je me rappelle
Avoir reçu jamais des preuves de leur zèle!

(Elle fixe sur tous deux un regard pénétrant.)

Loin de là : quand j'ai su qu'on m'avait, méchamment,
Noircie auprès du roi, je me vis au moment
De vous le... pardonner; à vous.

LE DUC D'ALBE.

A nous, madame?

LA REINE.

A vous-mêmes.

DOMINGO.

A nous, duc d'Albe!

LA REINE, toujours les yeux fixés sur eux :

Sur mon âme,
Je me réjouis fort d'avoir su me garder
De trop d'empressement, car j'allais demander,
Aujourd'hui même, au roi de faire en ma présence

Paraître les auteurs d'une telle impudence.
Maintenant me voilà plus forte assurément :
J'ai pour garant le duc.

LE DUC D'ALBE.
Moi! Sérieusement?

LA REINE.
Pourquoi pas?

DOMINGO.
Renoncer à tous les bons offices
Qu'en secret nous pourrions!...

LA REINE.
En secret? Vos services?

D'un ton sérieux et fier :
Je voudrais bien savoir, duc d'Albe, ce que vous,
Ou vous, prêtre, croiriez pouvoir nous dire, à nous,
Que le roi, notre époux, ne doive pas connaître?
Suis-je coupable ou non?

DOMINGO.
Madame...

LE DUC D'ALBE.
Si, peut-être,
Le roi n'était pas juste? Et si, précisément,
Sa justice faisait défaut en ce moment?

LA REINE.
J'attendrai qu'en son cœur elle reprenne place.
Heureux qui peut gagner à ce qu'elle se fasse!

Elle leur fait un salut et se retire. Ils sortent tous deux par un autre côté.

SCÈNE XV.

L'appartement de la princesse d'Éboli.

LA PRINCESSE D'ÉBOLI, puis, DON CARLOS.

LA PRINCESSE.
La nouvelle est donc vraie? Elle fait l'entretien
De tous les courtisans.

DON CARLOS, entrant:
Restez! Ne craignez rien,
Princesse! Je n'ai point de mauvaise pensée.

LA PRINCESSE.
Prince!... Cette surprise...

DON CARLOS.
Êtes-vous offensée?
M'en voulez-vous encor?

LA PRINCESSE.
Prince!

DON CARLOS, d'un ton plus pressant:
Votre courroux,
De grâce, est-il toujours...?

LA PRINCESSE.
Prince, que voulez-vous?
Vous oubliez, je crois.... Quel sujet vous amène?

DON CARLOS, prenant avec vivacité la main de la princesse:
Jeune fille, ton cœur gardera-t-il sa haine?
L'amour qu'on offensa ne peut donc pardonner?

LA PRINCESSE, voulant se dégager:
Prince, quel souvenir osez-vous ramener!

DON CARLOS.
Celui de ta bonté, de mon ingratitude.
Je sais combien pour toi le coup dut être rude,
Jeune fille; j'ai fait saigner ton tendre cœur;
J'arrachai de tes yeux des larmes de douleur,
De tes yeux d'ange. Oh! va! le remords me déchire....
Pourtant, je ne suis pas venu pour te le dire.

LA PRINCESSE.
Prince, laissez-moi... je...

DON CARLOS.
     Tu ne sais pas pourquoi
Je me présente ici; c'est que j'ai vu dans toi
La douce jeune fille, à l'âme grande et bonne;
C'est qu'à toi, tout entier, vois-tu, je m'abandonne;
Que tu me restes seule et que Carlos n'a plus
Un seul ami sur terre. Une fois, tu te plus
A montrer ta bonté pour celui qui t'implore.
Et maintenant, dis-moi, veux-tu haïr encore?
Laisse-toi désarmer!

LA PRINCESSE, détournant le visage:
    Ne parlez pas ainsi!
Pour Dieu, prince, silence!

DON CARLOS.
      Ah! souffre encor qu'ici
Je rappelle un moment de volupté suprême,
Et ton amour, enfant! hélas! cet amour même

Que j'ai si lâchement outragé! Laisse-moi
Faire à tes yeux valoir ce que je fus pour toi,
Ce que tu m'as donné dans tes rêves de flamme!
Qu'une dernière fois, une seule, ton âme
Consente à voir Carlos encore, tel qu'un jour
Tu le vis à travers le prisme de l'amour;
Et fais à présent, fais, pour l'illusion chère,
Ce que pour lui, jamais, tu ne pourrais plus faire!

LA PRINCESSE.

Oh! que vous vous jouez cruellement de moi,
Carlos!

DON CARLOS.

En pardonnant l'offense, élève-toi
Au-dessus de ton sexe! Oui, de toi je réclame
Ce que, jusqu'à présent, n'a fait aucune femme,
Et ce que d'une femme on ne verra jamais :
Une abnégation inouïe. Oh! permets...
Vois-tu, c'est à genoux que je fais ma prière...
Permets qu'un seul instant je puisse voir ma mère!

(Il se jette à ses pieds.)

SCÈNE XVI.

LES PRÉCÉDENTS, LE MARQUIS DE POSA, se précipitant dans l'appartement; derrière lui, deux officiers de la garde du roi.

LE MARQUIS, hors d'haleine, se jette entre don Carlos et la princesse.

Ah! ne le croyez pas!... Que disait-il?

DON CARLOS, encore à genoux et d'une voix plus forte:

                              Au nom
De ce que vous avez de plus sacré!...

LE MARQUIS, l'interrompant avec feu :

Non ! non !
Ne l'écoutez donc pas ! Sa raison est perdue.

DON CARLOS, avec plus d'instance et d'une voix plus forte encore :

La voir ! la voir ! Ma vie en dépend.

LE MARQUIS, éloignant la princesse avec violence :

Je vous tue
Si vous l'écoutez, vous !

(A l'un des officiers :)

Comte ! De par le roi !

(Il exhibe l'ordre d'arrestation.)

Le prince est prisonnier.

(Don Carlos demeure immobile et comme frappé de la foudre. La princesse pousse un cri d'effroi et veut fuir. Les officiers sont interdits. Long et profond silence. Le marquis tremble fortement et a peine à se contenir.)

(Au prince :)

Votre épée !

(A la princesse :)

Avec moi,
Princesse, demeurez !

(A l'officier :)

Que le prince à personne
Ne parle ! Même à vous... L'ordre que je vous donne
Est absolu. Songez qu'il y va de vos jours,
Monsieur.

(Il dit encore quelques mots à voix basse à l'officier et se tourne vers l'autre.)

Et maintenant aux pieds du roi je cours,
Lui dire...

(A don Carlos:)

Votre Altesse aussi pourra m'entendre.
Dans une heure je vais auprès d'elle me rendre.

Don Carlos se laisse emmener sans paraître avoir conscience de lui-même; seulement, en passant devant le marquis, il laisse tomber sur lui un regard éteint. Le marquis se cache le visage. La princesse cherche une fois encore à fuir; le marquis la retient par le bras.

SCÈNE XVII.

LA PRINCESSE D'ÉBOLI. LE MARQUIS DE POSA.

LA PRINCESSE.

Ah! laissez-moi partir! Au nom du ciel!... Laissez!...

LE MARQUIS, la ramenant sur le devant du théâtre et d'un air terrible:

Malheureuse! tu vas dire ce que tu sais.

LA PRINCESSE.

Rien... Laissez-moi!... Rien.

LE MARQUIS, la retenant avec force et d'un ton plus terrible encore:

Dis ce que tu viens d'apprendre!...
Parle donc!... Vainement tu voudrais te défendre;
Tu ne peux m'échapper... Je serai le premier
A qui tu l'auras dit, mais aussi le dernier.

LA PRINCESSE, le regardant avec effroi:

Ciel! que voulez-vous dire? Ah! grâce pour ma vie!
Vous ne me tûrez pas?

LE MARQUIS, tirant son poignard :

     J'en ai pourtant l'envie...
Hâte-toi!...

LA PRINCESSE.

    Me tuer!... Me tuer!... Vous?... Ici?...
Qu'ai-je donc fait, mon Dieu?

LE MARQUIS, regardant le ciel et plaçant le poignard sur la poitrine de la princesse :

      Je sauve tout ainsi!
En te donnant la mort, misérable! j'arrête
Le poison que ta bouche à distiller s'apprête;
Je brise en toi le vase impur qui le contient.
Tu préparais l'orage, et le calme revient...
D'un côté, le destin de l'Espagne, et la tête
D'une femme, de l'autre...

  (Il reste dans la même attitude et semble hésiter.)

LA PRINCESSE, qui est tombée à ses pieds, le regarde fixement.

     Eh bien! Qui vous arrête?
Point de ménagements! Je subirai mon sort.
Frappez! j'ai mérité, je demande la mort.

LE MARQUIS laisse lentement retomber le bras, puis, après un moment de réflexion :

Ce serait lâcheté, ce serait barbarie!
Non, non!... Oh! que du ciel la bonté soit bénie!
Il m'inspire un moyen... Non, tout n'est pas perdu!

 (Il laisse tomber le poignard et sort rapidement. La princesse s'élance par une autre porte.)

SCÈNE XVIII.

Un appartement de la reine.

LA REINE, LA COMTESSE FUENTÈS.

LA REINE.

Quel tumulte au palais, comtesse, ai-je entendu?
Chaque bruit vient jeter la terreur dans mon âme.
Allez voir ce que c'est.

(La comtesse sort. LA PRINCESSE D'ÉBOLI se précipite dans l'appartement.)

SCÈNE XIX.

LA REINE, LA PRINCESSE D'ÉBOLI.

LA PRINCESSE, *respirant à peine, pâle et défaite, tombe aux pieds de la reine:*

Ah! du secours, madame!
Il est arrêté!

LA REINE.

Qui?

LA PRINCESSE.

Tout à l'heure, chez moi,
Posa l'a fait saisir, sur un ordre du roi.

LA REINE.

Mais, qui donc? Qui?

LA PRINCESSE.

Le prince...

LA REINE.

                    Où s'égare ta tête?

LA PRINCESSE.

Et l'a fait emmener!

LA REINE.

                    Qui l'arrêta? Répète!

LA PRINCESSE.

Le marquis de Posa.

LA REINE.

                    Tu rassures mon cœur.
C'est Posa!... Grâce au ciel!

LA PRINCESSE.

                        Avec cette froideur
Et ce calme profond, vous en parlez, madame?
Quoi! nul pressentiment ne vient troubler votre âme?
Vous ignorez...?

LA REINE.

                    Pourquoi le prince est arrêté?
Je devine aisément : quelque légèreté;
Une imprudence, assez naturelle à son âge,
A son esprit bouillant.

LA PRINCESSE.

                    Non... J'en sais davantage...
Non... Un acte odieux, que l'enfer inspira...
Plus de salut pour lui, non, madame, il mourra!

LA REINE.

Il mourra, me dis-tu?

LA PRINCESSE.
C'est moi qui l'assassine!

LA REINE.
Lui, mourir? Insensée!

LA PRINCESSE.
O justice divine!
Lui mourir! Oh! pourquoi n'ai-je pas deviné
Que jusqu'à cet abîme il serait amené!

LA REINE, lui prenant la main avec bonté :
De votre émotion vous n'êtes pas remise.
Attendez, Éboli, que passe cette crise.
Reprenez vos esprits pour me raconter mieux,
Et sans m'épouvanter de ces tableaux affreux,
Tout ce que vous savez... Que voulez-vous m'apprendre?

LA PRINCESSE.
Oh! ne m'accordez pas cet intérêt si tendre,
Cette bonté du ciel!... Je ne puis l'endurer.
C'est comme un feu d'enfer qui vient me dévorer.
Je ne puis plus, après une action si noire,
De mes regards impurs profaner votre gloire.
Je suis une coupable indigne de pitié.
Je prosterne à vos pieds mon front humilié.
Le remords, le mépris de moi-même m'accable :
Écrasez, écrasez, reine, une misérable!

LA REINE.
Que vas-tu m'avouer? Dis, malheureuse!

LA PRINCESSE.
Hélas!

Ange de pureté! non, vous ne saviez pas,
Aucun pressentiment ne devait vous le dire,
Que sous la jeune fille à qui votre sourire,
Toujours, toujours allait plus confiant, plus doux,
Se cachait un démon. Il se révèle à vous;
Dans toute son horreur, vous allez le connaître :
Je... je vous ai... volée! Oui.

LA REINE.

Vous?

LA PRINCESSE.

A votre maître,
Au roi, tous les papiers, je les ai remis, tous!

LA REINE.

Vous?

LA PRINCESSE.

Je vous accusai; j'eus cette audace.

LA REINE.

Vous?
Vous avez pu...?

LA PRINCESSE.

L'amour... la rage... la vengeance
Dans ma tête ont produit cet excès de démence.
Vous, vous aviez ma haine, et l'infant... je l'aimais!

LA REINE.

Parce que vous l'aimiez, fallait-il donc...?

LA PRINCESSE.

J'avais
Avoué mon amour sans qu'on voulût m'entendre.

LA REINE, après un moment de silence :

Oh! maintenant, il m'est aisé de tout comprendre.
Levez-vous! Vous l'aimiez : vous avez mon pardon.
Oui, j'ai tout oublié. Mais, levez-vous!

(Elle lui tend la main.)

LA PRINCESSE.

Non! non!
Un horrible secret encore me déchire...
C'est toujours à genoux que je veux vous le dire.

LA REINE, attentive :

Que vais-je apprendre encore? Expliquez-vous!

LA PRINCESSE.

Le roi..
Séduite!... Vos regards se détournent de moi...
Vous me repoussez?... Oui... Du crime abominable
Dont je vous accusai... moi... moi! je suis coupable!

(Elle presse contre terre son visage en feu. La reine se retire. Long silence. LA DUCHESSE D'OLIVAREZ, après quelques minutes, sort du cabinet où la reine est entrée et trouve encore la princesse dans la même attitude. Elle s'approche d'elle en silence. Au bruit de ses pas, la princesse se redresse et, ne voyant plus la reine, se lève d'un bond, comme en délire.)

SCÈNE XX.

LA PRINCESSE D'ÉBOLI, LA DUCHESSE D'OLIVAREZ.

LA PRINCESSE.

Ciel! elle m'abandonne! Ah! c'en est fait de moi!

LA DUCHESSE, s'approchant d'elle :

Princesse d'Éboli...

17

LA PRINCESSE.

Je devine pourquoi,
Duchesse, vous venez : la reine veut, sans doute,
Que je sache par vous ma sentence. J'écoute.
Hâtez-vous.

LA DUCHESSE.

De la part de la reine, je dois
Reprendre votre clé, princesse, et votre croix.

LA PRINCESSE tire une croix d'or de son sein et la remet à la duchesse.

On permettra du moins encore que je presse
De mes baisers la main de ma chère maîtresse?

LA DUCHESSE.

Au couvent de Marie on vous fera savoir
Le sort qui vous attend.

LA PRINCESSE, fondant en larmes :

Mon Dieu! Ne plus la voir!

LA DUCHESSE l'embrasse en détournant le visage :

Soyez heureuse!

(Elle sort à la hâte. La princesse la suit jusqu'à la porte du cabinet, qui se referme aussitôt sur la duchesse, reste pendant quelques minutes immobile et à genoux devant cette porte, puis, se lève et s'éloigne le visage voilé.)

SCÈNE XXI.

LA REINE. LE MARQUIS DE POSA.

LA REINE.

Enfin, marquis, votre présence
Vient mettre un heureux terme à mon impatience.

ACTE IV. — SCÈNE XXI.

LE MARQUIS, pâle, le visage défait, la voix tremblante, et, pendant
toute cette scène, dans une émotion profonde et solennelle:

Ici puis-je être sûr que Votre Majesté
Est seule? Pourrons-nous parler en liberté?
Du salon à côté ne peut-on nous entendre?

LA REINE.

Personne. — Mais pourquoi? Que venez-vous m'ap-
prendre,
(Elle le regarde plus attentivement et recule effrayée.)
Et qu'est-ce donc qui peut à ce point vous troubler?
Qu'avez-vous donc, marquis? Vous me faites trembler.
Quelle pâleur mortelle!

LE MARQUIS.

On vous a dit sans doute...?

LA REINE.

Oui, qu'on retient Carlos prisonnier. On ajoute
Que vous l'avez vous-même, oui, vous, fait arrêter.
C'est donc bien vrai? Je n'ai voulu m'en rapporter
Qu'à vous seul.

LE MARQUIS.

Oui, c'est vrai.

LA REINE.

Vous?

LE MARQUIS.

Moi-même.

LA REINE, le regardant pendant quelques instants avec un air de doute:

J'honore
Toutes vos actions, même lorsque j'ignore

Quels en sont les motifs. — En cette occasion,
Pourtant, je vous dirai mon appréhension.
Souffrez ce sentiment, marquis, dans une femme :
Vous jouez, je le crains, un bien gros jeu.

LE MARQUIS.
                         Madame,
J'ai perdu.
          LA REINE.
          Dieu du ciel!

LE MARQUIS.
           Mais soyez sans effroi :
Tout est sauvé pour lui. Le malheur est pour moi,
Et par moi.
          LA REINE.
          Quels aveux, ciel! allez-vous me faire?

LE MARQUIS.
Eh! qui donc me forçait, joueur trop téméraire,
Sur un dé hasardeux de tout aventurer,
Et même avec le ciel d'aller me mesurer?
Quelle audace, en effet, et quelle imprévoyance!
Qui donc, sans tout savoir, ou sans être en démence,
Assurerait qu'il peut suffire à ce travail :
Diriger du destin le pesant gouvernail?
Non, non! Et, cependant, cette erreur fut la mienne...
Mais à quoi bon de moi que je vous entretienne?
Cet instant vaut pour moi toute une vie. Il faut
L'utiliser encore; et qui sait si, là-haut,
Celui qui tient la vie et la mesure aux hommes
De ses avares mains, au moment où nous sommes,
De ce jour ne fait pas le dernier de mes jours?

ACTE IV. — SCÈNE XXI.

LA REINE.

Vous me parlez de Dieu? Quels solennels discours!
Je ne sais pas quel sens il convient que j'y donne;
Mais à vous écouter je tremble, je frissonne.

LE MARQUIS.

Oui! qu'importe à quel prix, j'ai pu le sauver, lui!
Mais il est seulement sauvé pour aujourd'hui;
Le danger va, demain, le menacer encore.
Qu'il se presse, il le faut, qu'il parte avant l'aurore!

LA REINE.

Cette nuit?

LE MARQUIS.

Tout est prêt. Dans ce même couvent,
Qui vit notre amitié s'épancher si souvent,
Des chevaux l'attendront. En billets je vous laisse
Ce que m'a la fortune accordé de richesse;
Ajoutez, s'il le faut. — J'aurais encor beaucoup
A dire à mon Carlos; mais de lui dire tout
Moi-même, le loisir me manquera peut-être.
Ce tout, il faut pourtant le lui faire connaître.
Madame, c'est en vous, qui le verrez ce soir,
Que pour me suppléer j'ai placé mon espoir.

LA REINE.

Marquis, expliquez-vous; je ne puis pas comprendre
Quel effrayant secret vous voulez faire entendre.
Qu'est-il donc arrivé? Dites-le-moi, pour Dieu!

LE MARQUIS.

Je dois encore faire un important aveu.
C'est vous qui l'entendrez, madame : la fortune

Me fit une faveur à peu d'hommes commune;
D'un roi j'aimais le fils. Dans cet ami, mon cœur
Embrassa l'univers, en rêva le bonheur.
L'âme de mon Carlos était pour moi la sphère
Où j'aimais à créer le paradis sur terre
Pour ses nombreux sujets. Mes rêves étaient beaux!
Mais, le ciel l'a voulu, voici qu'à mes travaux,
Dès le commencement de cette noble tâche,
Et bien avant le temps, il faut que je m'arrache.
Bientôt il n'aura plus son Rodrigue, et l'ami
S'en remet à l'amante. Oui, je dépose ici,
Dans ce cœur qui comprend et qui souffre sa peine,
Sur cet autel sacré, dans l'âme de sa reine,
Le dernier de mes legs et le plus précieux.
C'est là, lorsque la mort aura fermé mes yeux,
Qu'il pourra d'un ami recueillir l'héritage.
(Il se détourne; les sanglots étouffent sa voix.)

LA REINE.

Chevalier, d'un mourant vous tenez le langage.
Je veux l'attribuer au trouble de vos sens;
Ou bien, faut-il, pour moi, qu'il cache un autre sens?

LE MARQUIS cherche à se remettre et continue d'un ton plus ferme:

Aux jours d'enthousiasme, en partageant l'hostie,
Nous nous sommes juré... Dites-lui qu'il n'oublie
Jamais notre serment. Moi, j'ai tenu le mien;
Tenu jusqu'à la mort. Qu'il tienne aussi le sien...

LA REINE.

Jusqu'à la mort?

ACTE IV. — SCÈNE XXI.

LE MARQUIS.

Il faut, il faut qu'il réalise,
Oh! dites-le-lui bien, une grande entreprise :
Ces rêves dans lesquels nous préparions tous deux
Un État qui n'aurait que des peuples heureux.
De ce projet divin l'amitié fut la mère.
Qu'il ouvre, le premier, cette dure carrière!
Et, qu'il puisse achever, ou qu'il reste en chemin,
N'importe! à ce travail il aura mis la main.
Des siècles passeront; alors, la Providence
D'un prince tel que lui permettra la naissance;
D'un prince, comme lui sur un trône puissant,
Et de la noble ardeur que mon Carlos ressent,
Le ciel embrasera, pour cette œuvre féconde,
Le nouveau favori qu'il fera voir au monde...
Que dans son âge mûr il respecte toujours
Les rêves qu'il formait au printemps de ses jours!
Il entendra vanter la raison comme un guide
Bien plus sûr que le cœur : la raison est perfide.
Qu'il lui ferme le sien, ou bien il livrerait
Une divine fleur au ver qui la tûrait.
Si la sagesse humaine ose à l'enthousiasme,
A cet enfant du ciel, adresser son sarcasme,
Que Carlos, il le faut, n'en soit pas ébranlé.
Du danger qui l'attend déjà je lui parlai...

LA REINE.

A quoi tend ce discours, chevalier, je vous prie?

LE MARQUIS.

Dites-lui bien encor qu'à ses mains je confie
Le bonheur des humains; qu'en mourant j'ai voulu

Lui laisser ce mandat comme un ordre absolu;
Que j'ai droit d'exiger qu'il s'y montre fidèle.
J'ai pu faire à l'Espagne une aurore nouvelle :
Au royaume assurer le destin le plus beau :
J'avais le cœur du roi; j'étais son fils; du sceau
Je suis encor chargé; ma puissance est entière;
Et ses ducs d'Albe, ils sont rentrés dans la poussière!...
(Il s'arrête et regarde la reine en silence pendant quelques instants.)
Vous pleurez! Je connais ces larmes, noble cœur!
Ces larmes sont encor des larmes de bonheur;
Mais vous perdrez bientôt l'espoir qui vous anime :
Tout est fini. Le sort voulait une victime;
Entre Carlos et moi je n'ai point hésité :
Au coup qui m'attendait je me suis présenté...
Ne me demandez pas d'en savoir davantage.

LA REINE.
A la fin j'entrevois le sens de ce langage.
Malheureux! vous avez...?

LE MARQUIS.
J'ai, madame, acheté,
Pour deux heures d'un soir, un brillant jour d'été.
Du roi je me sépare. Auprès de lui que faire?
Suis-je l'homme qui peut le servir et lui plaire?
Sur cet aride sol ne sauraient plus fleurir
Tant de rêves si doux que j'aimais à nourrir.
Mais leur germe puissant ailleurs se développe :
Mon noble ami mûrit le destin de l'Europe.
Je lui lègue l'Espagne. Il faut se résigner
A la voir, sous la main de Philippe, saigner
Jusqu'au jour où luira cette nouvelle aurore.

Malheur sur lui pourtant, sur moi, malheur encore,
Si je m'étais trompé, si le choix que je fais
Pour la sainte entreprise, était un choix mauvais!
Mais non, c'est impossible, et ma terreur est vaine;
Je connais mon Carlos, et c'est vous-même, reine,
Vous qui me répondez de lui.
(Après un moment de silence:)
                              Fatal amour!
Hélas! je l'ai suivi depuis le premier jour;
J'ai vu comme il germait, comme il prenait racine.
J'aurais pu l'étouffer, alors, dans sa poitrine,
Et je ne l'ai point fait, le croyant sans danger.
Au contraire, j'ai cru devoir l'encourager.
Le monde peut juger que je fus téméraire;
Mais je n'ai pas regret de ce qu'on m'a vu faire.
Mon cœur est attristé, mais il est sans remord.
Le monde, où je voyais la vie, a vu la mort.
Cet amour sans espoir d'espoir comblait mon âme;
J'y voyais le rayon d'une céleste flamme;
J'ai voulu l'employer à faire de Carlos
Le mortel le plus pur, un grand homme, un héros.
Mon idéal manquait au monde; le langage
Manquait d'expressions pour en donner l'image.
Carlos me le devait réaliser un jour.
Il fallait avant tout qu'il comprît son amour.

LA REINE.

A votre ami votre âme à ce point s'est liée,
Chevalier, que pour lui vous m'avez oubliée.
Quand vous avez de moi fait son ange gardien,
De l'austère vertu son arme et son soutien,

Avez-vous pu penser que j'avais, de mon âme,
Banni toute faiblesse, alors que je suis femme?
Ah! lorsque notre cœur, par l'amour combattu,
Tente de l'ennoblir en l'appelant vertu,
Ne saviez-vous donc pas quel danger est le nôtre?

LE MARQUIS.

Madame, ce danger peut menacer toute autre;
Vous, jamais! je le jure; oui, vous le braveriez.
Est-ce que je me trompe, et que vous rougiriez
Du désir le plus noble et le plus légitime,
Du désir de créer une vertu sublime?
Lorsqu'à l'Escurial quelque peintre, enivré,
Contemple le tableau du Christ transfiguré,
Dans l'extase où l'aspect de la toile le plonge,
A l'immortalité si pour lui-même il songe,
Qu'importe au roi Philippe? Et les célestes chants,
Qu'une lyre muette enferme dans ses flancs,
Sont-ils bien à celui qui paya cette lyre,
Et, parce qu'il est sourd, défend qu'on les en tire?
Cet homme de son or acheta seulement
Le droit d'anéantir, de briser l'instrument.
Il n'a point acquis l'art d'en tirer l'harmonie,
Ni le don d'en goûter la douceur infinie...
Le sage pour sa loi prendra la vérité;
Sur l'homme au cœur aimant régnera la beauté.
On peut faire accorder l'une et l'autre puissance.
Sur ce point rien ne peut ébranler ma croyance...
Aimez-le donc toujours. — Promettez! — Votre main!...
Que le faux héroïsme, ou le respect humain,
A cet abaissement ne puisse vous conduire,

Que vous n'avoûriez point l'amour qu'il vous inspire.
Me le promettez-vous? Toujours vous l'aimerez?
Toujours? — Entre mes mains, reine, vous le jurez?

LA REINE.

Pour juger mon amour, ma règle la plus sûre
Sera mon cœur, toujours. C'est ce que je vous jure.

LE MARQUIS, retirant sa main:

Maintenant, de ce monde en paix je puis sortir:
Ma tâche est accomplie.
(Il s'incline devant la reine et veut s'en aller.)

LA REINE le suit des yeux en silence.

Et vous allez partir
Sans que vous m'ayez dit un seul mot qui m'apprenne
Si nous nous reverrons? Sera-ce bientôt?

LE MARQUIS, revenant et détournant le visage:

Reine!
Nous nous reverrons, oui, j'en donne ici ma foi.

LA REINE.

Je vous comprends, Posa; je vous comprends. Pourquoi
Avec moi vous conduire ainsi?

LE MARQUIS.

Je le répète :
Carlos ou moi, madame; il fallait une tête.

LA REINE.

Non! non! c'est que le rôle, en agissant ainsi,
Vous a paru sublime et vous l'avez choisi.

Vous tenteriez en vain de me donner le change ;
Je vous connais. Longtemps cette action étrange
A fait l'unique but de vos désirs de feu.
Périssent mille cœurs, il vous importe peu,
Pourvu que votre orgueil trouve à se satisfaire.
Sur ce que vous valez ce dénoûment m'éclaire :
Oui, vous n'avez agi que pour être admiré.

LE MARQUIS, étonné, à part :
Mon cœur à cet arrêt n'était point préparé.

LA REINE, après un moment de silence :
N'est-il plus de salut ?

LE MARQUIS.
Non.

LA REINE.
Non ? Si je le tente ?
Réfléchissez !

LE MARQUIS.
Vous-même y seriez impuissante.

LA REINE.
Mais, ce n'est qu'à demi que vous me connaissez,
Marquis : j'ai du courage et beaucoup.

LE MARQUIS.
Je le sais.

LA REINE.
Plus d'espoir ?

LE MARQUIS.
Non.

LA REINE le quitte en se cachant le visage.

    Allez! Mon estime est ravie,
Désormais, à tout homme.

LE MARQUIS, dans une violente agitation, se précipite à ses pieds.

      O reine! Que la vie
Est belle cependant! Et la quitter déjà!

Il se lève et sort précipitamment. La reine entre dans son cabinet.

SCÈNE XXII.

L'antichambre du roi.

LE DUC D'ALBE et DOMINGO vont et viennent en silence, chacun de son côté; LE COMTE DE LERME, sortant du cabinet du roi; puis, DON RAYMOND DE TAXIS, grand-maître des postes.

LE COMTE DE LERME.

N'a-t-on pas encor vu le marquis de Posa?

LE DUC D'ALBE.

Non.
    (Le comte de Lerme veut rentrer.)

DON RAYMOND DE TAXIS, arrivant.

Veuillez m'annoncer, comte.

LE COMTE DE LERME.

      C'est impossible :
Le roi, dans ce moment, monsieur, n'est pas visible.

DON RAYMOND DE TAXIS.

Dites que j'ai besoin de le voir un instant;

Que pour Sa Majesté l'objet est important.
Hâtez-vous !

Le comte de Lerme rentre dans le cabinet.

LE DUC D'ALBE, s'approchant du grand-maître des postes :

Patience ! Il en faut, cher grand-maître.
Vous allez, comme nous, apprendre à la connaître.
Vous espérez en vain être reçu du roi.

DON RAYMOND DE TAXIS.

Comment ! Je ne pourrais lui parler ? Et pourquoi ?

LE DUC D'ALBE.

Si vous vouliez le voir il eût fallu, d'avance,
Au marquis de Posa demander l'audience :
Il retient prisonniers et le père et le fils.

DON RAYMOND DE TAXIS.

Posa ? Comment ? Très-bien ! C'est lui qui m'a remis
Cette lettre...

LE DUC D'ALBE.

Une lettre ! ah ! vraiment ? Quelle est-elle ?

DON RAYMOND DE TAXIS.

Qu'il voulait que je fisse arriver à Bruxelle...

LE DUC D'ALBE, attentif :

A Bruxelle ?

DON RAYMOND DE TAXIS.

Et qu'au roi je vais livrer soudain.

LE DUC D'ALBE.

A Bruxelle ! Avez-vous entendu, chapelain ?
A Bruxelle !

DOMINGO, s'approchant :

Ah! voilà du suspect.

DON RAYMOND DE TAXIS.

Son visage,
Quand il recommandait à mes soins ce message,
Trahissait bien du trouble et de l'anxiété.

DOMINGO.

Vraiment? Du trouble?

LE DUC D'ALBE.

A qui devait être porté
Cet écrit?

DON RAYMOND DE TAXIS.

Il était pour le prince Guillaume.

LE DUC D'ALBE.

Chapelain! Pour Orange! On trahit le royaume!

DOMINGO.

Nul doute; cette lettre est une trahison.
De la livrer au roi vous avez bien raison,
Digne seigneur; le roi reconnaîtra ce zèle.
Vous vous êtes conduit en serviteur fidèle.

DON RAYMOND DE TAXIS.

Mon Père, je n'ai fait que remplir mon devoir.

LE DUC D'ALBE.

Vous fîtes bien.

LE COMTE DE LERME, *sortant du cabinet, au grand-maître des postes:*
Le roi veut bien vous recevoir.
(*Don Raymond de Taxis entre.*)
Le marquis n'est-il pas encor venu?

DOMINGO.
Personne
N'a pu le découvrir.

LE DUC D'ALBE.
Cette absence m'étonne.
Le marquis fait du prince un prisonnier d'État,
Et le roi ne sait point pourquoi cet attentat!

DOMINGO.
Le marquis n'en a pas seulement rendu compte.

LE DUC D'ALBE.
Qu'a dit Sa Majesté de l'événement, comte?

LE COMTE DE LERME.
Pas un mot.
(*On entend du bruit dans le cabinet.*)

LE DUC D'ALBE.
Quel bruit! Paix!

DON RAYMOND DE TAXIS, *sortant du cabinet:*
Comte de Lerme!
(*Ils y entrent tous deux.*)

LE DUC D'ALBE, *à Domingo:*
Eh quoi!
Que se passe-t-il donc?

DOMINGO.

           Et d'où vient tant d'effroi ?
Est-ce que cette lettre aurait, par aventure... ?
Duc, ceci me paraît d'un bien mauvais augure.

LE DUC D'ALBE.

C'est Lerme qu'il appelle, alors qu'évidemment
Il nous sait, vous et moi, dans cet appartement !

DOMINGO.

Notre règne est passé.

LE DUC D'ALBE.

              Ne suis-je plus cet homme
Devant qui l'on ouvrait toutes les portes ? Comme
Tout est changé pour moi ! Quelle confusion !

DOMINGO, qui s'est approché doucement de la porte du cabinet et prête l'oreille :

Chut !

LE DUC D'ALBE, après une pause

  Tout se tait. J'entends leur respiration.

DOMINGO.

Le son est amorti par la tapisserie.

LE DUC D'ALBE.

Éloignez-vous ! On vient.

DOMINGO, quittant la porte :

              Oh ! j'ai l'âme saisie,
Je tremble, comme si pour nous dans ce moment
Allait se décider un grand événement.

SCÈNE XXIII.

Les précédents, LE PRINCE DE PARME, LE DUC DE FÉRIA, LE DUC DE MÉDINA-SIDONIA et quelques autres grands.

LE PRINCE DE PARME.

Peut-on voir le roi ?

LE DUC D'ALBE.

Non.

LE PRINCE DE PARME.

Donne-t-il audience ?
Qui donc est avec lui ?

LE DUC DE FÉRIA.

Le chevalier, je pense.

LE DUC D'ALBE.

Eh ! non, puisqu'on l'attend.

LE PRINCE DE PARME.

Ces deux messieurs et moi
Venons de Saragosse. — A Madrid quel effroi !
C'est donc vrai ?...

DOMINGO.

Par malheur.

LE DUC DE FÉRIA.

Ce bruit dont on s'effraie ?
Le prince prisonnier ?

ACTE IV. — SCÈNE XXIII.

LE DUC D'ALBE.
La nouvelle est bien vraie.

LE PRINCE DE PARME.
Sur l'ordre du marquis? Pourquoi donc? Qu'a-t-il fait?

LE DUC D'ALBE.
Vous demandez pourquoi? Personne ne le sait.
Le marquis et le roi pourraient seuls vous instruire.

LE PRINCE DE PARME.
Sans même qu'aux Cortès on ait daigné le dire?

LE DUC DE FÉRIA.
Malheur à qui trempa dans ce crime odieux!

LE DUC D'ALBE.
Oh! oui, malheur sur lui! c'est bien ce que je veux.

LE DUC DE MÉDINA-SIDONIA.
Moi, de même.

LES AUTRES GRANDS.
Nous tous, aussi.

LE DUC D'ALBE.
Qui veut me suivre
Aux pieds du roi?

LE COMTE DE LERME, sortant du cabinet avec précipitation:
Duc d'Albe!

DOMINGO.
Ah! je me sens revivre!
Dieu soit loué!
(Le duc d'Albe entre dans le cabinet.)

LE COMTE DE LERME, respirant à peine et fort agité:

Messieurs, si le marquis venait,
Sa Majesté n'est point seule en son cabinet;
Elle le mandera. Qu'il attende.

DOMINGO, au comte de Lerme, que tous les grands entourent avec une impatiente curiosité:

De grâce,
Comte, veuillez nous dire au moins ce qui se passe!
Votre pâleur...

LE COMTE DE LERME, qui veut sortir:

Ah! c'est infernal!

LE PRINCE DE PARME et LE DUC DE FÉRIA, ensemble:

Quoi donc? Quoi?

LE DUC DE MÉDINA-SIDONIA.

Et le roi? Que fait-il?

DOMINGO, en même temps:

Infernal, quoi?

LE COMTE DE LERME.

Le roi?
Il a pleuré, messieurs!

DOMINGO.

Pleuré?

TOUS, en même temps et avec une extrême surprise:

Versé des larmes?

(On entend une sonnette dans le cabinet; le comte de Lerme y entre.)

DOMINGO, le suivant et voulant le retenir:

Comte! un seul mot... pardon... Il part! A nos alarmes
Il nous laisse!

SCÈNE XXIV.

LES PRÉCÉDENTS, moins LE DUC D'ALBE et LE COMTE
DE LERME, LA PRINCESSE D'ÉBOLI.

LA PRINCESSE, hors d'elle-même, se précipite dans l'appartement :

Le roi? Je veux parler au roi.
(Au duc de Féria:)
Vous, duc, à l'instant même, à lui conduisez-moi !

LE DUC DE FÉRIA.

Personne n'est admis. Un travail d'importance...

LA PRINCESSE.

Signerait-il déjà la terrible sentence?
On le trompe ! Je veux que tout soit éclairci.

DOMINGO, lui faisant, de loin, un signe expressif :

Princesse d'Éboli !

LA PRINCESSE, allant à lui :

Vous? prêtre! vous, ici?
C'est bien. Précisément vous m'êtes nécessaire;
Vous pourrez m'appuyer.
(Elle lui saisit la main et veut l'entraîner dans le cabinet.)

DOMINGO.

Moi? Que voulez-vous faire?
Êtes-vous bien à vous? Je pourrais en douter.

LE DUC DE FÉRIA.

Éloignez-vous ! le roi ne peut vous écouter.

LA PRINCESSE.

Il faut bien qu'il m'écoute, il faut que je l'éclaire!
La vérité! Je veux qu'il la connaisse entière!
La vérité! Quand même il serait dix fois Dieu!

DOMINGO.

Vous vous exposez trop; quittez, quittez ce lieu!

LA PRINCESSE.

Tremble devant celui qu'ici tu divinises;
Je ne risque rien, moi!

(Au moment où elle veut entrer dans le cabinet, le duc d'Albe en sort précipitamment; ses yeux rayonnent, sa démarche est triomphante; il s'élance vers Domingo et l'embrasse.

LE DUC D'ALBE.

    Dans toutes les églises
Qu'on chante un Te Deum! A nous victoire!

DOMINGO.
         A nous?

LE DUC D'ALBE, à Domingo et aux autres grands:

Entrez! Un peu plus tard je vous instruirai tous.

FIN DU QUATRIÈME ACTE.

ACTE CINQUIÈME.

DON CARLOS.

ACTE CINQUIÈME.

Une salle du palais du roi, donnant, par une porte grillée, sur une grande cour, dans laquelle on voit des gardes passer et repasser.

SCÈNE PREMIÈRE.

DON CARLOS assis à une table, la tête appuyée sur le bras, comme s'il dormait. Au fond de la salle, quelques officiers enfermés avec lui. LE MARQUIS DE POSA entre sans que don Carlos l'aperçoive et parle à voix basse aux officiers, qui s'éloignent aussitôt. Il s'approche de don Carlos et le regarde un moment en silence et avec tristesse; enfin, il fait un mouvement qui tire le prince de son assoupissement. Don Carlos se lève, aperçoit le marquis et tressaille d'effroi. Il le regarde, pendant quelque temps, fixement et en ouvrant de grands yeux, puis, se passe la main sur le front, comme s'il cherchait à se rappeler quelque chose.

LE MARQUIS.

C'est moi, Carlos.

DON CARLOS, lui donnant la main:

Ainsi tu m'accordes encore
La faveur de te voir! Ta démarche t'honore.

LE MARQUIS.

Tu peux avoir besoin de ton ami.

DON CARLOS.

Vraiment ?
Cette pensée ici t'amène en ce moment ?
Eh bien ! j'en suis heureux... ma joie en est extrême.
Oui ! tu devais, pour moi, rester toujours le même ;
Te montrer toujours bon. Je le savais.

LE MARQUIS.

Aussi,
Ne fais-tu qu'être juste en me jugeant ainsi.

DON CARLOS.

N'est-ce pas ?... Nous savons encore nous comprendre.
Un tel accord me charme. Oui, nous pouvions attendre,
De ton cœur et du mien, ces nobles sentiments :
Et cette bienveillance, et ces ménagements.
Si, parmi les désirs que je t'ai fait connaître,
L'un fut ambitieux, même injuste, peut-être,
Pourrais-tu donc y voir un motif de blâmer
Tous ceux que je pouvais bien justement former ?
Sévère est la vertu ; mais cruelle, inhumaine,
Jamais. — Il t'en aura coûté beaucoup de peine,
Ton cœur tendre a saigné, je puis le concevoir,
De te sentir contraint à ce triste devoir,
De parer la victime avant de la conduire
Au sacrificateur.

LE MARQUIS.

Carlos ! que veux-tu dire ?

DON CARLOS.

C'est toi qui maintenant, sans doute, accompliras
Ce que je devais faire et que je ne puis pas.

L'Espagne te devra cette époque dorée,
Que de moi vainement elle avait espérée ;
Car c'en est fait de moi... C'en est fait sans retour.
Tu l'avais bien compris ! — Par ce terrible amour
J'ai vu dans son printemps moissonner mon génie.
Pour tes vastes projets mon cœur n'a plus de vie.
Le ciel ou le hasard mit sous ta main le roi...
Au prix de mon secret... Et Philippe est à toi...
Te voilà son bon ange... Oui, c'est à toi de l'être.
Pour moi, plus de salut... Pour l'Espagne, peut-être....
Et que condamnerais-je, hélas! dans ce passé ?
Rien que l'aveuglement déplorable, insensé,
Qui m'a, jusqu'à ce jour, empêché de comprendre
Que tu portes un cœur... aussi noble que tendre...

LE MARQUIS.

Tu me confonds. Eh! quoi! Ne m'être pas douté,
Jamais, que d'un ami la magnanimité
Pût être ingénieuse au point de rendre vaine
Toute l'habileté de ma prudence humaine!
Ah! tout mon édifice est, d'un coup, renversé :
A ton cœur, mon ami, je n'avais point pensé.

DON CARLOS.

Ah! si tu l'avais pu, tu l'aurais préservée
De ce funeste sort. Elle eût été sauvée,
Elle du moins. Pour toi mon cœur en aurait eu
Une reconnaissance éternelle, vois-tu.
Ne pouvais-je être seul à tomber dans l'abîme ?
Fallait-il qu'elle fût la seconde victime ?...
Mais, de tant de malheurs je ne veux plus parler.

Nul reproche de moi ne viendra te troubler,
Sois tranquille. En effet, que t'importe la reine?
Pour elle éprouves-tu cet amour qui m'entraîne?
Et des soucis mesquins dont il vient m'agiter,
A ta vertu sévère est-ce à s'inquiéter?...
Pardon, j'étais injuste.

LE MARQUIS.

Et tu l'es, je l'atteste.
— Pour ce reproche, non : qu'un soit fondé, le reste,
De même, le serait, et qu'il en fût ainsi,
Tu ne me verrais pas tel que je viens ici.

Il tire son portefeuille.

Tiens, voici quelques-uns des papiers que, naguère,
Tu m'avais confiés. Reprends-les.

DON CARLOS, *regardant avec surprise tantôt les lettres et tantôt le marquis*

Quel mystère!

LE MARQUIS.

Dans ta main, désormais, ce dépôt précieux
Est plus sûr qu'en la mienne.

DON CARLOS.

En croirai-je mes yeux?
Ces lettres-là! Le roi ne les a donc pas lues?
Ces lettres! Il faut donc qu'il ne les ait pas vues?

LE MARQUIS.

Ces lettres?

ACTE V. — SCÈNE I.

DON CARLOS.
Tu n'as pas tout montré?

LE MARQUIS.
D'où sais-tu
Que même, sous ses yeux, une seule ait paru?

DON CARLOS, dans le plus grand étonnement:
Est-il possible!... Lerme...

LE MARQUIS.
A pris soin de t'instruire?....
— C'est assez. La lumière à mes yeux vient de luire.
Qui donc pouvait prévoir? — Ainsi, le comte...? Non,
Cet homme ne sait pas mentir. Il a raison :
Oui, ce qui me restait de ta correspondance,
Le roi l'a.

DON CARLOS le regarde longtemps dans un muet étonnement.
Pourquoi donc suis-je ici?

LE MARQUIS.
Par prudence;
Pour t'empêcher de faire encor d'une Éboli
Ta confidente.

DON CARLOS, comme sortant d'un rêve:
Enfin, voilà tout éclairci!
Je comprends.

LE MARQUIS, allant vers la porte :
Qui vient là?

SCÈNE II.

Les précédents, le duc d'Albe.

LE DUC D'ALBE s'approchant respectueusement du prince, et pendant toute la scène tournant le dos au marquis :

       Le roi vers vous m'envoie,
Prince. Vous êtes libre.

   Don Carlos considère le marquis avec surprise. Silence général.

      Veuillez croire à ma joie
De pouvoir le premier...

DON CARLOS les regarde tous deux avec la plus grande surprise, et après un moment de silence, s'adresse au duc :

     Je me vois arrêté,
Conduit sous ces verrous, remis en liberté,
Et je n'en saurai pas les motifs?

LE DUC D'ALBE.

       Ce doit être
L'effet d'une méprise à laquelle mon maître
Fut par un... imposteur entraîné.

DON CARLOS.

      Je me voi,
Cependant, prisonnier par les ordres du roi?

LE DUC D'ALBE.

Oui, par suite, toujours, de la même méprise.

DON CARLOS.

Je la déplore; mais, si le roi l'a commise,
C'est à lui de venir aussi la réparer.

(Il cherche des yeux le marquis et conserve à l'égard du duc une
attitude hautaine.)

Je suis le fils du roi; je ne puis ignorer
Que m'observe toujours l'œil de la calomnie.
La curiosité se fait mon ennemie.
Je veux qu'à la faveur ne puisse être imputé
L'acte que par devoir a fait Sa Majesté;
Ou si d'autre façon elle voulait l'entendre,
J'en appelle aux Cortès, je saurai m'y défendre...
— Je ne souffrirai pas qu'une semblable main
Me rende mon épée.

LE DUC D'ALBE.

A vos désirs, soudain,
Le roi va satisfaire; ils sont justes. Peut-être,
Prince, à son envoyé voudrez-vous bien permettre
De vous accompagner...?

DON CARLOS.

Je prétends demeurer
Jusqu'à ce que le roi vienne me délivrer,
Ou que pour moi Madrid tout entier se soulève.
Allez! portez au roi ma réponse.

(Le duc d'Albe s'éloigne. On le voit encore pendant quelques instants s'arrêter dans la cour et y donner des ordres.)

SCÈNE III.

DON CARLOS, LE MARQUIS DE POSA.

DON CARLOS, quand le duc est sorti, s'adresse au marquis avec curiosité et surprise.

Est-ce un rêve?
Parle! Rends la lumière à mes esprits confus :
Est-ce que tu n'es pas ministre?

LE MARQUIS.

Je le fus,
Tu le vois.
(Allant à lui avec une extrême émotion:)
O Carlos! voilà mon œuvre faite.
Oui, tout a réussi. C'est bien. Elle est complète.
Je te bénis, ô Dieu qui m'as soutenu!

DON CARLOS.

Toi?
Je ne te comprends pas... Quelle œuvre?.... Explique-
moi...

LE MARQUIS, lui prenant la main:

Te voilà sauvé... libre... et moi...
(Il s'interrompt.)

DON CARLOS.

Toi? — Dis! De grâce!

LE MARQUIS.

Et moi... moi, sur mon sein je te presse et t'embrasse,
Pour la première fois, en toute liberté.

J'en ai le droit, Carlos; ce droit, je l'achetai
De tout ce que j'avais de plus cher dans ce monde.
— O moment solennel! Que ma joie est profonde!
Je suis content de moi!

DON CARLOS.

Quel changement subit,
Étrange, ton visage en ce moment subit!
Plus fière que jamais s'élève ta poitrine,
Et d'un feu tout nouveau ton regard s'illumine!

LE MARQUIS.

Il faut nous dire adieu, Carlos... Rassure-toi.
Garde la dignité de l'homme et jure-moi,
Quels que soient les aveux qu'il me reste à te faire,
De ne me rendre point cette heure plus amère
Par une affliction indigne d'un grand cœur.
— Tu me perds. — Pour longtemps. — Et même, en son
                                                  erreur,
L'insensé te dirait : pour toujours.

Don Carlos retire sa main, regarde le marquis fixement et ne répond rien.

Du courage!
J'ai compté sur ton âme et je lui rends hommage
En ne redoutant point de passer avec toi
Ces moments solennels que l'homme, plein d'effroi,
Appelle : les derniers. — Et puis, je le confesse,
En y songeant, mon cœur était plein d'allégresse...
— Viens, il faut nous asseoir... je me sens abattu...
Je sens tout épuisé mon corps.

Il approche son siège de don Carlos qui, toujours dans une stupeur profonde, se laisse machinalement attirer par lui sur un autre.

                    Où donc es-tu ?
Tu ne me réponds pas, Carlos ? — Je vais t'apprendre,
En abrégeant beaucoup, ce que tu dois entendre :
Le lendemain du jour où nous pûmes tous deux,
Pour la dernière fois, au couvent des Chartreux
Nous retrouver encor, ton père en sa présence
Me fit venir. Tu sais ce que fut l'audience ;
Tout Madrid l'a connu. Mais tu n'as point appris
Que déjà ton secret avait été surpris ;
Qu'on avait découvert tes lettres à la reine ;
Que contre toi c'était une preuve certaine ;
Qu'enfin j'avais su tout de la bouche du roi ;
Que j'étais devenu son confident... oui, moi !
   (Il se tait pour attendre une réponse de don Carlos, qui persiste
   dans son silence.)
Oui, Carlos ; je l'avoue, en cette heure cruelle,
Ma bouche à l'amitié dut paraître infidèle :
C'est moi qui dirigeai le funeste complot
Qui t'anéantissait. Les faits parlaient trop haut.
De te justifier je perdais l'espérance.
De Philippe guider, m'assurer la vengeance,
Était le seul moyen de salut. C'est ainsi
Que pour mieux te servir je fus ton ennemi...
— Tu ne m'écoutes plus ?

               DON CARLOS.
           Parle ! parle ! j'écoute.

               LE MARQUIS.
Jusque-là sans errer j'avais suivi ma route,
Mais le subit éclat de la faveur du roi
Vient me trahir : le bruit en ira jusqu'à toi...

Alors, n'écoutant plus qu'une fausse tendresse,
Aveuglé par l'orgueil, j'ai cette hardiesse
De poursuivre sans toi mon hasardeux projet,
Et de te dérober mon dangereux secret,
A toi, Carlos! Ce fut une grave imprudence.
Je ne le vois que trop, ma faute était immense;
Ma confiance en toi fut portée à l'excès.
Pardonne mon erreur : c'est qu'alors je pensais
Trouver ton amitié robuste, inébranlable.

   (Il se tait. Don Carlos passe de la stupeur à une violente agitation.)

Mais, ô funeste effet d'un silence coupable!
De périls supposés on alarme ton cœur :
La reine tout en sang, au palais la terreur;
L'empressement fatal de Lerme à tout t'apprendre,
Et mon silence, auquel tu ne peux rien comprendre,
Tout te trouble, t'étonne, et ton cœur éperdu
Sent faiblir son courage et croit qu'il m'a perdu.
Mais trop noble, trop pur pour que tu me soupçonnes,
C'est le nom de grandeur qu'à ma chute tu donnes.
Tu n'oses t'avouer mon infidélité
Que quand tu crois pouvoir en toute sûreté
Honorer ton ami même dans sa faiblesse.
Il était seul pour toi; tu vois qu'il te délaisse.
Et tu vas te livrer aux bras d'une Éboli,
Malheureux! d'un démon : elle t'avait trahi!

           (Don Carlos se lève.)

Alors, quand je te vois courir à cette femme,
Un noir pressentiment vient traverser mon âme.
Je te suis, mais trop tard : à ses pieds je te vois :
Sur ta lèvre est l'aveu; plus de salut pour toi...

DON CARLOS.

Non! elle était émue... émotion réelle...
Tu te trompes...

LE MARQUIS.

    Je sens que mon esprit chancelle;
Pour sortir du danger, nul secours, nul moyen;
Dans l'univers entier, rien, absolument rien!
Le désespoir me donne une rage insensée :
Une femme est par moi d'un poignard menacée!...
Un soudain changement alors se fait en moi;
Je me sens inspiré : si je trompais le roi?
Si je puis à ses yeux passer pour le coupable?
Que l'accusation soit ou non vraisemblable,
Qu'importe! elle suffit pour un roi soupçonneux :
Le mal sera toujours vraisemblable à ses yeux.
Eh bien! je l'oserai. Cette foudre subite,
Surprenant le tyran, peut faire qu'il hésite.
Cette hésitation est tout ce que j'attends,
Car à mon cher Carlos elle donne le temps
D'arriver à Bruxelle...

DON CARLOS.

    Et ce projet étrange,
Tu l'aurais pu...?

LE MARQUIS.

    J'écris à Guillaume d'Orange
Que j'aime Élisabeth; que j'ai trompé le roi
En jetant les soupçons de cet amour sur toi;
Que, grâce au roi, je puis, sans que rien me retienne,
A toute heure du jour entretenir la reine.

J'ajoute que j'ai craint d'être par toi trahi
Parce que tu surpris mon amour; qu'Éboli
En a reçu de toi la nouvelle, et, je pense,
Pour aller à la reine en faire confidence;
Qu'aussitôt je t'ai fait arrêter; mais qu'enfin,
Ne pouvant réussir, j'ai formé le dessein
De chercher mon refuge à Bruxelles. — La lettre...

DON CARLOS, effrayé, l'interrompant tout à coup:

Juste ciel! A la poste osas-tu la remettre?
Tous les paquets en Flandre, en Brabant adressés...

LE MARQUIS.

Entre les mains du roi sont remis, je le sais,
Et Taxis a déjà, si j'en crois l'apparence,
Fait son devoir.

DON CARLOS.

Je suis perdu sans espérance!

LE MARQUIS.

Toi! Comment serais-tu perdu, toi?

DON CARLOS.

Malheureux!
Tu t'es perdu toi-même!.... Oui, perdus tous les deux!
Jamais, non! non! jamais tu ne verras mon père
Couvrir de son pardon l'imposture grossière...

LE MARQUIS.

Une imposture? Allons! réfléchis: qui pourra
Lui dire que c'était là...?

DON CARLOS, *le regardant fixement :*
Qui le lui dira ?
Moi !
Il veut sortir.

LE MARQUIS.
Tu délires. Reste !

DON CARLOS.
Ah! laisse-moi, de grâce!
Au nom du ciel!.... Je veux partir. L'heure se passe....
Il en est à payer les meurtriers, tandis
Qu'ici tous deux...

LE MARQUIS.
Le temps n'en a que plus de prix.
Nous avons à nous dire encore beaucoup. Reste!

DON CARLOS.
Quoi! pour qu'il mette fin à ce projet funeste?
Non!
Il veut sortir; le marquis le retient par le bras et le regarde d'un air expressif.

LE MARQUIS.
Écoute, Carlos : as-tu vu, souviens-toi,
Ce même empressement, ces scrupules chez moi,
Lorsque pour ton Rodrigue, aux jours de notre enfance,
Ton sang s'est répandu?

DON CARLOS, *saisi d'admiration et d'attendrissement :*
Céleste Providence!

LE MARQUIS.
Tes jours sont à la Flandre. il faut les épargner.

Suivons notre destin : le tien est de régner,
Et le mien, de mourir pour toi.

DON CARLOS s'élance vers lui et lui prend la main avec la plus vive émotion.

C'est impossible!

A cet acte sublime il faut qu'il soit sensible;
Viens! il n'y pourra point résister... Viens! je veux
Te conduire à mon père et, devant lui, tous deux,
Nous nous embrasserons; je lui dirai : Mon père,
Voilà ce qu'un ami pour son ami sut faire!...
Va! je l'attendrirai. Son cœur n'est pas d'airain.
De son émotion tu peux être certain.
Je vois les pleurs brûlants que ses yeux vont répandre!
Sur toi comme sur moi son pardon va descendre!...

(Un coup d'arquebuse à travers la grille. Don Carlos tressaille.)

Pour qui ce coup?

LE MARQUIS.
Pour moi, je pense.
(Il tombe.)

DON CARLOS se jette sur lui en poussant un cri de douleur

O ciel!

LE MARQUIS, d'une voix mourante:

Le roi

S'est bien hâté... J'avais encore espéré... Toi,
Songe à ta sûreté... Songe-s-y bien!... Ta mère
Sait tout... Je ne puis plus... la force...

Don Carlos reste comme mort sur le corps du marquis. Peu après, le roi entre accompagné de ses grands. Il recule à cet aspect. Silence profond et général. Les grands se rangent en demi-cercle et regardent, tantôt le roi, tantôt son fils. Celui-ci reste couché sans donner signe de vie. Le roi le considère, muet et pensif.

SCÈNE IV.

LE ROI, DON CARLOS, LES DUCS D'ALBE, DE FÉRIA,
DE MÉDINA-SIDONIA, LE PRINCE DE PARME, LE
COMTE DE LERME, DOMINGO, LES GRANDS.

LE ROI, avec bonté :
A ta prière,
Je fais droit, mon cher fils. Suivi de tous mes grands,
Voici qu'auprès de toi moi-même je me rends
Pour rouvrir ta prison.

(Don Carlos lève les yeux et promène ses regards autour de lui
comme s'il sortait d'un songe. Il les arrête tantôt sur le roi et
tantôt sur le corps du marquis et ne répond point.)

Tiens ! reprends ton épée.
J'ai trop tôt fait agir ma justice trompée.

(Il s'approche de lui et lui tend la main pour l'aider à se relever.)

Ta place n'est pas là, mon fils. Viens sur mon sein :
Mes bras te sont ouverts.

(Don Carlos se laisse machinalement aller dans les bras du roi;
tout à coup il revient à lui, s'arrête et le regarde de plus près.)

DON CARLOS.
Non ! tu sens l'assassin !
Je ne puis t'embrasser.

(Il le repousse; tous les grands font un mouvement.)

Soyez sans épouvante,
Vous tous ! Mon action est donc bien surprenante ?
Ai-je levé la main contre l'oint du Seigneur ?
Je n'y toucherai pas. Calmez votre frayeur.
Ne voyez-vous donc pas à son front cette marque ?
C'est là le doigt de Dieu.

ACTE V. — SCÈNE IV.

LE ROI, voulant s'en aller:

Suivez votre monarque,
Mes grands!

DON CARLOS.

Où voulez-vous aller, sire? D'ici,
Vous ne sortirez pas...

(Il le retient avec force. Sa main rencontre l'épée que le roi lui apportait. Elle sort du fourreau.)

LE ROI.

Me menacer ainsi!
Ton père?

TOUS LES GRANDS, tirant leur épée:

Régicide!

DON CARLOS, tenant le roi d'une main et son épée de l'autre:

Allons! rentrez le glaive!
Que me voulez-vous, tous? Croyez-vous que je rêve,
Ou bien que le délire ait égaré mes sens?
S'il en était ainsi, vous seriez imprudents
De rappeler en moi ma raison échappée,
Pour me faire sentir qu'au bout de cette épée
Je tiens les jours du roi. De grâce, éloignez-vous!
Il faut de la douceur avec moi. Sortez tous!
Avec ce roi mon compte à régler est de sorte
Qu'au serment, aux devoirs de vassaux il n'importe.
Regardez seulement son bras ensanglanté!
Voyez-vous bien? Voyez aussi de ce côté!
Tenez! voilà son œuvre, à cet artiste habile!

LE ROI, aux grands qui se pressent autour de lui avec inquiétude:

Arrière tous! Pourquoi cette crainte inutile?

C'est entre père et fils. — Voyons quels attentats
La nature...

DON CARLOS.

Ce mot, je ne le connais pas!
L'assassinat! voilà le vrai mot d'ordre, sire!
Oui, de l'humanité le pacte se déchire;
Toi-même, en tes États, roi, tu l'as déchiré.
Ce dont tu ris, pour moi peut-il être sacré?
Ah! voyez, voyez, là, ce meurtre épouvantable!
En fut-il donc jamais de plus abominable?
Dieu n'existe-t-il pas? Dans sa création,
Les rois ont-ils le droit de domination?
Parlez! Dieu n'est-il pas?... Depuis que sur la terre,
Par la loi de ce Dieu, l'homme naît d'une mère,
Il n'en est pas un seul, pas un dont le trépas
Soit plus immérité... Tu ne sais même pas
Ce que tu viens de faire... Oh! non! non! sur mon âme,
Il ignore qu'il a, comme un voleur infâme,
Osé, par cette mort, ravir à l'univers
Des jours si précieux, si nobles et si chers,
Que tout son siècle et lui n'ont rien qui les compense!

LE ROI, avec douceur.

Si je me suis montré trop prompt dans ma vengeance,
C'était pour toi; peux-tu me le reprocher?

DON CARLOS.

Quoi!
Vous ne devinez pas ce qu'il était pour moi,
Ce mort?... Aidez-le donc, messieurs; vous pouvez faire
Que sa toute-science explique ce mystère:

Ce mort fut mon ami. Martyr de l'amitié,
Sachez-le, c'est pour moi qu'il s'est sacrifié !

LE ROI.

Oh ! mes pressentiments !

DON CARLOS.

      Ombre sanglante et chère !
Pardon si tu m'entends profaner ce mystère.
Alors que je le livre à de tels confidents !
Ce vieillard, qui se croit parmi les plus prudents,
Cet infaillible expert en hommes, qu'il connaisse
Qu'un enfant s'est joué de sa vieille sagesse !
Qu'il en meure de honte et de confusion !...
Oui, sire, nous étions frères. Notre union
Posait sur une base, et plus noble, et plus pure
Que la fraternité faite par la nature.
De sa vie il a fait toute une œuvre d'amour..
C'est par amour pour moi qu'il a perdu le jour.
Vous étiez fier d'avoir son estime ? O démence !
Il n'était qu'à moi seul ! Pour moi son éloquence,
Avec tant de malice et de facilité,
Trompait de votre esprit l'immense vanité.
Le dompter vous semblait une œuvre bien facile,
Quand, lui, faisait de vous un instrument docile
De ses vastes projets. Par prudence il voulut
Que je fusse arrêté. C'était pour mon salut
Qu'il écrivit la lettre à Guillaume d'Orange.
Il n'a jamais menti qu'en cette lettre étrange ;
Dieu le sait. Il voulut m'arracher au trépas
En le cherchant lui-même... Il le reçut, hélas !

C'est quand vous lui donniez votre faveur entière,
Qu'il meurt; et c'est pour moi, sire ! Votre prière
Le presse d'accepter votre amitié : soudain,
Ce sceptre, ce jouet que recevait sa main,
Il le rejette et meurt pour moi !

(Le roi demeure immobile, les yeux baissés. Les grands l'observent d'un air embarrassé et craintif.)

Comment donc, sire,
Ce mensonge grossier a-t-il pu vous séduire ?
Certes, cet homme a dû vous estimer bien peu,
Pour croire qu'avec vous il suffit d'un tel jeu.
Vous osez rechercher son amitié si chère,
Et ne supportez pas cette épreuve légère !
Non, ici, vous aviez espéré vainement.
Cet homme ne pouvait être votre instrument.
Il le savait fort bien quand sa rare prudence
Vous repoussa malgré toute votre puissance.
Cette lyre si tendre est brisée aujourd'hui
Dans votre main de fer. — Qu'eussiez-vous fait de lui ?
Vous deviez le tuer.

LE DUC D'ALBE, qui n'a pas un seul instant perdu le roi de vue et qui a observé avec une inquiétude visible les mouvements de sa physionomie, s'approche de lui timidement.

Rompez, je vous conjure,
Ce silence. Un regard, un mot qui nous rassure !

DON CARLOS.

Il ne vous voyait pas d'un œil indifférent;
Il vous suivait avec un intérêt bien grand;
Depuis longtemps. Il eût, sous peu, fait davantage :

Votre bonheur, peut-être, eût été son ouvrage.
Il avait dans son cœur un si riche trésor,
Que son seul superflu vous eût fait riche encor.
De son esprit sublime une seule étincelle
Eût fait de votre vie une vie immortelle.
Et vous perdez ces biens! par votre faute! et tous!
Vous vous volez vous-même et moi-même avec vous!
Que pouvez-vous offrir, maintenant, qui nous rende
Ce que nous attendions de cette âme si grande?

(Profond silence. Plusieurs grands détournent la vue ou se cachent
le visage dans leurs manteaux.)

O vous tous que je vois ici dans ce moment,
Vous, que rendent muets l'horreur, l'étonnement,
Ne blâmez pas mon jeune et douloureux courage
De tenir à mon père, à mon roi ce langage!
— Voyez! Là! C'est pour moi qu'il a voulu mourir!
Ah! si vos yeux aux pleurs peuvent encor s'ouvrir;
Si le sang d'un mortel coule encor dans vos veines;
Si d'un airain brûlant elles ne sont point pleines;
En contemplant ici l'ami que j'ai perdu,
Ne me condamnez pas!

(Il se tourne vers le roi avec plus de modération et de calme.)

                Vous avez attendu
Pour connaître la fin d'une telle aventure?
Oui, la scène est étrange, elle est contre nature.
Eh bien! sire, je rends mon épée à mon roi;
C'est bien lui que dans vous désormais je revoi.
Croyez que sans trembler j'attends votre vengeance.
Vous avez pu tuer la plus noble existence;
De même, tuez-moi! Je mérite la mort,
Je ne l'ignore pas; je subirai mon sort.

Que m'importe la vie?... En ce moment suprême,
Vous m'entendez ici renoncer de moi-même
Aux biens que de ce monde autrefois j'attendis.
Parmi les étrangers allez chercher un fils!
Voyez! là sont pour moi tous les sceptres du monde.

(Il tombe sur le corps du marquis et ne prend plus aucune part au reste de la scène. On entend dans l'éloignement un bruit confus de voix et le tumulte d'une foule. Silence profond autour du roi. Ses yeux parcourent l'assemblée, mais il ne rencontre ceux de personne.)

LE ROI.

Eh bien! je n'entendrai personne qui réponde?
On cache son visage. — On a les yeux baissés...
— Mon arrêt est rendu. — Vous m'en dites assez:
Eux-mêmes, mes sujets, prononcent ma sentence.

(Toujours le même silence. Le tumulte approche et devient plus fort. Un murmure circule parmi les grands, qui se font l'un à l'autre des signes d'inquiétude. Enfin, le comte de Lerme s'adresse à voix basse au duc d'Albe.)

LE COMTE DE LERME.

Un assaut!

LE DUC D'ALBE, bas:

J'en ai peur.

LE COMTE DE LERME, de même:

La foule ici s'élance.

SCÈNE V.

LES PRÉCÉDENTS, UN OFFICIER DES GARDES.

L'OFFICIER, entrant précipitamment :

Rébellion ! Le roi ?
(Il écarte la foule et s'avance jusqu'au roi.)
     Tout Madrid est armé !
Le peuple, le soldat, de fureur enflammé,
Entoure le palais. On dit et l'on répète
Que du prince arrêté l'on menace la tête.
Le peuple le demande et veut le voir vivant,
Ou mettre à feu Madrid, si l'on tarde un instant.

  TOUS LES GRANDS, dans une extrême agitation :

Sauvez, sauvez le roi !

  LE DUC D'ALBE, au roi qui demeure calme et immobile :

    Fuyez ! il le faut, sire.
Le danger paraît grand. Nous ne saurions vous dire
Ni qui porta le peuple aux armes, ni pourquoi...

LE ROI sort de sa stupeur, relève la tête et se place majestueusement
au milieu d'eux.

Mon trône est-il debout ? Ici suis-je encor roi ?...
Non, je ne le suis plus... Lâches ! Comme des femmes
Vous pleurez ! Un enfant peut amollir vos âmes !
Oui, pour m'abandonner on n'attend qu'un signal !
Vous me trahissez tous !

    LE DUC D'ALBE.
    De ce doute fatal,
Sire...

LE ROI.

Allez vous coucher là-bas! Allez! vous dis-je.
Adorez le roi jeune et brillant! — Moi, que suis-je?
Un débile vieillard!

LE DUC D'ALBE.

Espagnols! Nous? Trahir?

(Tous se pressent autour du roi, tirent leurs épées et mettent un genou en terre. Don Carlos demeure seul et abandonné de tous auprès du corps du marquis de Posa.)

LE ROI arrache son manteau et le jette loin de lui.

Des ornements royaux courez le revêtir!
Les voilà! — Mais, avant que d'aller au perfide,
Foulez-moi sous vos pieds et de mon corps livide
Faites-lui son pavois!

(Il tombe sans connaissance dans les bras du duc d'Albe et du comte de Lerme.)

LE COMTE DE LERME.

Du secours! Promptement!

LE DUC DE FÉRIA.

Juste ciel! Quelle scène!

LE COMTE DE LERME.

Il est sans mouvement!

LE DUC D'ALBE, laissant le roi entre les mains du comte de Lerme et du duc de Féria:

Portez-le sur son lit! Moi, je cours et ramène
Le calme dans Madrid.

(Il sort; on emporte le roi, et tous les grands le suivent.)

SCÈNE VI.

DON CARLOS est demeuré seul auprès du corps du marquis. Après quelques instants, entre DON LOUIS MERCADO; il regarde autour de lui avec précaution et s'arrête un moment en silence devant le prince, qui ne le voit pas.

MERCADO.

De la part de la reine,
Je me présente ici.
(Don Carlos détourne la tête sans répondre.)
Mon nom est Mercado.
Je suis son médecin. Regardez! Cet anneau
Vous sera mon garant.
(Il fait voir un anneau au prince, qui persiste dans son silence.)
La reine, aujourd'hui même,
Veut vous voir... Un objet d'une importance extrême...

DON CARLOS.

Il n'en est plus pour moi sur terre.

MERCADO.

En la quittant,
Le marquis de Posa l'a chargée...

DON CARLOS, se levant avec vivacité:

A l'instant!
Allons!
(Il veut sortir avec lui.)

MERCADO.

Non; pas avant que la nuit soit venue,
Prince: un poste doublé garde chaque avenue.

Nul espoir d'aborder cette aile du palais
Sans être vu... Le risque est trop grand.

DON CARLOS.

Mais...

MERCADO.

J'allais

Vous parler d'un moyen, le seul qu'on entrevoie.
Pour vous le proposer Sa Majesté m'envoie.
Mais il est téméraire, étrange, aventureux.

DON CARLOS.

Quel est-il ?

MERCADO.

Vous savez ce récit merveilleux,
Cette tradition, depuis longtemps redite,
Qui veut qu'aux souterrains de ce palais habite
L'ombre de l'empereur; que cette ombre, à minuit,
Sous la robe d'un moine y vienne errer. Ce bruit
A trouvé chez le peuple une entière croyance.
La garde qui, la nuit, sous ces voûtes s'avance,
Y veille avec terreur. Sous ce déguisement,
Malgré le poste entier vous pourriez librement
Parcourir du palais la route souterraine,
Et gagner sans péril la chambre de la reine;
Cette clé l'ouvrira. Sous cet habit sacré
Contre tout examen vous seriez assuré.
Il faut vous décider sur l'heure; le temps presse.
Le masque avec l'habit sont prêts pour Votre Altesse
Dans son appartement. Je pars; la reine attend
Que je lui rende compte...

DON CARLOS.

  Et quel serait l'instant?

MERCADO.

Minuit, prince.

DON CARLOS.

  J'irai. Vous pouvez le lui dire.
        (Mercado sort.)

SCÈNE VII.

DON CARLOS. LE COMTE DE LERME.

LE COMTE DE LERME.

Cher prince, sauvez-vous! Contre vous l'on conspire.
Je viens de voir le roi de fureur transporté.
Croyez que l'on en veut à votre liberté,
Si ce n'est à vos jours. Ce mot doit vous suffire.
Je me suis échappé pour venir vous le dire.
Fuyez!

DON CARLOS.

 Je m'abandonne à Dieu.

LE COMTE DE LERME.

      Si j'ai compris
Quelques mots que la reine à la hâte m'a dits,
Vous deviez aujourd'hui vous enfuir à Bruxelles.
Partez, prince, partez sans retard. Les rebelles
Secondent ce projet. A la sédition
La reine a provoqué dans cette intention.
Contre la violence encore ils vous défendent.

Au couvent des Chartreux des chevaux vous attendent,
Et si quelqu'un osait vous attaquer, voici
Des armes, prenez-les.

(Il lui donne un poignard et des pistolets.)

DON CARLOS.
Merci, comte, merci!

LE COMTE DE LERME.
Du récit aujourd'hui sorti de votre bouche,
Jusques au fond du cœur la tristesse me touche.
Non! il n'est plus d'ami comme vous! Vos malheurs
De tout bon Espagnol ont fait couler les pleurs.
Je n'en puis dire plus, prince.

DON CARLOS.
Comte de Lerme!
Celui de qui la mort ici marqua le terme,
Parmi les nobles cœurs vous plaçait.

LE COMTE DE LERME.
Permettez
Que je vous dise encor qu'il faut partir. Partez.
Cher prince, et que le ciel bénisse ce voyage!
Des temps meilleurs viendront, mais pour vous rendre
hommage
Je ne serai plus là. Daignez donc recevoir...

(Il met un genou en terre.)

DON CARLOS, très-ému, veut le relever.
Comte! ainsi devant moi je ne veux pas vous voir;
Non! — Vous m'attendrissez. — En ce moment funeste
Je voudrais conserver la force qui me reste.

LE COMTE DE LERME, lui baisant la main avec émotion :

O roi de mes enfants! roi qu'ils pourront chérir!
O vous pour qui mes fils auront droit de mourir,
— Hélas! il ne m'est point accordé de le faire! —
En voyant les enfants, souvenez-vous du père!
Que le ciel vous prépare un tranquille retour!
Sur le trône où s'assied Philippe-Deux, un jour,
Vous, son fils, sachez être humain. De la souffrance
Vous avez fait aussi la dure expérience.
Jamais, pour votre père, un projet menaçant!
Pas d'attentat, mon prince! Aucun acte de sang!
Philippe, impatient de porter la couronne,
A forcé votre aïeul à descendre du trône,
Et, ce même Philippe, on le voit aujourd'hui
Trembler devant son fils. Songez toujours à lui,
Prince!... Allez et que Dieu veille sur vous!

(Il s'éloigne précipitamment. Don Carlos est sur le point de sortir d'un autre côté, mais il se retourne tout à coup, se jette sur le corps du marquis et le presse encore une fois dans ses bras. Puis, il sort à la hâte.)

SCÈNE VIII.

L'antichambre du roi [1].

LE DUC D'ALBE et LE DUC DE FÉRIA arrivent ensemble en conversant.

LE DUC D'ALBE.

          La ville
Partout, en ce moment, offre un aspect tranquille...
Comment laissâtes-vous le roi?

1. Les principaux courtisans y sont nécessairement réunis, puisque, sans indication nouvelle de personnages, on trouve dans la scène sui-

LE DUC DE FÉRIA.

>Très-agité,

Aux plus sombres projets visiblement porté.
Il s'est enfermé, seul, à sa douleur en proie.
Quoi qu'il puisse arriver, il défend qu'on le voie.
Du marquis de Posa la noire trahison
A de Sa Majesté confondu la raison.
Elle est méconnaissable.

LE DUC D'ALBE.

>Il me faut audience.

De tout ménagement mon zèle se dispense,
Après ce que je viens de découvrir.

LE DUC DE FÉRIA.

>Vraiment?

LE DUC D'ALBE.

Un Chartreux, qui s'était glissé furtivement
Dans la chambre du prince, et qui faisait paraître
Un désir curieux et suspect de connaître
Jusqu'aux moindres détails de la mort du marquis,
Dans cet appartement par ma garde est surpris.
Menacé de la mort, il s'effraie, il balance,
Il parle : il a, dit-il, des papiers d'importance ;
Il les tient du marquis, et si, jusqu'à ce soir,
Le marquis de Posa ne s'était plus fait voir,
Il devait aussitôt au prince les remettre.

---

vante Domingo, don Raymond de Taxis et les grands. Dans la même
scène le vers :

>Chez la reine voit-on encor de la lumière ?

annonce que la nuit est venue. Elle a évidemment commencé à la
scène VIII, et le théâtre est éclairé.

LE DUC DE FÉRIA.

Eh bien? Que disent-ils?

LE DUC D'ALBE.

Une première lettre
M'apprend que don Carlos doit partir cette nuit...

LE DUC DE FÉRIA.

Cette nuit?

LE DUC D'ALBE.

Qu'il serait à Flessingue conduit;
Qu'un vaisseau dans le port de Cadix doit l'attendre;
Et que, pour s'affranchir de notre joug, la Flandre
N'attend plus que lui seul.

LE DUC DE FÉRIA.

Dieu! Quel événement!

LE DUC D'ALBE.

D'autres lettres encor disent que Soliman
De Rhode a fait sortir sa flotte, destinée
A nous combattre dans la Méditerranée.
Par un traité secret il y serait tenu.

LE DUC DE FÉRIA.

Vraiment?

LE DUC D'ALBE.

Par ces écrits encore j'ai connu
Quel espoir, en courant ainsi l'Europe entière,
Ce chevalier de Malte a poursuivi naguère :
C'était de réunir en un commun effort,
En faveur des Flamands, tous les États du Nord;
Il ne voulait pas moins.

LE DUC DE FÉRIA.
Quel projet téméraire !

LE DUC D'ALBE.

Enfin, on a saisi tout le plan de la guerre
Qu'on ferait pour soustraire à perpétuité
Les provinces de Flandre à notre autorité.
Rien n'est oublié, rien, dans ce travail immense :
L'attaque est calculée avec la résistance ;
Les forces du pays, les ressources qu'il a,
Dans le plus grand détail on les expose là,
Et tout ce qu'on peut croire au succès nécessaire :
Maximes qu'il faut suivre, alliances à faire.
Ce projet par l'enfer peut paraître inventé,
Mais il est d'un divin génie, en vérité !

LE DUC DE FÉRIA.

Un tel conspirateur, et sans qu'on le pénètre !
C'est rare.

LE DUC D'ALBE.

Ces papiers font encore connaître,
Qu'au moment où le prince à partir sera prêt,
Il aura de la reine un entretien secret.

LE DUC DE FÉRIA.

Quoi ! C'est aujourd'hui même ?

LE DUC D'ALBE.

A minuit. Ma prudence
A déjà tout prévu. Vous voyez quelle urgence ;
Quel mal pourrait causer un seul moment perdu...
Ouvrez-moi !

LE DUC DE FÉRIA.

Je ne puis. Le roi l'a défendu.

LE DUC D'ALBE.

Eh bien! j'ouvrirai, moi! Dans ce péril extrême,
Je ne crains pas d'oser...

Au moment où il s'avance vers la porte, elle s'ouvre et le roi paraît.

LE DUC DE FÉRIA.

Voici le roi lui-même.

SCÈNE IX.

LE ROI, LES PRÉCÉDENTS.

Tous les personnages, effrayés à l'aspect du roi, s'écartent et le laissent respectueusement passer au milieu d'eux. Il semble être dans un rêve, comme un somnambule. Ses vêtements et sa contenance indiquent encore le désordre où l'a laissé son évanouissement. Il passe lentement devant les grands et regarde chacun d'eux fixement, mais sans le remarquer réellement. A la fin, il s'arrête tout pensif, les yeux fixés vers la terre. Son agitation se manifeste par degrés.)

LE ROI.

Ce mort! Rendez-le-moi! Je le veux!

DOMINGO, à voix basse, au duc d'Albe :

Parlez-lui.

LE ROI, du même ton:

Je n'eus que son dédain! et voilà qu'aujourd'hui
Il meurt!... Qu'on me le rende! Allons! qu'on obéisse!
Il faudra qu'il me juge avec plus de justice...

LE DUC D'ALBE, s'approchant avec crainte:

Sire...

LE ROI.

Qui parle ici ?
(Il parcourt lentement des yeux le cercle des grands.)
Vraiment ! oubliez-vous
Qui je suis ? Devant moi, créature, à genoux !
Je suis toujours le roi ! Je veux votre humble hommage !
Parce que l'un de vous m'a jeté son outrage,
Me méprisez-vous tous ?

LE DUC D'ALBE.

Ah ! plus un mot de lui,
Sire ! Un pire ennemi vous menace aujourd'hui ;
Au sein de vos États sa fureur se prépare.

LE DUC DE FÉRIA.

Le prince don Carlos...

LE ROI.

Il eut un ami rare,
Qui courut à la mort pour lui... Pour lui !... Mais moi,
S'il eût voulu m'aimer, j'en aurais fait un roi,
Partageant avec lui mes États, ma couronne.
— Comme il me regardait ! Même du haut d'un trône
On n'a pas ce regard. C'est qu'il avait compris
Tout ce que sa conquête avait pour lui de prix !
Sa douleur témoignait de son immense perte.
Non, à des regrets tels l'âme n'est pas ouverte
Chez l'homme qui ne perd qu'un passager trésor !...
— Ah ! je sacrifierais, pour qu'il vécût encor,
Mes royaumes de l'Inde !... O puissance suprême,
Qui n'as rien qui console, et qui ne peux pas même
Allonger dans la tombe un bras pour en sortir

L'homme que par ta faute elle vient d'engloutir !
Qui ne saurais pas plus réparer l'imprudence
Que tu mis à jouer une humaine existence !
Les morts ne sont jamais revenus du tombeau.
Qui dirait maintenant de mon sort qu'il est beau ?
Un homme est mort qui m'a refusé son estime !
Que me font les vivants ? Un seul esprit sublime,
Vraiment libre, a paru dans tout ce siècle, eh bien !
Il me dédaigne et meurt !

LE DUC D'ALBE.

Nous ne comptions pour rien,
Espagnols ! Que la mort pour nous aussi se lève !
Même dans le tombeau cet homme nous enlève
Le cœur du roi !

LE ROI s'assied, la tête appuyée sur la main.

Pour moi que n'est-il mort ainsi !
Je l'aimais ; oui, beaucoup ; comme un fils. Mais aussi,
Ce jeune homme à mes yeux venait de faire luire
Un matin tout nouveau, plus brillant !... Qui peut dire
Ce que j'aurais pour lui réservé de faveur ?
Il eut le seul amour qu'ait ressenti mon cœur.
Que l'Europe sur moi lance son anathème,
N'importe ! il ne peut pas, lui, me juger de même :
A sa reconnaissance il me reste des droits.

DOMINGO.

Ce charme surprenant sous lequel je vous vois...

LE ROI.

Et qui donc inspira son dévoûment terrible ?
Mon fils ? un enfant ? Non, oh non ! C'est impossible !

Un Posa ne va point pour un enfant mourir.
Le feu que l'amitié dans l'homme peut nourrir,
Cette mesquine flamme, était insuffisante
Pour remplir d'un Posa l'âme vaste et puissante.
Toute l'humanité l'occupait. Son amour,
C'était le monde entier, dont il voulait qu'un jour
Tout peuple fût heureux. Pour sa noble entreprise
Un trône se présente : est-ce qu'il le méprise?
Est-ce que ce moyen est par lui rejeté?
Trahit-il à ce point sa chère humanité?
Non, je le connais mieux : me trouvant sur sa route,
S'il put me repousser, ce ne fut pas, sans doute,
Qu'il voulut à Carlos sacrifier le roi;
Non, c'est le vieillard seul qu'il immolait en moi,
Au jeune homme, à l'élève auquel, dans sa pensée,
Il laisserait le soin de l'œuvre commencée.
Déjà l'astre du père allait en pâlissant;
A la récompenser il était impuissant;
Pour l'aurore du fils tous deux la tenaient prête...
C'est clair : on attendait l'heure de ma retraite!

LE DUC D'ALBE.

Les preuves en sont là; lisez! vous saurez tout.

LE ROI, se levant:

Il peut s'être trompé! Je suis encor debout!...
Nature! un feu nouveau dans mes veines circule;
Merci!... Je veux livrer cet homme au ridicule.
Je veux que sa vertu soit celle d'un rêveur;
Sa mort, celle d'un fou, martyr de son erreur;
Je veux que ce colosse, en s'écroulant, écrase

Cet imprudent ami qu'il tenait en extase,
Et recule le siècle au lieu de l'avancer.
Voyons comment de moi l'on entend se passer!
Pour tout un soir encor j'ai dans ma main le monde.
Je ferai la soirée en désastres féconde;
Je veux que sur ce sol, que je vais dévaster,
Dix générations n'aient rien à récolter!
Il m'a sacrifié, dans sa sagesse folle,
A cette humanité dont il fit son idole;
Eh bien! l'humanité me le paîra pour lui!
Donc, à l'œuvre! En brisant sa poupée aujourd'hui,
Commençons!

(Au duc d'Albe.)

De l'infant qu'aviez-vous à me dire?
Répétez! Ces papiers, que m'annoncent-ils?

LE DUC D'ALBE.

Sire,
Ces papiers vous diront tout ce que le marquis
Laisse comme héritage au prince votre fils.

LE ROI parcourt les papiers pendant que les assistants l'observent avec la plus grande attention. Après les avoir lus, il les met de côté et se promène en silence.

Le grand-inquisiteur! Dites que je désire
Une heure d'entretien.

(Un des grands sort. Le roi reprend les papiers, les lit de nouveau et les met de côté.)

Cette nuit même?

DON RAYMOND DE TAXIS.

Oui, sire,
C'est lorsque, cette nuit, deux heures sonneront,
Qu'au couvent des chevaux tout prêts se trouveront.

LE DUC D'ALBE.

Et des gens dont je puis croire le témoignage
Ont vu qu'on y portait des objets de voyage
A l'écusson royal.

LE DUC DE FÉRIA.

    Et, de plus, il paraît
Que la reine a pris soin d'envoyer, en secret,
D'importantes valeurs à des agents fidèles,
A des Maures, chargés de les rendre à Bruxelles.

LE ROI.

Et, dites-moi, l'infant? où l'avez-vous laissé?

LE DUC D'ALBE.

Près du corps du marquis, qu'il tenait embrassé.

LE ROI.

Chez la reine voit-on encor de la lumière?

LE DUC D'ALBE.

Tout est tranquille, là. Plus tôt qu'à l'ordinaire
Elle a voulu, ce soir, se livrer au repos.
Sa suite a dû sortir. La duchesse d'Arcos
Dans un sommeil profond avait laissé la reine.

 (Un OFFICIER DES GARDES entre, tire à part le duc de Féria et lui parle bas. Celui-ci se tourne avec embarras vers le duc d'Albe; d'autres grands se groupent successivement autour de lui et un murmure confus s'élève.)

LE DUC DE FÉRIA, DON RAYMOND DE TAXIS et DOMINGO,
ensemble:

Vraiment!

LE ROI.

  Qu'est-ce?

LE DUC DE FÉRIA.
Un récit que l'on peut croire à peine.

DOMINGO.
Deux Suisses à l'instant viennent de raconter
Que... Le conte serait absurde à répéter.

LE ROI.
Dites donc!

LE DUC D'ALBE.
   Que, dans l'aile où la reine demeure,
L'ombre de l'empereur a paru tout à l'heure,
Et, d'un pas assuré, d'un air majestueux,
Pendant leur faction a passé devant eux.
Tous les gardes placés pour surveiller cette aile
Confirment, à leur tour, cette étrange nouvelle.
L'ombre aurait disparu, dit-on, subitement,
Vers le point où la reine a son appartement.

LE ROI.
Et sous quel vêtement s'est montré le fantôme?

L'OFFICIER.
Sous celui qu'adopta l'ordre de Saint-Jérôme;
Que portait l'empereur au couvent de Saint-Just;
Dont il était couvert encor quand il mourut.

LE ROI.
En moine? Ces soldats ont donc connu mon père?
S'ils ne l'ont pas connu, comment se peut-il faire
Qu'ils aient vu l'empereur dans ce fantôme errant?

L'OFFICIER.
Le sceptre dans sa main témoignait de son rang.

DOMINGO.

Si l'on en croit les bruits que le peuple débite,
Cette apparition quelquefois s'est produite.

LE ROI.

Et personne avec lui ne s'est entretenu?

L'OFFICIER.

Chacun par la terreur s'est senti retenu.
Les gardes se sont mis à prier. Sous la voûte
Le spectre a librement continué sa route.
Ils l'ont laissé passer respectueusement.

LE ROI.

Vers le point où la reine a son appartement
Il aurait disparu?

L'OFFICIER.

Dans l'antichambre, sire.
Silence général.

LE ROI, *se retournant vivement :*

Que dites-vous, messieurs?

LE DUC D'ALBE.

Rien. Qu'aurions-nous à dire?

LE ROI, *après quelques moments de réflexion, à l'officier :*

Qu'on surveille avec soin cette aile du palais !
Placez à chaque issue un poste ! Je voudrais
Dire un mot au fantôme avant qu'il disparaisse.
L'officier sort; UN PAGE *entre.*

LE PAGE, annonçant :

Le grand-inquisiteur cardinal !

LE ROI, à sa suite :

Qu'on nous laisse !

Le cardinal grand-inquisiteur, vieillard de quatre-vingt-dix ans et aveugle, entre en s'appuyant sur un bâton et conduit par deux dominicains. Les grands lui livrent passage, se jettent à genoux devant lui et touchent le bord de sa robe. Il leur donne sa bénédiction. Tous se retirent.)

SCÈNE X.[1]

LE ROI, LE GRAND-INQUISITEUR.

Long silence.

LE GRAND-INQUISITEUR.

Suis-je devant le roi ?

LE ROI.

Vous êtes devant lui.

LE GRAND-INQUISITEUR.

Je ne l'espérais plus.

LE ROI.

Je rappelle, aujourd'hui,
La scène qu'entre nous ramenait ma jeunesse :
C'est l'infant don Philippe encore qui s'adresse,
Pour avoir un conseil, à son instituteur.

---

1. J'ai conservé les intermittences du *vous* et du *tu* qu'emploie le roi à l'égard du grand-inquisiteur.

LE GRAND-INQUISITEUR.

Il n'avait pas besoin de conseils, l'empereur,
Ce Charles, mon élève et votre illustre père.

LE ROI.

Bonheur de plus pour lui de n'avoir su qu'en faire...
Cardinal ! j'ai commis un meurtre... Loin de moi
Le repos à jamais semble avoir fui.

LE GRAND-INQUISITEUR.

      Pourquoi
Fûtes-vous meurtrier ?

LE ROI.

      Je me voyais victime
D'un complot sans exemple et qui...

LE GRAND-INQUISITEUR.

      Je sais le crime.

LE ROI.

Que savez-vous ? Par qui ? Quand a-t-on pu...?

LE GRAND-INQUISITEUR.

      Je sais,
Voici des ans déjà, ce que vous connaissez
De ce soir seulement.

LE ROI, avec étonnement :

    Vous connaissiez cet homme ?

LE GRAND-INQUISITEUR.

Jour par jour de sa vie on recueillait la somme
Dans nos registres saints.

LE ROI.

Il allait et venait
En liberté, pourtant?

LE GRAND-INQUISITEUR.

Le fil qui le tenait
Voltigeant, était long, oui, mais indestructible.

LE ROI.

Sortir de mes États lui fut chose possible?

LE GRAND-INQUISITEUR.

Je le suivais partout.

LE ROI se promène en donnant des signes de mécontentement.

Quand on savait si bien
En quelles mains j'étais, on ne m'en disait rien?
Pourquoi?

LE GRAND-INQUISITEUR.

C'est moi qui vais vous prier de me dire
Pourquoi vous n'avez pas voulu mieux vous instruire,
Avant de vous livrer aussi légèrement?
Vous connaissiez cet homme; un coup d'œil seulement
Vous avait fait en lui découvrir l'hérétique;
Et vous avez osé, par un caprice unique,
Dérober la victime au Saint-Office! Vous!

Comment donc? A ce point se joûrait-on de nous?
Si les rois à l'emploi de recéleurs descendent,
Avec nos ennemis s'il se peut qu'ils s'entendent,
Que deviendront nos droits, à nous? S'il est permis
De sauver de la mort l'un de ces ennemis,
De quel droit en avoir sacrifié cent mille?

LE ROI.

Cet homme l'est aussi.

LE GRAND-INQUISITEUR.

     Défaite puérile!
Il est assassiné!... C'est un empiétement,
Un crime, cette mort donnée obscurément :
Ce sang, le Saint-Office avait droit de l'attendre;
A notre seule gloire il devait se répandre,
Et par un assassin voilà qu'il est versé!
Cet homme était à nous, et vous avez pensé
Pouvoir porter vos mains sur la chose sacrée?
La victime, pour nous, se trouvait préparée :
Le siècle avait besoin que cet homme parût;
Le ciel, qui l'envoya sur la terre, voulut,
En couvrant son esprit d'une honte éclatante,
Confondre des mortels la raison insolente.
Je marchais à ce but, et je vois en un jour
L'œuvre de bien des ans détruite sans retour!
Nous enlever cet homme est un vol manifeste.
Des mains teintes de sang sont tout ce qui vous reste.

LE ROI.

Seule la passion put m'égarer ainsi.
Pardon!

LE GRAND-INQUISITEUR.

La passion? Qui me répond ici?
Est-ce l'infant Philippe encore?... Quel langage?
Suis-je le seul de nous qu'ait dû refroidir l'âge?
La passion!
(Il secoue la tête avec humeur.)
Eh bien! donnez à vos États
La liberté de foi, si vous ne savez pas
De votre passion faire le sacrifice
Dans l'intérêt du ciel!

LE ROI.

Je suis encor novice
Dans ces matières-là. Donne-moi quelque temps..
Pour avoir...

LE GRAND-INQUISITEUR.

Non; de vous nous sommes mécontents :
C'est pour tout votre règne une infamante marque.
Où donc était alors Philippe? ce monarque
Dont l'âme, toujours ferme, avait la fixité
De l'étoile polaire, et dont la volonté
Immuable, éternelle, à nulle autre soumise,
Dans toute occasion n'agissait qu'à sa guise?
Tout un passé, pour vous, s'était-il abîmé?
Le monde, en ce moment, s'était-il transformé,
Pour que vous tendissiez votre main à cet homme?
Le poison n'était-il plus poison? Ce qu'on nomme
Bien et mal, faux et vrai, s'était-il confondu?
Le projet le plus vaste et le mieux entendu,
La fermeté de l'homme et sa persévérance
Ne seront donc plus rien, si la moindre imprudence,

Comme on fait d'un caprice, et dans quelques instants,
Peut briser une loi qu'on suivit soixante ans?

LE ROI.

C'est que mes yeux lisaient dans ses yeux. — Je confesse
Ce retour d'un moment à l'humaine faiblesse. —
Les tiens, qui ne voient plus, te font plus fort que moi :
C'est un accès de moins qu'a le monde vers toi.

LE GRAND-INQUISITEUR.

D'un homme tel que lui que pouviez-vous attendre?
Quel langage nouveau pouvait-il faire entendre
Que vous n'ayez prévu? Connaissez-vous si peu
Ce qu'est l'enthousiasme et ce désir de feu
Qui prétend innover? Cet orgueilleux langage,
Dont ces réformateurs du monde font usage,
Pour la première fois l'entendiez-vous parler?
Si devant quelques mots votre foi put crouler,
De quel front, répondez! livrâtes-vous aux flammes,
En signant leur arrêt, ces innombrables âmes
Que leur foi chancelante à la mort fit marcher,
Et qui pour moins d'erreurs montèrent au bûcher?

LE ROI.

Je désirais un homme, il m'était nécessaire.
Ces Domingo...

LE GRAND-INQUISITEUR.

Chercher un homme! Eh! pourquoi faire?
Les hommes sont pour vous des chiffres, rien de plus.
Du rôle que je joue ici je suis confus :

De l'art de gouverner faut-il que je redise
Les premiers éléments à cette tête grise?
Que le dieu de la terre apprenne à se priver
De ce que sur la terre il ne doit pas trouver!
De tendres sentiments si vous cherchez l'échange,
Vous vous reconnaissez des égaux, et tout change :
Alors, sire, quels droits pourriez-vous donc avoir
Que n'aient pas vos égaux? Je voudrais le savoir.

LE ROI, se jetant dans un fauteuil :

Je comprends ma faiblesse et ma pauvre nature.
Pourquoi donc voudrais-tu forcer la créature
A faire ce que seul le **Créateur** ferait?

LE GRAND-INQUISITEUR.

Sire, ce n'est pas moi que l'on abuserait.
J'ai lu dans votre cœur une espérance vaine :
Vous vouliez secouer le poids de notre chaîne;
Vous la trouviez gênante et vous avez songé
A marcher libre, seul.

(Il s'arrête; le roi garde le silence.)

      Mais notre Ordre est vengé.
Soyez reconnaissant : l'Église se contente
De punir comme fait une mère indulgente.
Elle vous laissera, comme seul châtiment,
D'avoir choisi contre elle aussi légèrement.
Mais, que pour l'avenir la leçon vous suffise,
Et revenez à nous, revenez à l'Église!
Si je n'avais paru maintenant devant vous,
Oh! par le Dieu vivant, c'est vous qui devant nous
Eussiez paru demain.

LE ROI.

Fais trêve à ce langage,
Prêtre! Modère-toi! Ta parole m'outrage.
Je ne l'entendrais pas plus longtemps, par le ciel!

LE GRAND-INQUISITEUR.

Pourquoi donc évoquer l'ombre de Samuël?...
--- J'avais formé deux rois pour l'Espagne; ma vie,
Je l'espérais du moins, avait été remplie;
J'ai cru mon édifice avec force étayé,
Et j'aurai, je le vois, vainement travaillé :
Don Philippe lui-même a voulu le détruire!...
--- Et maintenant, pourquoi m'avoir appelé, sire?
Ici, moi, qu'ai-je à faire?... Il ne me plairait pas
De reprendre avec vous de semblables débats.

LE ROI.

Il est une œuvre encor que de toi je réclame,
Et tu pourras partir : j'aurai calmé ton âme.
Oublions le passé; faisons la paix. Veux-tu
Nous réconcilier?

LE GRAND-INQUISITEUR.

Quand Philippe abattu
Devant la Sainte Église aura courbé la tête.

LE ROI, après un moment de silence :
Mon fils à la révolte en ce moment s'apprête.

LE GRAND-INQUISITEUR.
Qu'allez-vous décider?

LE ROI.
Rien... ou tout.

LE GRAND-INQUISITEUR.
Et que doit
Signifier ce «tout»?

LE ROI.
Si je n'ai pas le droit
De le faire mourir, qu'il s'échappe!

LE GRAND-INQUISITEUR.
Et puis, sire?

LE ROI.
Éclaire-moi! Sais-tu quelque chose à me dire,
Ou quelque nouveau dogme, ou quelque saint avis,
Autorisant le père au meurtre de son fils?
Parle!

LE GRAND-INQUISITEUR.
Pour apaiser l'éternelle justice,
Le fils de Dieu lui-même a souffert le supplice.

LE ROI.
Crois-tu forcer l'Europe entière à se ranger
De cette opinion?

LE GRAND-INQUISITEUR.
On va la partager
Partout où de la Croix on révère l'emblème.

LE ROI.
J'offense la nature; oseras-tu, de même,
Dis! imposer silence à son cri menaçant?

LE GRAND-INQUISITEUR.

Devant la foi, ce cri doit rester impuissant.

LE ROI.

Comme juge, en tes mains je remets ma justice...
En ai-je bien le droit?

LE GRAND-INQUISITEUR.

Laissez-moi cet office.

LE ROI.

C'est mon seul fils. Pour qui vais-je avoir récolté?

LE GRAND-INQUISITEUR.

Pour le néant plutôt que pour la liberté.

LE ROI, se levant:

L'espoir du même but tous les deux nous anime;
Venez!

LE GRAND-INQUISITEUR.

Où?

LE ROI.

De mes mains recevoir la victime!

(Il l'emmène.)

SCÈNE DERNIÈRE.

La chambre de la reine.

DON CARLOS, LA REINE; puis, LE ROI avec sa suite.

(Il fait nuit. Don Carlos, revêtu d'une robe de moine, le visage couvert d'un masque, qu'il ôte, et portant son épée nue sous le bras, s'approche d'une porte par laquelle entre au moment même la reine en déshabillé et un flambeau à la main. Don Carlos met un genou en terre devant elle.)

DON CARLOS.

Élisabeth !

LA REINE, fixant sur lui un regard plein de tristesse :

Ainsi nous retrouver ! hélas !

DON CARLOS.

Il le faut !

(Silence.)

LA REINE, cherchant à se remettre :

Levez-vous, Carlos, et n'allons pas
Amollir notre cœur. Cette ombre grande et chère
De nos pleurs impuissants ne peut se satisfaire.
Il faut garder les pleurs pour de plus petits maux...
— Il s'est sacrifié... C'était pour vous, Carlos.
Il a donné, pour vous, sa précieuse vie ;
Pour que la vôtre, hélas ! ne vous fût point ravie.
Ce sang pour un fantôme aurait-il donc coulé ?
J'ai répondu de vous : il est mort consolé.
Lorsque pour vous, Carlos, à ce point je m'engage,
Est-ce vous qui feriez mentir mon témoignage ?

DON CARLOS, avec enthousiasme :

Va ! je t'élèverai, Rodrigue, un monument

Tel que jamais un roi n'en eut, assurément!
Je veux qu'un paradis fleurisse sur ta cendre!

LA REINE.

Ce langage est celui que j'avais droit d'attendre;
Cette grande pensée était celle qu'il eut;
Pour qu'elle prospérât, il est mort. Il voulut
Que j'assurasse, moi, sa volonté dernière,
Et je veux obéir à sa sainte prière;
J'en ai fait le serment, je vous en avertis.
Celui que nous pleurons, en mes mains a remis
Un autre legs encore... Il reçut ma promesse
Que je me dévoûrais au dépôt qu'il me laisse.
Ce dépôt... eh! pourquoi ne pas le publier?
C'est vous. Sur son Carlos il m'a dit de veiller.
Je brave l'apparence et méprise le blâme.
D'un véritable ami j'aurai la grandeur d'âme.
Mon cœur veut désormais se montrer au grand jour.
C'est du nom de vertu qu'il nommait notre amour;
Eh bien! je veux l'en croire, et d'une crainte vaine
Il faut que, libre enfin, je...

DON CARLOS.

    N'achevez pas, reine!
J'ai fait un rêve long et pénible : j'aimais...
Me voilà réveillé, maintenant. Désormais
De notre souvenir que le passé s'efface...
De mes lettres veuillez anéantir la trace.
Les vôtres, les voici. Je ne ferai plus voir
Tous ces emportements nés de mon désespoir.
A présent c'en est fait. Une plus pure flamme

A ce coupable amour succède dans mon âme.
Il est avec les morts et, désormais, mon cœur
D'aucun désir mortel n'éprouvera l'ardeur.
(Après un moment de silence, il lui prend la main.)
C'est pour te dire adieu que me voici, ma mère.
Je vois, je vois enfin qu'il existe sur terre
Un bien, plus digne objet de mon ambition,
Et plus noble, plus grand, que ta possession.
A ma vie indolente une nuit est venue
Donner un cours rapide, une marche inconnue,
Et la maturité de l'homme à mon printemps.
Désormais je n'ai pas de soins plus importants
Que de penser à lui. Plus de moisson à faire...
(Il s'approche de la reine, qui se cache le visage.)
N'avez-vous pas un mot à me dire, ma mère?

LA REINE.

De mes larmes, Carlos, n'allez pas vous troubler;
Je les empêcherais vainement de couler.
J'admire, croyez-moi, votre noble conduite.

DON CARLOS.

Du nœud qui nous liait vous fûtes seule instruite;
Ce titre vous suffit pour rester à mes yeux
Ce que dans l'univers j'ai de plus précieux.
Je ne puis vous donner mon amitié, madame;
Pas plus que je n'aurais, hier, à toute autre femme
Pu donner mon amour. Mais, la veuve du roi
Demeurera toujours un bien sacré pour moi,
Si, sur ce trône, un jour, me place un ciel prospère.
(LE ROI, accompagné du GRAND-INQUISITEUR et des grands, paraît dans le fond du théâtre, sans être aperçu, ni de don Carlos, ni de la reine.)

Je vais quitter l'Espagne, et sans revoir mon père.
Dans ce monde, du moins, je ne veux plus le voir.
Le mépris est de moi tout ce qu'il peut avoir.
Désormais la nature est morte dans mon âme...
Rendez-lui son épouse. Il perd un fils, madame.
Retournez au devoir... Je cours briser les fers
De peuples opprimés que l'on sait m'être chers.
Madrid me reverra, mais ceint de la couronne,
Ou bien c'est pour jamais que Carlos l'abandonne...
Madame, maintenant recevez mes adieux.
(Il l'embrasse.)

LA REINE.

O quel rang vous mettez, Carlos, entre nous deux!
A la même grandeur je n'ose pas prétendre;
Mais je puis l'admirer, mais je puis vous comprendre.

DON CARLOS.

N'ai-je pas le cœur fort? Je vous tiens dans mes bras,
Élisabeth! pourtant je ne balance pas!
Hier encore la mort, terrible, menaçante,
A m'arracher d'ici fût restée impuissante...
(Il s'éloigne d'elle.)
C'en est fait! Quel qu'il soit, je puis braver mon sort:
Vous étiez dans mes bras et je suis resté fort!...
Silence! Entendez-vous...?
(On entend sonner une horloge.)

LA REINE.

                Je n'entends que la cloche
Qui dit que des adieux l'instant pour nous s'approche.

DON CARLOS.

Eh bien! ma mère, adieu!... C'est de Gand que viendra
Ma première dépêche. Enfin, l'on connaîtra,
Et nos relations, et qu'il fallait les taire.
Je vais ouvertement agir avec mon père.
Entre nous, désormais, rien de mystérieux.
Vous n'avez plus du monde à redouter les yeux...
Ce masque est le dernier mensonge où je me porte.

(Au moment où il va reprendre son masque, le roi s'avance entre eux.)

LE ROI.

Tu l'as dit : le dernier.

(La reine s'évanouit.)

DON CARLOS se précipite vers elle et la reçoit dans ses bras.

O ciel! Est-elle morte?
O malheur! O mon Dieu!

LE ROI, calme et froid, au grand-inquisiteur :

Cardinal, c'est ici
Que finit mon devoir. Faites le vôtre aussi!

(Il sort.)

FIN DE DON CARLOS.

MARIE STUART.

PERSONNAGES.

ÉLISABETH, reine d'Angleterre.
MARIE STUART, reine d'Écosse, prisonnière en Angleterre.
ROBERT DUDLEY, comte DE LEICESTER.
GEORGES TALBOT, comte DE SHREWSBURY.
WILLIAM CÉCIL, baron DE BURLEIGH, grand-trésorier.
LE COMTE DE KENT.
WILLIAM DAVISON, secrétaire d'État.
AMIAS PAULET, chevalier, gardien de Marie.
MORTIMER, son neveu.
LE COMTE DE L'AUBESPINE, ambassadeur français.
LE COMTE DE BELLIÈVRE, envoyé extraordinaire de France.
O'KELLY, ami de Mortimer.
DRUGEON DRURY, second gardien de Marie.
MELVIL, son intendant.
BOURGOIN, son médecin.
ANNA KENNEDY, sa nourrice.
MARGUERITE KURL, sa femme de chambre.
UN PAGE d'Élisabeth.
LE SHÉRIF du comté.
UN OFFICIER DES GARDES.
DES SEIGNEURS FRANÇAIS ET ANGLAIS.
GARDES.
SERVITEURS de la reine d'Angleterre.
SERVITEURS ET FEMMES de la reine d'Écosse.

ACTE PREMIER.

MARIE STUART.

ACTE PREMIER.

Une salle du château de Fotheringay.

SCÈNE PREMIÈRE.

ANNA KENNEDY, engagée dans un vif débat avec PAULET, qui ouvre une armoire. DRUGEON DRURY, tenant un levier, assiste Paulet.

ANNA.

Ah! quelle indignité! Voyons! que voulez-vous?
Laissez ce meuble, sir!

PAULET.

D'où venaient ces bijoux?
On les a dans le parc jetés de votre étage;
Au jardinier; qu'allait corrompre un tel message!...
— Oh! les ruses de femme! — En vain j'ai surveillé;
En vain, avec rigueur, j'ai tout vu, tout fouillé;
Et voilà des joyaux, des trésors que j'ignore!
Fouillant dans l'armoire :
Votre cachette doit en recéler encore.

ANNA.

Téméraire, arrêtez! Oseriez-vous bien voir
Aux secrets de la reine?

PAULET.

Oui, je veux les savoir.
(Il tire de l'armoire des papiers.)

ANNA.

Des papiers sans valeur; rien qui vous intéresse :
Quelques écrits, tracés par ma noble maîtresse
Pour charmer les ennuis de sa captivité...

PAULET.

Qui s'ennuie, aisément par le diable est tenté.

ANNA.

Tous en français.

PAULET.

Raison de plus d'être sévère :
Qui parle cette langue aime peu l'Angleterre.

ANNA.

Pour votre reine, sir, l'un d'eux est préparé :
C'est une lettre...

PAULET.

Bien; je la lui remettrai...
Que vois-je?
(Il a pressé un ressort secret et tire des joyaux d'un compartiment caché.)
C'est sans doute aussi sans importance?
Un royal diadème, aux fleurs de lis de France!...
(A Drury, en le lui remettant :)
Serre cela : va-t'en au reste l'ajouter.
(Drury sort.)

ANNA.

Quel traitement indigne il nous faut supporter!

PAULET.

Marie, aussi longtemps qu'elle aura quelque chose,
Peut de nouveaux malheurs être pour nous la cause :
Le moindre objet devient une arme dans ses mains.

ANNA.

Montrez-nous, sir Paulet, des sentiments humains,
Et n'allez pas ravir à cette pauvre reine
La dernière parure à laquelle elle tienne.
Parfois, l'infortunée, oubliant son malheur,
Revit au souvenir d'une ancienne splendeur,
Et vous nous en avez déjà pris tout le reste.

PAULET.

Le dépôt sera bien gardé, je vous l'atteste;
Je le restitûrai fidèlement un jour.

ANNA.

Hélas! qui pourrait croire, en voyant ce séjour,
Que celle qui l'habite a porté la couronne!
Qu'est devenu le dais qui surmontait son trône!
Ses pieds, habitués à des tapis moelleux,
Ne foulent maintenant qu'un plancher raboteux;
On la sert dans l'étain, dans la vile vaisselle
Que, bien certainement, dédaignerait pour elle
La femme du dernier hobereau!

PAULET.

     Son mari,
A Stirling relégué, de même était nourri,

Alors qu'à son amant prodiguant sa tendresse,
C'est dans l'or qu'avec lui buvait votre maîtresse.

ANNA.

Et pas même un miroir!

PAULET.

Tant qu'elle se plaira
A voir ses vains attraits, elle conservera
Et l'espoir, et l'audace.

ANNA.

Aucune nourriture
Pour l'esprit! Pas un livre!

PAULET.

Excepté l'Écriture.
Pour corriger son cœur, pour faire son salut,
Elle lui fut laissée.

ANNA.

Elle n'a plus son luth.

PAULET.

Il servait à des chants d'amour.

ANNA.

L'infortunée!
A quel sort rigoureux est-elle condamnée!
Elle, avec tant de soins élevée autrefois!
Qu'orna dès le berceau la couronne des rois!
Dont la jeunesse, heureuse et pleine d'espérance,
S'est passée au milieu de la magnificence,
Des plaisirs qu'à sa cour rassemblait Médicis!

N'était-ce pas assez de ses honneurs ravis ?
De ses derniers bijoux faut-il donc qu'on la prive ?
A se faire au malheur un noble cœur arrive,
Mais il peut trouver dur d'avoir à regretter
Jusqu'aux moindres douceurs qui le font supporter.

PAULET.

Vers les frivolités elles tournent son âme,
Alors qu'elle devrait ne songer, cette femme,
Qu'à rentrer en soi-même et qu'à se repentir.
Après tous ses écarts, elle devrait sentir
Que par l'humilité seulement on expie,
Par les privations, une coupable vie.

ANNA.

Si sa tendre jeunesse un moment s'égara,
A Dieu seul, à son cœur Marie en répondra :
La juger est un droit que n'a point l'Angleterre.

PAULET.

Où le crime, le juge.

ANNA.

Un crime ? Prisonnière,
Et quand vous la gardez si rigoureusement ?

PAULET.

Malgré cette rigueur, elle a bien su comment
Étendre dans le monde un bras toujours habile,
Allumer le flambeau de la guerre civile,
Et désigner aux coups de bandes d'assassins
Notre reine, — que Dieu garde de ses desseins ! —

C'est du fond de ces murs[1] qu'elle suscite et guide
Babington et Parry marchant au régicide.
A travers ces barreaux, à Norfolk elle tend
Le filet où bientôt l'infortuné se prend.
Norfolk, ce noble cœur, notre meilleure tête,
Par la main du bourreau meurt, et sans qu'il arrête
— Un si terrible exemple à rien n'aura servi! —
Tant d'autres insensés que, pour elle, à l'envi,
Nous voyons chaque jour se jeter dans l'abîme :
Pour elle, aux échafauds victime sur victime!
Et le sang coulera jusqu'à ce qu'elle, un jour,
Elle, la plus coupable, on l'immole à son tour...
Que maudite soit l'heure où, trop hospitalière,
S'est, pour cette autre Hélène, ouverte l'Angleterre!

ANNA.

L'Angleterre pour elle hospitalière? alors
Que du jour où son pied s'est posé sur ces bords,
Et quand elle venait, proscrite, suppliante,
Auprès de votre reine, auprès de sa parente,
Pour s'y mettre à couvert des persécutions,
Détenue, au mépris du droit des nations
Et du respect qu'on doit aux têtes couronnées,

---

1. Ce n'est pas au château de Fotheringay que se trouvait Marie Stuart aux époques des conspirations de Norfolk, de Parry et de Babington.

Elle était gardée à Wingfield lorsque le premier fut arrêté; — à Sheffield, pendant son procès et au moment de son exécution; — au château de Tutbury, lors de l'affaire Parry; — à Chartley, durant tout le temps du complot de Babington.

On ne la transféra au château de Fotheringay que pour y être jugée. Elle fut mise à mort après quatre mois seulement de captivité dans cette dernière prison.

La malheureuse a vu ses plus belles années,
Ce temps qui de la vie est la jeune saison,
S'écouler dans les murs d'une étroite prison?
Alors que, maintenant, quand elle s'y consume,
Qu'elle a de son cachot épuisé l'amertume,
L'Angleterre, sur elle achevant ses desseins,
Et comme on traiterait les plus vils assassins,
Avec ignominie en justice la traîne,
D'un crime capital accusée? — Une reine!...

PAULET.

Son cœur d'un meurtrier nourrissait les projets,
Quand chez nous elle vint, par ses propres sujets
De ses États chassée, et pour toujours bannie
D'un trône que souillaient les crimes de sa vie.
Oui, contre l'Angleterre elle avait conspiré;
Elle l'eût ramenée à ce temps abhorré
Où régnait dans le sang l'espagnole Marie,
A la foi catholique eût rendu la patrie,
Et puis, au joug français l'eût livrée un beau jour.
Pourquoi ne pas souscrire au traité d'Édimbourg,
Et ne pas renoncer, comme elle aurait dû faire,
Aux droits qu'elle prétend avoir sur l'Angleterre?
Alors, d'un trait de plume elle ouvrait sa prison...
Son rêve ambitieux égarant sa raison,
Et pour le vain éclat de ce titre de reine,
Elle a bien mieux aimé supporter, et sa chaîne,
Et les durs traitements. Pourquoi l'a-t-elle fait?
Parce que de sa ruse elle attendait l'effet;
Qu'artisan de complots, de malheurs, elle espère
Du fond de sa prison conquérir l'île entière.

ANNA.

Ah! vous vous moquez, sir; comment! vous ajoutez
Cette amère ironie à tant de duretés?
Elle! nourrir ainsi des rêves de folie?
Elle, au fond de ces murs, vivante ensevelie?
Vers qui d'un cher pays nul mot ne peut venir,
Pour lui dire qu'on l'aime et pour la soutenir?
Qui, depuis si longtemps, ne voit figure humaine
Que celle des geôliers que le jour lui ramène?
Elle, qu'on a contrainte à subir, depuis peu,
Un surveillant de plus dans votre dur neveu?
Comment, sous ses barreaux, la pauvre prisonnière...?

PAULET.

Contre toute sa ruse impuissante barrière!
Sais-je s'ils ne sont pas sciés pendant les nuits?
Et ce plancher, ces murs, si fortement construits,
Malgré leur épaisseur on les mine peut-être,
Et par eux jusqu'ici la trahison pénètre.
— Maudit emploi! garder cet esprit infernal,
Cette femme rusée et qui couve le mal!
Je ne dors pas; la peur hors de mon lit me jette;
Je vais, pendant la nuit, comme une âme inquiète,
Voir si chaque verrou ferme avec sûreté,
Si chaque gardien veille avec fidélité,
Et quand le jour paraît, je tremble qu'il ne vienne
Prouver que tant de peur chez moi n'était pas vaine.
Grâce à Dieu! nous touchons au bout; j'en ai l'espoir.
Aux portes de l'enfer j'aimerais mieux me voir,
Gardant les condamnés aux éternels supplices,
Qu'en ces murs cette reine au cœur plein d'artifices.

ANNA.

Sir Paulet! la voici.

PAULET.

Le crucifix en mains;
Mais, dans le cœur, l'orgueil et les désirs mondains.

SCÈNE II.

LES PRÉCÉDENTS, MARIE, en voile et un crucifix à la main.

ANNA, allant vivement à sa rencontre :

Reine, on nous foule aux pieds; leur conduite si dure,
Leur cruauté, pour nous sort de toute mesure.
Il faut que chaque jour, sur votre royal front,
Revienne accumuler la douleur et l'affront!

MARIE.

Calme-toi... Qu'est-ce encor?

ANNA.

Voyez! par violence
Il a fouillé ce meuble; il tient en sa puissance
Vos écrits et le seul trésor par vous sauvé,
Ce que, péniblement, vous aviez conservé
Des joyaux dont en vous la France orna sa reine :
On ne vous a laissé rien de la souveraine!

MARIE.

Anna, rassure-toi : ces futiles atours
Ne font point une reine, et je le suis toujours.
On peut humilier la reine prisonnière;

La dégrader, jamais! Je suis, par l'Angleterre,
Je suis accoutumée à supporter beaucoup,
Et j'endurerai bien encor ce dernier coup.
— Ce que vous m'avez pris, j'allais vous le remettre,
Sir : parmi ces papiers il existe une lettre
Que j'avais destinée à ma royale sœur.
Vous la lui donnerez? Jurez-le sur l'honneur!
Cette lettre, à la reine elle-même livrée,
Au perfide Burleigh ne sera pas montrée?

PAULET.

J'y réfléchirai.

MARIE.

   Sir, en voici la teneur.
J'y demande à la reine une grande faveur :
Je désire avec elle avoir une entrevue;
Avec Élisabeth que je n'ai jamais vue.
Dans les juges auxquels on osa me livrer,
Je ne puis voir mes pairs, je ne puis espérer.
Nous avons, elle et moi, même royale race;
Notre rang, notre sexe en égales nous place;
A la reine elle seule, à la femme, à la sœur,
Je puis m'ouvrir.

PAULET.

   Souvent, votre sort, votre honneur,
Vous les avez remis à des hommes, madame,
Dignes moins que ceux-là d'estime.

MARIE.

     Je réclame
Une autre grâce encore; il serait inhumain

De me dire qu'elle est sollicitée en vain :
Au fond de la prison où l'on me tient captive,
D'un prêtre jusqu'à moi jamais la voix n'arrive,
Et de nos sacrements le bienfait m'est ôté.
Celle qui m'a ravi couronne et liberté,
Qui va jusqu'à vouloir attenter à ma vie,
De me fermer le ciel ne peut avoir envie.

PAULET.

A se rendre à vos vœux le doyen est tout prêt...

MARIE, l'interrompant vivement :

Je n'en veux pas ! je veux un prêtre, sir Paulet;
De mon Église, à moi. — Puis, je veux des notaires
A qui pouvoir dicter mes volontés dernières.
Les chagrins, les douleurs de la captivité
Minent mes jours; le temps, je le crains, m'est compté;
Déjà je ne vois plus en moi qu'une mourante.

PAULET.

Vous faites bien, madame : elle vous est séante
La disposition où je vous vois.

MARIE.

              Qui sait?
Peut-être du chagrin hâtera-t-on l'effet :
Il ne faut pour cela qu'une main un peu preste.
Je veux donc disposer, dans le temps qui me reste,
De ce qui m'appartient.

PAULET.

              Vous en avez pouvoir.

La reine d'Angleterre est très-loin de vouloir
S'enrichir de vos biens.

MARIE.

Mes serviteurs fidèles,
Mes femmes, dont on m'a séparée, où sont-elles ?
Quel est leur sort ? Je puis me passer de leurs soins,
Mais sur ces bons amis rassurez-moi du moins :
N'ont-ils à supporter ni tourments, ni misère ?

PAULET.

On a fait pour chacun tout ce qu'il fallait faire.
(Il veut sortir.)

MARIE.

Vous partez ? et toujours vous me laissez ici,
Sans ôter à mon cœur, par l'angoisse saisi,
Ce que l'incertitude ajoute à sa souffrance ?
De l'univers entier, par votre surveillance,
Vous me séparez, sir ; jamais aucun avis,
A travers tous ces murs, jusqu'à moi n'est transmis.
Je vois mon sort aux mains de cruels adversaires :
Un mois bien long passé, quarante commissaires
Sont venus, tout à coup, au fond de ce château,
Former un tribunal étrange, tout nouveau.
De leur empressement l'inconvenance est rare...
Sans être préparée, appelée à leur barre,
Sans défenseur, j'ai dû devant eux discuter
Tous les faits odieux qu'on ose m'imputer ;
Une accusation avec art calculée ;
Moi, par elle surprise et par elle troublée,
Qu'on pressait de répondre, et ne pouvant fournir,

Pour me justifier, que mon seul souvenir!
Ils étaient arrivés comme sont des fantômes,
Et comme tels encore ont disparu ces hommes.
Depuis, chacun pour moi reste silencieux.
Je cherche vainement à lire dans vos yeux
Ce qui doit l'emporter, ou de mon innocence,
Du zèle des amis qui prennent ma défense,
Ou des conseils donnés pour me perdre. — Allons! sir,
De votre long silence il faut enfin sortir :
Que dois-je craindre? ou bien, que faut-il que j'espère?

PAULET, *après un moment de silence:*

A rendre compte à Dieu préparez-vous.

MARIE.
     Entière
Est ma foi dans sa grâce. — Et j'espère, ici-bas,
Trouver stricte justice aussi.

PAULET.
      N'en doutez pas.

MARIE.
Déjà dans mon procès la sentence est donnée?

PAULET.
Je l'ignore, madame.

MARIE.
    Et... suis-je condamnée?

PAULET.
Je ne sais.

MARIE.

En besogne on marche vite ici :
Le bourreau tombe-t-il à l'improviste aussi?
Comme les juges, sir?

PAULET.

Songez toujours, madame,
Qu'il peut venir de même ; il trouvera votre âme
Dans un état meilleur.

MARIE.

Rien ne m'étonnera,
Alors qu'à Westminster mon sort s'agitera,
De juges inspirés par le zèle et la haine
D'un Burleigh, d'un Hatton [1]. — Et puis, sir, votre reine?
Je sais jusqu'où l'audace en elle peut monter.

PAULET.

Les souverains anglais n'ont rien à redouter,
Madame, si ce n'est, d'abord, leur conscience,
Leur Parlement ensuite. Attendons la sentence,
Et ce que la justice, alors, ordonnera,
Sans crainte, aux yeux de tous, le pouvoir le fera.

SCÈNE III.

LES PRÉCÉDENTS, MORTIMER, qui, sans faire attention
à la reine, s'approche de Paulet.

MORTIMER.

Mon oncle, on vous demande.

(Il se retire de même ; la reine le remarque avec mécontentement
et s'adresse à Paulet, qui veut le suivre.)

1. Hatton était l'un des vice-chambellans d'Élisabeth.

MARIE.

                          Encore une prière,
Sir; il est des façons que de vous je tolère
Par égard pour votre âge. Il n'en peut être ainsi
De ce jeune insolent qui vient d'entrer ici;
Épargnez-moi l'aspect de sa rudesse extrême.

PAULET.

C'est pour ce qui dans lui vous déplaît que je l'aime.
Sans doute, ce n'est point un de ces insensés
Qui se prennent aux pleurs qu'une femme a versés.
Il a vu Paris, Reims, et de France rapporte,
Madame, un cœur anglais trempé de bonne sorte;
Avec lui tout votre art vous est d'un vain secours.

                                          Il sort.

SCÈNE IV.

MARIE, ANNA.

ANNA.

De cet homme grossier, en face, ces discours!
C'est cruel!

        MARIE, plongée dans ses réflexions:

                  Nous avons, dans nos heures heureuses,
Ouï complaisamment les paroles flatteuses;
A présent, il est juste, Anna, de supporter
Les reproches amers qu'on nous fait écouter.

ANNA.

Eh quoi! vous, abattue, humble, ma chère reine?
Vous, joyeuse autrefois? qui consoliez ma peine?

Vous, en qui j'ai souvent appelé de mes vœux,
Et moins d'insouciance, et plus de sérieux?

MARIE.

C'est bien lui! De Darnley c'est l'ombre vengeresse,
Qui, sanglante, en courroux, hors du tombeau se dresse,
Et ne me laissera goûter aucun repos,
Avant que je n'atteigne au comble de mes maux!

ANNA.

Pourquoi de tels pensers?

MARIE.

A toi, rien ne rappelle,
— Mais, par malheur, Anna, ma mémoire est fidèle. —
Que de l'acte fatal et de son triste jour,
Voici l'anniversaire, aujourd'hui, de retour :
Par jeûne et repentir c'est lui que je célèbre.

ANNA.

Renvoyez au repos ce fantôme funèbre!
Des ans de repentir, des maux accumulés,
Ont racheté, pour vous, ce fait dont vous parlez.
Pour toute faute il est un pardon dans l'Église :
La vôtre, elle et le ciel vous l'ont déjà remise.

MARIE.

Quoique depuis longtemps pardonnée, elle sort
En fantôme saignant du cercueil de ce mort.
Pour la cacher, Anna, la tombe est trop légère.
La cloche que l'enfant, durant le saint Mystère,
Fait retentir, debout aux degrés de l'autel,
Ni l'hostie élevée au moment solennel,

Ne saurait renvoyer au sépulcre, au silence,
Le spectre d'un époux qui demande vengeance.

ANNA.

Ce n'est pas de vos mains qu'il a reçu la mort;
D'autres ont fait le coup.

MARIE.

Oui, mais j'étais d'accord;
Je savais le complot et j'ai permis le crime.
Mes caresses au piége ont mené la victime.

ANNA.

Votre âge à cette faute ôtait sa gravité :
Au printemps de vos jours...

MARIE.

Justement : j'ai jeté
Tout ce poids sur ma vie à peine commencée!

ANNA.

Par un affront sanglant n'étiez-vous pas blessée?
Cet orgueil qu'il osait afficher envers vous
Avait dû provoquer votre juste courroux.
Cependant, votre amour, qu'il payait d'insolence,
A lui s'était montré comme une Providence :
Vous l'aviez fait sortir de son obscurité;
Par votre hymen, au trône il s'était vu porté;
Heureux de posséder l'épouse la plus belle,
Heureux de partager la couronne avec elle,
Devait-il oublier qu'un amour généreux,
Seul, avait pu lui faire un sort si glorieux?

Il l'oublia pourtant, l'indigne! Sa rudesse,
Ses soupçons, d'une épouse outrageaient la tendresse,
Et bientôt son aspect vous devint odieux.
Un charme, trop longtemps, avait trompé vos yeux :
Il cessa. C'est alors que, dans votre colère,
A ses embrassements vous dûtes vous soustraire,
Et l'infâme n'eut plus de vous que le mépris.
Pour rentrer en faveur, lui, qu'a-t-il entrepris?
A-t-il demandé grâce? A-t-il, l'âme contrite,
Fait promesse à vos pieds de changer de conduite?
Non! il vous a bravée, et vous, et votre rang.
Lui, votre créature, il fut votre tyran.
Il voulut, sous vos yeux, cet homme abominable,
La mort du beau Riccio, de ce chanteur aimable,
De votre favori. — Par un juste retour,
Un meurtre a vengé l'autre.

MARIE.

Un troisième, à son tour,
Viendra, pour le second, de moi tirer vengeance :
Tes consolations prononcent ma sentence.

ANNA.

Vous n'étiez pas à vous quand se fit l'action :
Vous subissiez alors l'aveugle passion
Qu'un fatal séducteur vous avait inspirée.
Au terrible Bothwell tout entière livrée,
Pouviez-vous résister au joug qu'insolemment
Faisait peser sur vous ce redoutable amant?
Par des philtres, des sorts que l'enfer seul inspire,
Il avait dans vos sens allumé ce délire.

MARIE.

Pour unique magie il eut sa volonté,
Et ma faiblesse.

ANNA.

Non! dis-je; s'il a jeté
A votre esprit si sain un charme si funeste,
Si vous pûtes tomber dans ses rets, je l'atteste,
C'est que cet homme avait à son aide appelé
Tous les mauvais Esprits dont l'enfer est peuplé.
Vous n'aviez plus alors d'oreille pour entendre
Ce que vous conseillait mon amitié si tendre.
Dans votre égarement, vous ne vouliez rien voir
De ce que la décence érigeait en devoir.
La pudeur vous avait retiré sa parure;
Des seuls feux du désir brillait votre figure,
Qu'une rougeur modeste autrefois animait;
Plus de timidité : l'homme qui vous charmait,
Sous son vice effronté bientôt l'avait fait taire;
Vous aviez rejeté le voile du mystère;
Vous mettiez hardiment votre honte au grand jour :
Vous avez pu souffrir que, dans tout Édimbourg,
Cet homme, dont la main de sang était trempée,
D'Écosse osât porter, lui ! la royale épée;
Qu'il marchât devant vous comme un triomphateur,
Quand du peuple indigné l'accueillait la clameur.
De votre Parlement faisant garder l'entrée,
Vous vous êtes, ainsi, des juges assurée,
Et dans le temple même où la justice aurait
En toute liberté dû rendre son arrêt,
Par une comédie indigne, abominable,

Vous les avez contraints d'absoudre le coupable.
Mais vous êtes allée encor plus loin... O ciel!...

MARIE.

Achève : Il a reçu ma main devant l'autel!

ANNA.

Oh! silence éternel sur cet acte, madame!
Acte affreux, révoltant, et digne d'une femme
Perdue entièrement! — Vous ne fûtes jamais
Une femme perdue; oh! non, je vous connais :
C'est moi qui de mes soins entourai votre enfance;
J'ai du cœur de ma reine entière expérience;
S'il est faible, il n'a point banni toute pudeur;
Votre légèreté fait tout votre malheur.
— Je vous l'ai déjà dit : la nature est livrée
A des Esprits méchants, qui, trouvant libre entrée
Dans des cœurs sans défense, y font le mal un jour,
Puis, fuyant aussitôt vers l'infernal séjour,
De leur passage impur laissent l'âme salie.
— Depuis l'acte fatal qui noircit votre vie,
Vous n'avez plus commis de coupable action;
Je puis certifier votre conversion.
— Courage! avec vous-même en paix rentrez, madame.
Quel que soit le remords qui tourmente votre âme,
Du fait qui l'a causé vous ne sauriez jamais
Rendre compte devant un tribunal anglais.
Le droit de vous juger n'appartient à personne.
La reine Élisabeth n'a rien qui le lui donne;
Son Parlement, non plus. Mais, dans cette prison,
De vous la violence entend avoir raison.

Que ce juge illégal vous voie en sa présence,
Dans le calme maintien que donne l'innocence.

MARIE.

Qui vient là?

(Mortimer se montre à la porte.)

ANNA.

Le neveu de sir Paulet. — Rentrez!

SCÈNE V.

LES PRÉCÉDENTS, MORTIMER, s'avançant avec précaution.

MORTIMER, à Anna :

Allez à cette porte et vous y veillerez :
J'ai besoin de parler à la reine.

MARIE, avec dignité :

Anna, reste!

MORTIMER.

Madame, point de peur : ce papier vous atteste...
Vous allez me connaître.

(Il lui remet un papier.)

MARIE regarde le papier et recule de surprise.

Oh! ciel!

MORTIMER, à Anna :

Allez, Anna;
Gardez que sir Paulet ne nous surprenne.

MARIE, à Anna, qui hésite et du regard interroge la reine :

Va !
Va ! fais ce qu'il te dit !

(Anna s'éloigne, en donnant des marques d'étonnement.)

SCÈNE VI.

MORTIMER, MARIE.

MARIE.

Du cardinal ! De France !
(Elle lit.)
« Mettez dans Mortimer entière confiance ;
« Vous n'avez pas d'ami plus fidèle aujourd'hui
« Dans toute l'Angleterre. »
(Elle regarde Mortimer avec surprise.)
Est-il possible ? Lui... ?
A quelque illusion ne suis-je pas en proie ?
Un ami ? Près de moi ? Recevoir cette joie,
Quand je devais penser que l'univers entier
M'abandonnait ! — Quoi ! vous ? neveu de mon geôlier,
Vous, jeune homme, dans qui je me croyais certaine
D'avoir le plus cruel de mes ennemis ?

MORTIMER, se jetant à ses pieds :

Reine,
Pardon d'être venu sous ce masque abhorré.
Il m'en coûtait beaucoup ; mais que je lui sais gré !
C'est à lui que je dois d'être en votre présence,
Pour vous porter secours ; pour votre délivrance !

MARIE.

Levez-vous, sir. J'éprouve un grand saisissement.
Je ne puis à l'espoir passer, en un moment,
Du fond de ma misère. Il me faut vous entendre :
Pour croire à ce bonheur, faites-le-moi comprendre.

MORTIMER, se relevant :

Le temps fuit; profitons de moments précieux :
Mon oncle va venir, reine; — un homme odieux
Jusqu'ici l'accompagne. — Avant que vous surprenne
Le terrible mandat qui tous deux les amène,
Connaissez les moyens que, pour vous délivrer,
Le ciel, dans sa bonté, daigna vous préparer.

MARIE.

Un miracle opéré par sa toute-puissance!

MORTIMER.

En vous parlant de moi souffrez que je commence.

MARIE.

J'écoute, sir.

MORTIMER.

J'étais à vingt ans arrivé;
Dans d'austères devoirs on m'avait élevé;
Du papisme surtout j'avais sucé la haine,
Quand vers le continent, par une ardeur soudaine,
L'invincible désir de curiosité,
Madame, je sentis que j'étais emporté.
Laissant derrière moi la pesante atmosphère

Des prêches puritains, je quittai l'Angleterre.
Je ne fis que passer en France; tous mes vœux
Précipitaient mes pas vers un pays fameux :
L'Italie !... On était à l'époque où s'apprête,
Pour l'univers chrétien, la plus splendide fête :
Tout le pays s'était couvert de pèlerins;
Des fleurs ornaient les Christ sur le bord des chemins;
Toute l'humanité, dans ce pèlerinage,
Semblait avoir du ciel entrepris le voyage.
Moi-même, par ce flot de croyants enlevé,
Devant les murs de Rome avec lui j'arrivai.
— Mais que devins-je, alors que je fus en présence
De tous ses monuments, de sa magnificence!
Ces colonnes, ces arcs, travaux prodigieux,
L'éclat du Colisée éblouissant mes yeux,
Et le monde des arts qui m'ouvrait son domaine
Merveilleux et riant... C'était magique, reine!
J'avais toujours des arts ignoré le pouvoir :
L'Église où je suis né ne veut rien leur devoir;
Rien pour charmer les sens, chez elle; point d'image;
La parole sans corps a seule son hommage.
Que devins-je bientôt, à voir l'intérieur
Des églises de Rome et leur sainte splendeur!
Alors que leur musique à moi se fit entendre
En sons qui du ciel seul semblaient pouvoir descendre!
Que leurs voûtes faisaient comme jaillir aux yeux
De ciseaux immortels les chefs-d'œuvre nombreux!
Tout ce qu'a l'univers de plus beau, de sublime,
Devant les sens ravis, là, s'étale et s'anime.
Oh! quelle émotion et quels transports soudains,
Quand je pus contempler jusqu'aux êtres divins :

L'ange annonciateur, et la Vierge Marie,
Et le Sauveur, naissant dans une hôtellerie,
La Trinité, du ciel à nos yeux descendant,
Et Christ transfiguré, de lumière éclatant!
Que devins-je au moment où je vis le Saint-Père,
Dans un jour solennel, bénir toute la terre!...
Sous l'or, sous les joyaux dont on les voit parés,
De quel éclat mesquin les rois sont entourés!
En lui seul un éclat divin se manifeste;
Son palais est vraiment le royaume céleste;
Ces grandeurs ne sont point des grandeurs d'ici-bas.

MARIE.

Arrêtez! Par pitié pour moi, n'achevez pas!
Ce tableau si brillant fait voir à ma misère
La liberté, la vie, et je suis prisonnière!

MORTIMER.

J'étais aussi captif; mais ma prison s'ouvrit.
Je sentis tout à coup s'affranchir mon esprit;
Il salua bientôt les beaux jours de la vie.
Un livre avait tenu ma raison asservie
Sous les étroites lois de dogmes ténébreux:
Il eut ma haine. Alors, libre de tristes nœuds,
Et le front ceint de fleurs après ma vie austère,
Je me mêlai, joyeux, aux heureux de la terre.
Je vis se joindre à moi des nobles Écossais,
Et tout le jeune essaim des aimables Français.
C'est alors que j'obtins, grâce à leur entremise,
L'honneur de m'approcher du cardinal de Guise:
Quel éclat! quelle force! Il est né pour avoir

Sur l'esprit des mortels un absolu pouvoir.
C'est un prélat royal : nul autre ne révèle
D'un prince de l'Église un plus parfait modèle.

MARIE.

Vous l'avez vu cet homme illustre, vénéré,
Pour qui d'affection mon cœur est pénétré !
Lui qui servit de guide à ma première enfance !
Oh ! de moi, n'est-ce pas, il garde souvenance?
Il est heureux? Sa vie est toujours belle? En lui
L'Église a conservé son glorieux appui?

MORTIMER.

Dans sa mansuétude, il a daigné descendre
A m'exposer lui-même, à me faire comprendre,
Pour dissiper le doute où s'agitait mon cœur,
Des dogmes de la foi la sublime grandeur.
Il a su me prouver que la raison humaine,
Par ses raffinements, à l'erreur seule mène ;
Que l'homme par les yeux doit arriver à voir
Tout ce que croit son cœur; qu'il est besoin d'avoir
Un chef visible à qui puisse obéir l'Église ;
Qu'en sondant les Décrets auxquels elle est soumise,
Ses Pères ont reçu l'esprit de vérité...
Devant tant d'éloquence et de sagacité,
Que vite je sentis s'évanouir, madame,
Les rêves dont, enfant, on nourrissait mon âme !
Abjurant du passé l'erreur entre ses mains,
Dans le sein de l'Église aussitôt je revins.

MARIE.

Sa parole, que Dieu de sa force accompagne,

Comme il l'avait donnée au Christ sur la montagne,
Dans des milliers de cœurs a déjà pénétré,
Et le salut à tous par elle est assuré.
Je vois l'un des mortels qui la purent entendre !

MORTIMER.

Lorsque, bientôt après, en France il dut se rendre,
A Reims il m'envoya. Là, dans sa piété,
On sait que de Jésus l'humble Société
Met ses soins à former pour le saint ministère
Les prêtres que reçoit l'Église d'Angleterre.
Là, je trouvai Morgan ; Lesley, que vous savez
Fidèle ami parmi tous ceux que vous avez,
Cet évêque de Ross, fameux par sa science.
Ils passent tous les deux, sur la terre de France,
Les tristes jours d'exil. A ces dignes amis,
Par des liens étroits promptement je m'unis,
Et, dans leurs entretiens, ma croyance nouvelle
Sentit qu'elle puisait plus de force et de zèle.
— Chez l'évêque de Ross je me trouvais un jour ;
De son appartement mes yeux faisaient le tour,
Lorsque, subitement, sur un portrait de femme
D'un charme inexprimable, ils s'arrêtent, madame :
Je me sens remué jusques au fond du cœur ;
De cette émotion je ne suis pas vainqueur.
L'évêque la remarque et dit : « A cette vue,
« Vous pouvez à bon droit vous sentir l'âme émue :
« La femme dont l'image est reproduite ici,
« La plus belle du monde, en est, hélas ! aussi
« La plus infortunée ; et, pour notre croyance,
« Elle souffre au pays qui vous donna naissance. »

MARIE.

Le noble cœur! Oh! non, tout ne m'est pas ôté,
Puisque dans mon malheur cet ami m'est resté!

MORTIMER.

Puis, avec des accents qui me pénétraient l'âme,
Le saint prélat poursuit en me disant, madame,
Et quels affreux malheurs vous avez supportés,
Et de vos ennemis toutes les cruautés,
Et de votre maison la généalogie,
Les illustres Tudors dont vous êtes sortie.
Au trône d'Angleterre, ensuite, il me fait voir
Que seule vous avez le droit de vous asseoir,
Et non l'usurpatrice, enfant de l'adultère,
Que déclara bâtarde et repoussa son père.
— Mais sa parole était encor trop peu pour moi;
Je courus consulter les experts dans la loi;
On me vit feuilletant les antiques annales,
Qui gardent les blasons de nos races royales.
Partout où mon désir curieux se portait,
La force de vos droits tout entière éclatait,
Et je sais, maintenant, qu'un titre légitime
Au trône d'Angleterre est votre unique crime;
Que ce royaume enfin, reine, où sous les verrous
Innocente on vous tient, ce royaume est à vous.

MARIE.

Oh! ce malheureux droit au trône d'Angleterre!
Il est cause à lui seul de toute ma misère.

MORTIMER.

Et puis, quand j'eus reçu l'avis, presque aussitôt,

Qu'on ne vous gardait plus au château de Talbot,
Mais que mon oncle, ici, vous tenait prisonnière,
Ce fut pour mon esprit comme un trait de lumière,
Comme un signe certain des volontés du ciel :
Il voulait vous sauver ; il m'adressait appel,
Et, faisant un miracle en sa toute-puissance,
Avait choisi mon bras pour votre délivrance !
— Ma résolution réjouit mes amis.
Le cardinal m'aida de ses sages avis,
Et de dissimuler m'apprit l'art difficile.
Au moment où je dus quitter la sainte ville,
Il me bénit. — Mon plan fut bientôt fait. — Enfin,
Je pus de mon pays reprendre le chemin.
— Vous savez depuis quand j'ai revu ce rivage. —

(Il s'arrête.)

Et je vous vis ! Vous-même, et non plus votre image !...
Quel trésor dans ces murs ! — Les dire une prison !
Ah ! c'est les profaner que leur donner ce nom.
Ces murs ? ils sont un temple à divine lumière ;
Plus rempli de splendeur que la cour d'Angleterre !
Heureux, heureux celui dont les sens enivrés
Respirent avec vous l'air que vous respirez !...
— Et que bien prudemment elle agit cette femme,
Qui prend un si grand soin de vous cacher, madame !
Ah ! du royaume anglais, de l'un à l'autre bout,
La jeunesse serait en un moment debout ;
Nul glaive qu'au fourreau l'indifférence arrête ;
La révolte, dressant sa gigantesque tête,
De cette île, bientôt, viendrait troubler la paix,
Si vous apparaissiez aux yeux du peuple anglais,
Vous, sa reine !

MARIE.

Hélas! sir, que n'est-elle certaine
Que chaque Anglais la vît par vos yeux, cette reine!

MORTIMER.

S'ils pouvaient comme moi voir tout votre malheur,
La noble fermeté, la constante douceur
Qu'au sort que vous souffrez sait opposer votre âme!
Chaque épreuve est pour vous un triomphe, madame;
Vous en sortez en reine, et de votre beauté
L'outrage du cachot ne vous a rien ôté!
Sans rien de ce qui fait que la vie est parée,
De vie et de splendeur vous êtes entourée!
Je ne viens pas au seuil de votre appartement,
Sans qu'à vous voir mon cœur soit, au même moment,
Transporté de plaisir, déchiré de souffrance...!
— Mais, l'heure décisive et terrible s'avance.
Je sais que le danger croît à tous les instants,
Madame. Je ne puis différer plus longtemps...
Quelque affreux que ce soit... oui... je dois vous
apprendre...

MARIE.

Mon arrêt? Achevez! Je suis prête à l'entendre.

MORTIMER.

Vos juges ont déjà décidé votre sort.
Les quarante-deux voix ont prononcé d'accord.
Lords, Communes, Cité, dans leur impatience,
Hâtent de leurs efforts l'effet de la sentence.
La seule Élisabeth retarde ce moment,
Non par humanité, non par ménagement,

Mais parce qu'elle emploie une odieuse feinte,
Et dans sa cruauté veut paraître contrainte.

MARIE, avec fermeté.

Sir Mortimer, l'avis que de vous je reçoi
Ne saurait m'étonner, ni me causer d'effroi :
J'étais depuis longtemps préparée à l'entendre ;
De mes juges je sais ce qu'on pouvait attendre.
Je sens, après les maux qu'il m'a fallu souffrir,
Qu'à me renvoyer libre on ne peut consentir.
Je vois, bien clairement, à quel parti l'on songe :
Au fond d'une prison pour toujours on me plonge ;
Dans la nuit du cachot ils veulent à la fois
Ensevelir Stuart, sa vengeance et ses droits.

MORTIMER.

Non, madame ; oh ! non, non ! ils veulent davantage.
La tyrannie entend achever son ouvrage.
Au cœur d'Élisabeth la terreur restera
Tant que sa prisonnière au monde comptera.
A ses yeux, nul cachot qui remplace une tombe :
Son trône est affermi si votre tête tombe.

MARIE.

Une tête royale? Elle la livrerait
A l'infamant billot? Elle?

MORTIMER.

    Elle l'oserait.
Il n'en faut pas douter.

MARIE

    Traîner dans la poussière

La majesté des rois? La sienne la première?
Sans craindre que de France on me venge?

MORTIMER.
                        A jamais
Voici qu'avec la France elle a signé la paix,
Donnant au duc d'Anjou sa main et sa couronne.

MARIE.
N'ai-je pas à compter sur Philippe[1]?

MORTIMER.
                        Personne
Dans l'univers armé ne la fera trembler,
Si du sein du pays rien ne vient la troubler.

MARIE.
Ce spectacle aux Anglais?

MORTIMER.
                    N'ont-ils pas vu, madame,
Du trône à l'échafaud passer plus d'une femme?
Ces temps-là ne sont pas bien loin de nous. Boleyn
Elle-même, sa mère, a suivi ce chemin.
De Catherine Howard ce fut la destinée.
Et lady Gray, madame? elle était couronnée!

MARIE, après un moment de silence:
Non, une vaine peur, qui peut vous aveugler,
Votre fidélité trop prompte à se troubler,

---

1. Philippe II, qui, en Espagne, où ils s'étaient réfugiés, subventionnait de nombreux partisans de Marie Stuart, et lui avait fait promettre d'armer pour elle.

Sont cause des terreurs dont votre âme est atteinte.
Ce n'est pas l'échafaud qui doit causer ma crainte ;
Non, non ! pour écarter des droits tels que les miens,
Pour assurer sa paix, il est d'autres moyens,
Plus secrets, que connaît la reine d'Angleterre.
Avant que le bourreau soit requis, elle espère
Qu'un assassin sera facile à soudoyer.
Voilà, sir Mortimer, ce qui peut m'effrayer ;
Et la coupe jamais vers mes lèvres n'incline
Sans que j'aie un frisson et sans que j'imagine
Qu'elle va me donner, au fond de sa liqueur,
Un gage non douteux de l'amour de ma sœur.

MORTIMER.

Vous n'avez pas à craindre une main meurtrière ;
A frapper au grand jour, ou bien dans le mystère,
Désormais c'est en vain qu'on la disposerait ;
Pour vous en préserver, madame, tout est prêt :
Douze jeunes Anglais, pris parmi la noblesse,
A moi se sont liés d'une sainte promesse ;
Ils ont, pour que le pacte en fût plus solennel,
Reçu le Sacrement, ce matin, à l'autel.
Ils mettront leur courage à votre délivrance.
Nous avons pour appui l'ambassadeur de France,
Et nous tenons conseil dans son palais.

MARIE.

                Ah ! sir,
Vous me faites trembler, mais non pas de plaisir.
De noirs pressentiments m'agitent. L'entreprise
Que vous formez pour moi, l'avez-vous bien comprise ?
Vous n'avez donc pas vu quel avertissement

Le pont de Londre expose aux yeux en ce moment?
Babington et Tishburn, ces deux sanglantes têtes,
Ne sont pas un obstacle aux projets que vous faites?
Vous n'êtes pas non plus effrayé par le sort
De tant d'infortunés qu'ont menés à la mort
De semblables desseins? Leurs tentatives vaines
N'ont eu pour résultat que d'alourdir mes chaînes.
Malheureux insensé! fuyez! Un prompt départ
Peut seul sauver vos jours, s'il n'est déjà trop tard,
Si l'espion Burleigh du complot n'est pas maître,
Et déjà parmi vous n'a pas glissé le traître.
Oh! bien vite, quittez ce royaume! Tous ceux
Qui furent mes soutiens ont été malheureux!

MORTIMER.

Cet avertissement, ces deux sanglantes têtes,
Ne sont pas un obstacle à des mesures prêtes;
Je ne suis pas non plus effrayé par le sort
De qui, pour vous sauver, brava, reçut la mort.
Un honneur éternel sera sa récompense;
Heureux déjà qui meurt pour votre délivrance!

MARIE.

Sacrifice inutile! On ne peut espérer,
Par force ni par ruse, un jour me délivrer;
Je sais mes ennemis trop pleins de vigilance;
Ils ont entre les mains la force et la puissance.
Il n'est pas que Paulet et mes gardiens nombreux
Qu'on ait sur ma prison chargés d'avoir les yeux;
Non, toute l'Angleterre en surveille la porte.
La seule Élisabeth peut faire que j'en sorte.

ACTE I. — SCÈNE VI.

MORTIMER.

Oh! ne l'espérez pas!

MARIE.

Il est un homme, sir,
Un seul homme par qui ma prison peut s'ouvrir.

MORTIMER.

Son nom?

MARIE.

Leicester.

MORTIMER, reculant avec surprise.

Lui! Leicester, dont la haine
Vous poursuit? Leicester, favori de la reine?
C'est de lui...?

MARIE.

Si quelqu'un peut encor me sauver,
C'est le comte; lui seul, sir. Allez le trouver;
A lui confiez-vous, et, comme témoignage
Que c'est réellement de moi qu'est le message,
Donnez-lui cet écrit. Il contient mon portrait.

(Elle tire un papier de son sein; Mortimer recule et hésite à le prendre.)

Prenez! Depuis longtemps déjà je le tiens prêt.
Votre oncle à mon égard use de surveillance
A m'ôter tous moyens d'une correspondance :
Par mon bon ange ici vous fûtes appelé.

MORTIMER.

Reine, c'est une énigme. — Il m'en faudrait la clé.

MARIE.

Du comte attendez-la. Que de vous il obtienne
Entière confiance, et vous aurez la sienne.
— Qui s'approche?

ANNA, entrant précipitamment:

Voici, madame, sir Paulet
Et quelqu'un de la cour.

MORTIMER.

Reine, c'est lord Burleigh...
Demeurez calme; il faut que vous puissiez entendre,
Sans vous en émouvoir, ce qu'il vient vous apprendre.
(Il sort par une porte latérale. Anna le suit.)

SCÈNE VII.

MARIE. BURLEIGH. PAULET.

PAULET.

Vous vouliez aujourd'hui connaître votre sort:
Vous allez le savoir en écoutant milord.
Il faut vous y soumettre.

MARIE.

Et, j'en ai l'espérance,
Avec la dignité qui sied à l'innocence.

BURLEIGH.

Du tribunal je suis l'envoyé.

MARIE.

Lord Burleigh,

Qui prêta sa pensée à mes juges, se plaît
A leur prêter encore, ici, son éloquence.

PAULET.

On dirait que déjà vous savez la sentence.

MARIE.

Quand je vois lord Burleigh venir me l'apporter,
De ce qu'elle contient je ne puis point douter.
 — Au fait, sir !

BURLEIGH.

Vous avez, madame, à la sentence
Que les quarante-deux rendraient, souscrit d'avance....

MARIE.

Pardonnez-moi, milord ; dès le commencement
Je dois vous arrêter : c'est moi qu'au jugement
De vos quarante-deux, — vous venez de le dire, —
C'est moi qu'on aurait vue, et d'avance, souscrire ?
Non, je ne l'ai pas fait ; je ne le pouvais point.
Ma dignité n'a pu s'immoler à ce point.
A celle de mon peuple et de mon fils, à celle
De tous les rois, c'est moi qu'on verrait infidèle ?
La loi de l'Angleterre a toujours exigé
Qu'un accusé, milord, par ses pairs fût jugé,
Et dans ce tribunal où j'ai dû comparaître,
Je ne vois pas les miens. Des rois seuls peuvent l'être.

BURLEIGH.

De l'accusation vous avez entendu
Les griefs. Sur chacun vous avez répondu.

MARIE.

Oui, Hatton m'a conduite, en employant la ruse,
A discuter chacun des faits dont on m'accuse,
A vouloir en prouver toute la fausseté.
J'ai consenti, milord, mais pour ma dignité,
Mais parce que je sais la force triomphante
Des preuves que j'avais pour me dire innocente;
Et la concession que je faisais alors
Était uniquement par égard pour les lords;
J'entendais honorer seulement leur personne,
Mais je récuse en eux les juges qu'on me donne.

BURLEIGH.

La récusation serait un vain recours.
La justice ne peut en souffrir dans son cours...
L'air que vous respirez est l'air de l'Angleterre,
Vous y trouvez des lois le bienfait tutélaire;
Par un juste retour, madame, faites voir
Que vous êtes aussi soumise à leur pouvoir.

MARIE.

Milord, l'air que me fait respirer l'Angleterre
Est l'air d'une prison; car, je suis prisonnière.
Eh bien? en Angleterre est-ce vivre en effet?
Des lois dont vous parlez est-ce là le bienfait?
Vos lois, c'est tout au plus, si je puis les connaître.
Ai-je donc consenti jamais à m'y soumettre?
Comme sujette anglaise ai-je jamais compté?
Je suis reine d'États où j'ai ma liberté!

BURLEIGH.

Et vous pensez qu'ici ce titre vous protége

A ce point qu'il vous ait donné le privilége
De semer, au milieu d'une autre nation,
Impunément, les maux de la désunion ?
Le salut des États serait une chimère,
Si Thémis ne portait, également sévère,
Au coupable royal des coups tout aussi sûrs
Que ceux dont elle atteint les criminels obscurs.

MARIE.

Je veux bien m'expliquer sur ce dont on m'accuse ;
Ce sont les juges seuls, milord, que je récuse.

BURLEIGH.

Les juges ! Est-ce donc qu'ils sont des réprouvés ?
Que dans la populace on les aurait trouvés ?
Des gens chez qui le cœur serait plein d'artifice ?
Vendeurs de vérité ? trafiquants de justice ?
Qui, se vendant aussi, pourraient, honteusement,
D'un pouvoir oppresseur se faire l'instrument ?
Ces hommes, du pays ne sont-ils pas l'élite ?
Assez indépendants pour qu'aucun d'eux n'hésite
A dire, s'il le faut, toute la vérité,
Sans par la peur des rois jamais être arrêté ?
Trop hauts pour n'être pas bien au-dessus du monde
Où le vil corrupteur lève sa tête immonde ?
Le noble peuple anglais, sous leur autorité,
N'est-il pas sûr d'avoir justice et liberté ?
Des noms comme les leurs, il suffit de les dire,
Et le doute se tait, et le soupçon expire :
Voyez aux premiers rangs de ces hommes d'État,
Et ce pieux pasteur, l'archevêque-primat,
Et ce sage Talbot, des sceaux dépositaire,

Et ce Howard, qui voit de toute l'Angleterre
Les flottes obéir à son commandement !
Soyez juste, madame, et dites-moi comment
La reine eût mieux agi ? Voyez quelle sagesse :
Dans le royaume entier, la fleur de la noblesse,
Elle s'en va chercher et forme en tribunal
Les juges qu'il fallait à ce débat royal.
De l'esprit de parti mettons que l'influence,
Parfois, d'un juge unique inspire la sentence ;
Trouverait-on jamais quarante hommes choisis,
A qui la passion dictât le même avis ?

MARIE, après un moment de silence :

Avec étonnement j'entends cette éloquence,
Qui met à mon malheur ce qu'elle a de puissance.
Puis-je, moi qui comprends mon incapacité,
Combattre un orateur de votre habileté ?
— Eh bien, soit ! si vos lords sont ces hommes d'élite,
Au silence, à l'instant, je me verrais réduite,
Et ma cause serait perdue à tout jamais,
Une fois qu'ils m'auraient dite coupable. — Mais
Ces noms que vous vantez, ces noms dont l'importance
Suffit pour m'écraser ; j'ai bonne souvenance,
— Votre histoire le dit, — qu'on les a vus jouer
Des rôles qu'on aurait plus de peine à louer :
On la trouve, en effet, cette haute noblesse,
Ce sénat du royaume, imitant la bassesse
De l'esclave au sérail, et, sans honte, flattant
De mon oncle Henri Huit[1] les plaisirs de sultan.

---

1. Henri VIII n'était que grand-oncle de Marie Stuart, petite-fille de sa sœur aînée, Marguerite.

La noble Chambre haute, on la voit qui dépasse,
Dans sa vénalité, milord, la Chambre basse ;
Qui sur ses lois d'un jour revient le lendemain ;
Dit valable d'abord et puis casse un hymen,
Selon la volonté que le maître a prescrite ;
Des princesses du sang royal, les déshérite,
Les dit enfants bâtards, et, quand est fait l'affront,
Leur met, presque aussitôt, le diadème au front.
Puis, de ces dignes pairs je vois la conscience
Prompte aux convictions qui forment sa croyance,
Sous quatre souverains en changer quatre fois...

BURLEIGH.

Vous vous dites, madame, étrangère à nos lois ;
Du moins de nos malheurs êtes-vous bien instruite.

MARIE.

Et voilà qui l'on rend juge de ma conduite ?
— Lord trésorier, je veux être juste envers vous ;
Montrez-vous tel pour moi. L'on vous dit très-jaloux
Des droits de ce pays, de ceux de votre reine ;
Vous corrompre serait une entreprise vaine ;
Vous êtes vigilant, infatigable, soit !
J'admets que c'est bien là l'hommage qu'on vous doit,
Et que votre intérêt toujours se sacrifie
A ceux du souverain, à ceux de la patrie.
Eh bien ! précisément, prenez garde, milord,
Qu'à d'autres intérêts ceux-ci ne fassent tort,
Et que dans votre esprit cette erreur ne se glisse,
Qu'en tout temps, les servir c'est servir la justice.
Je ne puis pas douter que, dans ce tribunal,

Ne s'assoie avec vous plus d'un homme loyal;
Mais, ils sont protestants; leur affaire première
Est, aux yeux de chacun, le bien de l'Angleterre.
Je suis reine d'Écosse, et papiste! — Or, jamais
L'Anglais ne s'est montré juste envers l'Écossais;
C'est un bien vieux proverbe. Aussi, par un usage
Qui depuis nos aïeux s'est transmis d'âge en âge,
En justice on ne peut recevoir le serment
D'Anglais contre Écossais, et réciproquement.
De la nécessité vient cet étrange usage.
L'usage ancien nous cache un sens profond et sage;
L'usage ancien, toujours, doit être respecté.
Sur cette île, milord, la nature a jeté
Deux peuples pleins de feu, deux nations rivales,
Et, la leur partageant en deux parts inégales,
A se la disputer les force toutes deux.
L'étroit lit de la Tweede à ces esprits fougueux
Trace seul la limite entre leurs héritages;
Le sang a bien souvent coulé sur ses rivages.
De l'un à l'autre bord, depuis mille ans passés,
La main sur leur épée, ils se sont menacés.
Jamais un ennemi n'attaqua l'Angleterre
Sans trouver dans l'Écosse un prompt auxiliaire.
L'Anglais, toujours, chez nous, par la même raison,
De la guerre civile attisa le brandon,
Et l'on ne verra pas s'éteindre cette haine,
Milord, avant qu'enfin un heureux jour amène
Sous un seul Parlement ces peuples ennemis,
Fasse que, désormais, ils demeurent unis,
Et sous un même sceptre ait rangé l'île entière.

BURLEIGH.

Et c'est une Stuart qui devra, la première,
Assurer ce bonheur au royaume?

MARIE.

Pourquoi
Le nier? j'ai nourri cette espérance en moi,
De voir deux nations, toutes deux glorieuses,
Sous mon gouvernement, libres, en paix, heureuses.
Je n'imaginais point que, par raison d'État,
A leur rivalité l'on me sacrifiât.
J'espérais étouffer leur haine héréditaire,
Fruit d'une jalousie ardente et séculaire;
Et, comme mon aïeul, après bien des malheurs,
De Lancastre et d'York réunit les deux fleurs.
Dans un désir de paix réunir, la première,
La couronne d'Écosse et celle d'Angleterre.

BURLEIGH.

Vous alliez à ce but par de mauvais chemins,
Lorsque, dans ce royaume, allumant de vos mains
Une guerre civile, à travers l'incendie
Vous cherchiez à monter au trône.

MARIE.

Je le nie.
Je prends à témoin Dieu que l'on m'accuse à tort;
Moi! j'aurais pu vouloir...? Quand? Les preuves, milord!

BURLEIGH.

Je ne suis pas ici venu pour cette lutte;
Votre cause n'est plus de celles qu'on discute.

Sur quarante-deux voix, quarante ont prononcé
Que vous avez enfreint le bill de l'an passé,
Et que c'est bien à vous que cette loi s'applique.
L'acte du Parlement en ces termes s'explique :
« Si, par un mouvement que l'on aurait tenté
« Dans l'intérêt, ou bien au nom d'une personne
« Qui prétendrait avoir des droits à la couronne,
« A la paix de l'État trouble était apporté,
« La personne, en justice aussitôt poursuivie,
« Du crime ainsi prévu répondra sur sa vie. »
Et comme il est prouvé...

MARIE.

     Lord Burleigh, une loi
Que l'on a préparée expressément pour moi,
Et qui fut pour me perdre à dessein fabriquée,
Doit m'être, j'en suis sûre, aisément appliquée.
Malheur à la victime ! en vain elle espérait :
Qui prononça la loi prononce aussi l'arrêt !...
Direz-vous que la loi de la dernière année,
Pour me perdre, milord, n'a pas été donnée ?

BURLEIGH.

On n'en faisait pour vous qu'un signal de danger ;
En un piége c'est vous qui l'avez su changer :
Par un avis loyal on vous montrait l'abîme,
Et vous fîtes qu'en vous il reçût sa victime :
Le traître Babington et ses agents de mort
Se trouvaient avec vous dans un parfait accord ;
Du fond de la prison où vous étiez, madame,
C'est vous qui du complot faisiez mouvoir la trame.

MARIE.

Quand? Et quels documents vous a-t-on procurés
D'où conclure...?

BURLEIGH.

En justice on vous les a montrés.

MARIE.

Des écrits d'une main qui n'était pas la mienne!
Une preuve, milord, avant qu'on me soutienne
Que je les ai dictés! dictés exactement
Tels qu'on me les a lus!

BURLEIGH.

Vous nîriez vainement :
Tels les tenait de vous Babington. La justice
A reçu ses aveux au moment du supplice.

MARIE.

Pourquoi donc avec moi ne pas le confronter?
De le faire mourir pourquoi tant se hâter?
Il m'accuse, le fer tranche son existence[1],
Et l'on ne nous a pas d'abord mis en présence?

BURLEIGH.

Vos secrétaires Kurl et Nau n'ont-ils pas dit
Que sous votre dictée ils avaient tout écrit?
Ils l'ont dit sous serment.

MARIE.

Et je suis condamnée

---

1. Babington et ses complices furent éventrés.

Sur la foi qu'à mes gens ainsi l'on a donnée?
Ils trahissaient leur reine, et l'on s'est rapporté
A qui pouvait manquer à la fidélité?

BURLEIGH.

Autrefois vous disiez Kurl, votre secrétaire,
Homme plein de vertu, d'un loyal caractère;
Vous rendiez en ces mots justice à l'Écossais.

MARIE.

C'est qu'en réalité tel je le connaissais.
Mais la vertu de l'homme est seulement connue
Quand pour lui du danger l'épreuve est survenue.
Les tortures, sans doute, ont à ce malheureux,
Sur ce qu'il ignorait, arraché des aveux;
Il a cru se sauver par un faux témoignage,
Sans causer à sa reine un sensible dommage.

BURLEIGH.

Je vous l'ai déjà dit : par un libre serment
Il a tout confirmé.

MARIE.

    Pas devant moi! — Comment,
Sir! voilà deux témoins qui vivent! Qu'on les fasse
Comparaître à mes yeux; qu'ils me disent en face
Ce qu'ils ont dit ailleurs!... Pourquoi me dénier
Une faveur, un droit qu'a même un meurtrier?
Mon précédent gardien, Talbot, m'a fait connaître
Que, d'après une loi, tout accusé doit être
Avec l'accusateur confronté. Cette loi
Daterait de ce règne. A-t-on surpris ma foi?

M'a-t-on dit vrai? — Toujours à votre caractère
J'ai rendu, sir Paulet, une justice entière;
Qu'il se montre aujourd'hui; franchement parlez-moi :
Est-ce comme on m'a dit? avez-vous cette loi?

PAULET.

Oui, madame, tel est le droit en Angleterre;
C'est une vérité; je ne saurais la taire.

MARIE.

Milord, puisqu'on me traite aussi sévèrement
Lorsque le droit anglais est contre moi, comment
L'ose-t-on violer quand il m'est favorable?
Répondez : Babington parle, et je suis coupable;
Dès lors, pour obéir à cette même loi,
Il fallait confronter Babington avec moi;
Et Kurl, et Nau. Tous deux sont vivants. Je demande
Pourquoi l'on n'a pas fait ce que la loi commande.

BURLEIGH.

Madame, calmez-vous. Le fait d'avoir prêté
Aux plans de Babington votre complicité,
N'est pas le seul grief...

MARIE.

          C'est le seul qui me place
Sous ce bill dont ici lord Burleigh me menace,
Et dont j'aie à montrer que l'on m'accuse à tort.
La question est là; n'en sortez pas, milord!

BURLEIGH.

Avec l'ambassadeur d'Espagne on sait, madame,

Que vous négociez; — on a saisi la trame; —
Vous voulez, on l'a vu...

MARIE, vivement:

Milord! la question!

BURLEIGH.

Nous contraindre à changer notre religion;
Vous excitez l'Europe à nous faire la guerre.

MARIE.

Et quand je l'aurais fait? — Vous savez le contraire. —
Cependant, supposez qu'il en soit bien ainsi :
Contre le droit des gens on me retient ici;
Lorsque j'ai mis le pied sur le sol d'Angleterre,
Certes, ce n'était pas pour y porter la guerre;
Je venais faire appel, avec humilité,
A de saints droits, aux droits de l'hospitalité;
Je venais me jeter dans les bras d'une reine
A qui m'unit un sang sorti de même veine.
J'ai trouvé violence au lieu d'affection;
Des fers, où je croyais avoir protection.
Croyez-vous bien qu'on ait lié ma conscience?
Que l'Angleterre ait droit à ma reconnaissance?
Du droit qu'a l'opprimé je tente de sortir
De la captivité que l'on me fait subir.
C'est de ce droit sacré que, de même, j'oppose
A la force la force, appelant, pour ma cause,
Tous les rois de l'Europe à se liguer. — J'ai mis,
Sans scrupule, à lutter contre mes ennemis
Les moyens francs, loyaux, de toute bonne guerre.

Mais le meurtre, le sang versé dans le mystère,
Orgueil et conscience en moi disent, d'accord,
Que jusqu'à ces moyens on ne va pas, milord.
Un meurtre! ce serait déshonorer ma vie,
Me flétrir. — Je vous dis que j'en serais flétrie,
Mais il ne ferait pas que l'on pût contre moi
Prononcer un arrêt basé sur votre loi;
Car, entre l'Angleterre et moi, la loi s'efface :
C'est le droit du plus fort, lui seul, qui la remplace.

BURLEIGH, d'un air significatif:

A ce terrible droit ne faites point appel :
Pour une prisonnière il peut être mortel.

MARIE.

Votre reine est puissante et je suis abattue.
Eh bien! qu'elle ait recours à la force et me tue!
Qu'elle me sacrifie à sa sécurité!
Mais alors, dans l'abus de son autorité,
Qu'elle convienne au moins qu'un pareil sacrifice
Est de la violence et non de la justice.
Que, voulant assouvir sa haine contre moi,
Elle n'emprunte pas le glaive de la loi;
Qu'elle ne donne point une sainte apparence
Au sanglant attentat qu'osera sa vengeance;
Qu'elle ne trompe pas le monde à ces détours.
Elle peut ordonner que l'on tranche mes jours;
Me mettre en jugement, oh! non! Qu'elle profite
D'un forfait inouï, sans ce masque hypocrite,
Et qu'elle ose une fois paraître ce qu'elle est!

(Elle sort.)

SCÈNE VIII.

BURLEIGH, PAULET.

BURLEIGH.

Elle nous bravera de même, sir Paulet,
Jusque sur l'échafaud. — De cette femme altière
C'est en vain qu'on voudrait dompter le caractère :
Sans en être étonnée elle apprend son arrêt;
Pas une seule larme en ses yeux n'apparaît;
Elle n'a pas changé de couleur ! Cette femme
Dédaigne d'exciter la pitié dans notre âme.
La reine, — elle le sait fort bien, — hésite encor,
Et notre crainte fait son courage.

PAULET.

Milord,
Quand elle n'aura plus de prétexte à sa plainte,
Son ardeur à braver sera bientôt éteinte.
Il faut que je le dise avec sincérité :
Le droit, dans son procès, ne fut pas respecté;
Babington et Tishburn, et ses deux secrétaires,
Mandés comme témoins devant les commissaires,
En sa présence même auraient dû déposer.

BURLEIGH, vivement :

Non! chevalier Paulet, non! Pouvait-on l'oser?
Elle prend sur les cœurs un trop puissant empire;
Par ses larmes de femme elle sait les séduire.
Devant elle amené, Kurl répéterait-il
Le mot qui met les jours de sa reine en péril?

Non! il hésiterait, et, changeant de langage,
Rétracterait bientôt son premier témoignage.

PAULET.

Ainsi, les ennemis du royaume, milord,
A leurs propos haineux pourront donner essor,
Et toute cette pompe au procès apportée
De crime audacieux bientôt sera traitée.

BURLEIGH.

Tel est bien le souci qu'a notre reine au cœur!...
Oh! pourquoi cette femme, artisan de malheur,
N'a-t-elle pas fermé les yeux à la lumière
Avant d'avoir touché le sol de l'Angleterre!

PAULET.

Comme vous j'ai regret qu'il n'en soit pas ainsi.

BURLEIGH.

Ou si de maladie elle était morte ici!

PAULET.

Que de maux épargnés à ce pays!

BURLEIGH.

       Fût-elle
Morte dans sa prison d'une mort naturelle,
Que pour ses meurtriers cependant nous passions.

PAULET.

On ne peut empêcher les suppositions.

BURLEIGH.

Point de preuves pourtant; or, que le fait arrive,
La publique rumeur éclaterait moins vive.

PAULET.

Dans le blâme public ce qui blesse, milord,
C'est que son cri soit juste, et non pas qu'il soit fort.

BURLEIGH.

Malgré sa sainteté, la justice elle-même
N'évite pas toujours un semblable anathème :
L'opinion se met avec les malheureux.
Au bonheur triomphant s'attaque l'envieux.
Aux yeux des nations, s'il est vrai que le glaive,
Attribut de la loi, pare un homme et l'élève,
Par un effet contraire, et pour les mêmes yeux,
Dans la main d'une femme il devient odieux :
On n'admet pas qu'elle ait la justice pour guide,
Du sort d'une autre femme alors qu'elle décide.
A quoi sert que tout juge, au procès appelé,
Selon sa conscience et les lois ait parlé?
La reine a droit de grâce; il suffit : on l'assiége,
On la force d'user du royal privilége,
Et l'on regarderait comme un acte odieux,
Qu'elle laissât aux lois leur effet rigoureux.

PAULET.

Ainsi...?

BURLEIGH, l'interrompant avec vivacité.

Stuart vivra? Non! espérance vaine!
C'est bien là ce qui fait le tourment de la reine,

Et pourquoi sur ses nuits le sommeil ne vient pas.
De son âme en ses yeux je lis tous les combats.
Sa voix n'ose exprimer ce que son cœur désire,
Mais son regard muet sait clairement nous dire :
N'est-il donc parmi vous pas un seul serviteur
Qui veuille m'épargner ce choix rempli d'horreur :
Ou craindre sur mon trône; être toujours tremblante;
Ou livrer une reine, en qui j'ai ma parente,
A la main du bourreau?

PAULET.

C'est dur, mais c'est ainsi;
On n'y peut rien changer.

BURLEIGH.

La reine croit que si.
Qu'elle ait des serviteurs plus attentifs...

PAULET.

La reine?
Plus attentifs, milord?

BURLEIGH.

Qui comprendraient sans peine
Un ordre tout muet...

PAULET.

Tout muet?

BURLEIGH.

Dont les yeux,
Chargés de surveiller un serpent venimeux,
Voudraient ne plus garder l'ennemi qu'on leur laisse,
Comme on garde un joyau d'une sainte richesse...

PAULET, d'un air significatif:

C'en est un que le nom de notre reine, sir,
Sa réputation, que rien n'a pu noircir,
Jamais par trop de soins ne sera préservée.

BURLEIGH.

Quand à lord Shrewsbury Stuart fut enlevée
Pour être confiée au chevalier Paulet,
On voulait, sir,...

PAULET.

    Milord trésorier! on voulait
Aux plus loyales mains remettre, je m'en flatte,
La charge qui passait pour la plus délicate.
L'eussé-je pris sur moi cet emploi de geôlier,
Si je n'avais pensé qu'on dût le confier
A l'homme le plus pur de toute l'Angleterre?
Vous ne me ferez pas entrevoir, je l'espère,
Qu'à tout autre motif je puisse le devoir
Qu'à mon nom, que l'on sait sans tache?

BURLEIGH.

      On fait savoir
Qu'elle souffre et languit... Sa maladie empire...
Il reste peu d'espoir... Doucement elle expire...
Et le monde, bientôt, l'oublie; et votre nom
Reste pur comme avant.

PAULET.

   Ma conscience, non.

BURLEIGH.

Si vous nous refusez votre main, sir, une autre,
— Vous le permettrez bien, — à défaut de la vôtre...

PAULET, l'interrompant:

Ce seuil, nul meurtrier ne le dépassera
Tant que de ma maison le toit la couvrira.
Ses jours me sont sacrés; la reine d'Angleterre,
— Mon devoir me le dit, — ne peut m'être plus chère.
Vous, juges, jugez-la, soit! Prononcez sa mort!
Et quand sera venu l'instant fatal, milord,
Qu'avec ses instruments le charpentier paraisse;
Qu'on vienne dire : Il faut que l'échafaud se dresse;
Vienne aussi le shérif, et vienne le bourreau,
Et je leur ouvrirai les portes du château.
En attendant, Stuart est remise à ma garde;
De là, le double soin qui moi seul me regarde,
Milord, c'est d'empêcher, — et j'y tiens l'œil ouvert, —
Que par elle aucun mal ne soit fait, ni souffert.

(Ils sortent.)

FIN DU PREMIER ACTE.

ACTE SECOND.

MARIE STUART.

ACTE SECOND.

Le palais de Westminster.

SCÈNE PREMIÈRE.

*Le comte de KENT, sir WILLIAM DAVISON,
arrivant par des côtés opposés.*

DAVISON.

C'est vous, milord? D'où vient que Votre Seigneurie
Soit déjà de retour? La fête est donc finie?

LE COMTE DE KENT.

Comment! à ce tournoi vous n'êtes pas venu?

DAVISON.

Mes fonctions, milord, ailleurs m'ont retenu.

LE COMTE DE KENT.

Vous avez perdu, sir, un spectacle admirable,
Qu'imagina le goût le plus irréprochable,
Et qu'on a noblement, ma foi! représenté.
Figurez-vous un fort, celui de la Beauté;
Le Désir l'assiégeant dans son chaste refuge;
Le sénéchal, le lord maréchal et grand juge,

Avec dix chevaliers de la reine, placés
Pour défendre les murs que l'on a menacés,
Et des seigneurs français s'élançant pour les prendre ;
Un héraut qui, d'abord, vient sommer de se rendre
Et fait en madrigal cette sommation ;
Refus du chancelier, du haut d'un bastion ;
Les Français ripostant par leur artillerie,
Charmants petits canons, pleins de galanterie,
Qui lancent sur le fort mille bouquets de fleurs.
Et des flots de parfums aux suaves odeurs.
L'attaque, vainement, plusieurs fois se répète,
Et le Désir se voit contraint à la retraite.

DAVISON.

C'est, pour le mariage où visent les Français,
Un signe qui n'est pas présage de succès.

LE COMTE DE KENT.

Bon! ce n'était qu'un jeu. Je crois, en fin de compte,
Que le fort se rendra.

DAVISON.

    Vous croyez cela, comte?
Moi, pas.

LE COMTE DE KENT.

   Chacun des points principaux du traité
Est à peu près déjà par la France accepté.
Le duc d'Anjou consent à la première clause :
Pour son culte, il n'aura qu'une chapelle close,
Et toujours, en public, Monsieur honorera
Celui de l'Angleterre et le protégera.

Si vous aviez vu, sir, à l'heureuse nouvelle
De ce royal hymen, la joie universelle !
Car telle était la peur du pays tout entier :
Voir la reine mourir sans laisser d'héritier,
Et, Stuart une fois sur notre trône assise,
Au pape, de nouveau, l'Angleterre soumise.

DAVISON.

Que le pays se calme : elles marchent, milord,
La reine, à l'hyménée, et Stuart, à la mort.

LE COMTE DE KENT.

Sir, je vois s'avancer la reine.

SCÈNE II.

LES PRÉCÉDENTS. ÉLISABETH, conduite par LEICESTER, le comte de L'AUBESPINE, le comte de BELLIÈVRE, le comte SHREWSBURY, lord BURLEIGH, et d'autres seigneurs, français et anglais.

ÉLISABETH, au comte de L'Aubespine :

Je plains, comte,
Tant de nobles Français qu'autour de vous je compte,
Qui se sont empressés, dans leur galant souci,
De traverser la mer pour venir jusqu'ici,
De n'y pas rencontrer cette magnificence
Que fait à Saint-Germain briller la cour de France.
Il ne m'est pas donné de réjouir leurs yeux
De fêtes qu'on croirait être celles des dieux,
Et qu'avec tant de goût la reine-mère invente ;
Mais, une nation policée et contente,

Qui, dès qu'elle me voit sortir, va se pressant
Autour de ma litière et va me bénissant,
C'est un spectacle aussi; la reine d'Angleterre,
Qui l'offre aux étrangers, a droit d'en être fière.
Je le sens bien, l'éclat dont savent éblouir
Les femmes dont la fleur est à s'épanouir
Au Jardin de Beauté que Catherine habite,
M'éclipserait, moi-même et mon obscur mérite.

LE COMTE DE L'AUBESPINE.

Par une exception, la cour de ce pays
N'en offre qu'une seule à nos regards surpris;
Mais tout ce que son sexe a de charmes, madame,
Se trouve réuni dans cette seule femme.

LE COMTE DE BELLIÈVRE.

La reine daigne-t-elle aujourd'hui consentir
A laisser l'envoyé de la France partir?
Pouvons-nous à Monsieur, à notre royal maître,
Porter l'heureux arrêt qu'il brûle de connaître?
Dans son impatience il a quitté Paris :
C'est dans les murs d'Amiens qu'il en attend l'avis.
C'est là que, de Calais, comme l'oiseau rapide,
Ses courriers porteront à son oreille avide
Le mot si doux, le mot enivrant que, pour lui,
Votre bouche royale aura dit aujourd'hui.

ÉLISABETH.

Vous n'insisterez plus, comte; je le désire.
Ce n'est pas le moment, — faut-il vous le redire? —
Où d'un joyeux hymen j'allumerais les feux;
Sur l'Angleterre pèse un ciel sombre, orageux.

Moi! songer aux habits pompeux d'un mariage,
Quand la robe de deuil me siérait davantage ?
Quand un terrible coup, dans ce noir horizon,
Menace de frapper mon cœur et ma maison ?

LE COMTE DE BELLIÈVRE.

La promesse, du moins, et qu'elle s'accomplisse
Quand vous en jugerez le moment plus propice !

ÉLISABETH.

Les rois, assujettis à leur condition,
Ne peuvent de leur cœur suivre l'impulsion :
J'ai toujours désiré, libre du mariage,
Accomplir jusqu'au bout mon terrestre voyage;
Et mon titre de gloire à mon gré le plus beau
Devait être qu'un jour on lût sur mon tombeau
Ces mots : « La Reine-Vierge en cet endroit repose »
Mais voilà qu'à mes vœux tout mon peuple s'oppose :
Il est préoccupé déjà de mon trépas,
Du bonheur d'aujourd'hui ne se contente pas,
Veut à son bien futur que je me sacrifie,
Et, mon premier trésor, ma liberté chérie,
Virginal privilége, il m'y fait renoncer,
Et sous un maître, enfin, me force à me placer.
A tout ce que de moi mon peuple ainsi réclame,
Je puis voir qu'à ses yeux je ne suis qu'une femme,
Lorsque je me rendais ce témoignage, moi,
D'avoir su jusqu'ici régner en homme, en roi.
Je sais que se soustraire à la loi naturelle,
C'est à la loi de Dieu se montrer infidèle.
Pour mes prédécesseurs, gloire aux siècles futurs !

Des cloîtres, à leur voix, se sont rouverts les murs,
Rendant à la nature, à ses droits légitimes,
D'un faux zèle pieux les milliers de victimes.
Mais moi, qui n'use pas le temps qui m'est compté
En contemplation et dans l'oisiveté ;
Qui me suis dévouée à remplir sans relâche
Les devoirs les plus lourds de ma royale tâche,
Le but de la nature est-il bien fait pour moi,
Et ne devrait-on pas m'excepter de la loi
Qui de l'espèce humaine a dit qu'une partie
Demeurerait toujours à l'autre assujettie ?

LE COMTE DE L'AUBESPINE.

Vous avez, sur le trône, offert à tous les yeux
De toutes les vertus l'exemple glorieux.
Au sexe que l'éclat de votre nom décore,
Daignez donner, madame, un seul exemple encore,
Où vous ferez briller, dans toute leur splendeur,
Les mérites qui font son principal honneur.
Sans doute, sur la terre aucun homme n'est digne
Qu'à se soumettre à lui votre cœur se résigne ;
Si, pourtant, la naissance, et si la majesté,
La valeur héroïque et la mâle beauté
Peuvent valoir l'honneur...

ÉLISABETH.

     Avec un Fils de France
Je sens quel est pour moi l'honneur d'une alliance ;
Monsieur l'ambassadeur, soyez-en assuré.
Aussi, — c'est franchement que je vous le dirai : —
S'il le faut, s'il n'est rien qui puisse me soustraire

A ce que veut de moi le peuple d'Angleterre,
— Qui sera le plus fort de nous deux, je le crains, —
L'Europe ne saurait, parmi ses souverains,
Me présenter un prince à qui je sacrifie,
Avec moins de regrets, le trésor de ma vie :
Ma liberté. L'aveu doit être assez pour vous.

LE COMTE DE BELLIÈVRE.

Cet aveu, c'est l'espoir, sans doute, et le plus doux;
Mais ce n'est que l'espoir. Permettez-moi de dire
Que mon maître attend plus.

ÉLISABETH.

                Et qu'est-ce qu'il désire?
(Elle ôte de son doigt un anneau, qu'elle considère d'un air pensif.)
Même pour une reine il n'est donc d'autres droits
Que ceux dont peut jouir la femme d'un bourgeois!
Un symbole pareil toutes deux les engage
Dans les mêmes devoirs, dans le même servage!...
— D'un échange d'anneaux un hymen est l'effet,
Et c'est aussi d'anneaux qu'une chaîne se fait! —
(Au comte de Bellièvre.)
Remettez de ma part ce don à Son Altesse;
Ce n'est pas une chaîne encor; libre il me laisse;
Mais il peut se changer en un lien pour moi.

LE COMTE DE BELLIÈVRE, se mettant à genoux pour recevoir l'anneau:

Pour mon maître, à genoux, ce don, je le reçoi.
Sur la main de ma reine, en ce baiser d'hommage,
De sa fidélité je dépose le gage.

ÉLISABETH, à Leicester, qu'elle n'a pas cessé de regarder attentivement pendant ces derniers mots:

Pardon, milord !
(Elle lui ôte le ruban bleu et le met au cou du comte de Bellièvre.)
                    Au prince, encor, vous porterez
L'insigne de mon Ordre, et vous l'y recevrez
Comme je vous reçois, comte, en cette audience :
Vous en suivrez les lois : *Honni qui mal y pense!*
Aux devoirs qu'il impose on vous verra soumis...
— Que tout soupçon s'efface entre les deux pays !
Unissons désormais d'une amitié sincère
La couronne de France et celle d'Angleterre !

LE COMTE DE L'AUBESPINE.

Grande reine ! ce jour est un jour de bonheur.
Permettez à chacun d'en goûter la douceur :
Dans cette île, aujourd'hui, que pas une tristesse
Ne puisse se mêler à la commune ivresse !
Sur votre auguste front nous voyons rayonner
Cet attribut divin : le droit de pardonner.
Qu'une pauvre princesse, encore prisonnière,
Reçoive le reflet de sa vive lumière !
A son destin, madame, on voit intéressés
Deux royaumes : la France et l'Angleterre.

ÉLISABETH.
                                            Assez,
Comte ! Vous confondez deux objets. Si la France
A sérieusement voulu mon alliance,
Elle devra savoir partager mes soucis,
Et ne pas se ranger avec mes ennemis.

LE COMTE DE L'AUBESPINE.

Si, lorsqu'il va former cette même alliance,
Mon pays oubliait de prendre la défense
D'une princesse unie avec lui par la foi,
Reine bien malheureuse et veuve de son roi,
Il serait à vos yeux déshonoré, madame.
Déjà l'honneur, déjà l'humanité réclame...

ÉLISABETH.

Qu'à ce titre, monsieur, il ait intercédé,
Je le comprends : la France en amie a plaidé ;
Mais il faut me laisser une liberté pleine
De voir ce qu'il me reste à faire comme reine.

(Elle s'incline du côté des seigneurs français, qui, avec une partie des lords, s'éloignent respectueusement.)

SCÈNE III.

ÉLISABETH, LEICESTER, BURLEIGH, SHREWSBURY.

(La reine s'assied.)

BURLEIGH.

Madame, en consentant à ces augustes nœuds,
De votre nation vous comblez tous les vœux.
De la félicité que vous nous avez faite
Aujourd'hui seulement nous atteignons le faîte ;
De ce jour seulement s'évanouit pour nous
L'avenir orageux qui nous effrayait tous.
Mais un souci nous reste, et, de votre justice,
Le pays veut encore un autre sacrifice.

Faites-le, grande reine, et ce jour solennel
Assure à l'Angleterre un bonheur éternel.

ÉLISABETH.

Que veut mon peuple encor? Parlez, milord.

BURLEIGH.

Madame,

La tête de Stuart, voilà ce qu'il réclame.
Si de la liberté vous voulez à jamais
A votre nation garantir les bienfaits,
Et sa foi, cette vraie et divine lumière
Que s'est si chèrement conquise l'Angleterre,
Il faut que Stuart meure. — Et vos précieux jours?
Si nous devons pour eux ne pas trembler toujours,
Il faut d'une ennemie abréger l'existence :
L'île entière n'a pas une même croyance;
Rome idolâtre a su, parmi tous vos sujets,
Garder encor beaucoup de partisans secrets;
De projets criminels ils ont l'âme nourrie;
Toute leur espérance est dans cette Marie;
Aux deux princes lorrains nous les savons unis,
A ces Guises qui sont vos ardents ennemis.
Ce parti furieux a juré de vous faire,
Pour vous anéantir, une implacable guerre,
Recourant, pour les coups qu'il prétend vous porter,
A des armes que, seul, l'enfer peut inventer.
Reims est leur arsenal. Pour frapper votre tête,
C'est à l'Archevêché que la foudre s'apprête.
C'est là qu'au régicide ils instruisent leurs gens,
De là, dans ce royaume ils lancent leurs agents,

Des hommes prêts à tout, des rêveurs fanatiques,
Empruntant, pour cacher leurs complots diaboliques,
Tous les déguisements. Déjà trois fois, enfin,
Nous avons vu, de là, venir un assassin.
Le gouffre où se poursuit cette exécrable tâche,
Madame, vomira contre vous, sans relâche,
De secrets ennemis. — C'est de Fotheringay
Que ce même parti sans cesse est instigué.
Le génie infernal que ce château recèle
Entretient à lui seul cette guerre éternelle ;
Ses perfides attraits allument, chaque jour,
Au sein de ce pays quelque nouvel amour.
Pour elle, sur un mot de banale espérance,
Vers un trépas certain la jeunesse s'élance :
La délivrer! tel est le mot d'ordre pour eux;
La mettre à votre place est le but de leurs vœux.
Vous le savez trop bien, la Maison de Lorraine
A toujours contesté vos droits sacrés de reine :
Vous usurpez ce trône où vous régnez sur nous;
La couronne est un coup de fortune pour vous!...
C'est grâce à ses conseils que Stuart, téméraire,
Ose s'intituler la reine d'Angleterre.
D'une paix avec elle et les siens, plus d'espoir!
Il faut porter le coup ou bien le recevoir :
Sa vie est votre mort, sa mort est votre vie.

ÉLISABETH.

La triste mission que vous avez remplie,
Milord! Un zèle pur vous anime toujours,
Et la sagesse même inspire vos discours
Cependant, lorsque c'est du sang qu'elle réclame,

Je hais cette sagesse, et du fond de mon âme.
Émettez, lord Burleigh, un avis plus clément...
Du noble lord Talbot quel est le sentiment?

SHREWSBURY.

Ma reine de Burleigh loue à bon droit le zèle;
Moins éloquent que lui, je suis aussi fidèle.
Pour nous continuer vos précieux bienfaits,
Au peuple son bonheur, au royaume sa paix,
Que Dieu vous donne encor de nombreuses années!
Ce pays ne les eut jamais plus fortunées
Depuis qu'il a des rois à lui. Mais, ce bonheur,
Qu'il ne l'achète pas au prix de son honneur!
Ou puissé-je, du moins, ne plus voir la lumière,
Quand ce funeste jour viendrait pour l'Angleterre!

ÉLISABETH.

D'entacher son honneur Dieu me préserve!

SHREWSBURY.

         Eh bien!
Voyez, pour son salut! à quelque autre moyen;
Celui de cette mort, l'équité le rejette.
Songez bien que Stuart n'est pas votre sujette;
Que vous ne pouvez pas la condamner.

ÉLISABETH.

        Ainsi,
Mon Conseil s'est trompé? Mon Parlement aussi?
Et mes cours de justice, unanimes à dire
Que ce droit m'est acquis?

SHREWSBURY.

Cela ne peut suffire :
Il faut, pour établir de légitimes droits,
Des éléments plus forts que le nombre des voix.
L'Angleterre n'est pas le monde entier; la terre
Dans votre Parlement n'a pas son mandataire.
L'Angleterre, aujourd'hui, n'est pas plus le pays
Des siècles à venir que celui de jadis.
L'affection se montre inconstante ou fidèle;
Le flot de la faveur monte ou baisse avec elle.
Ne dites pas : Je cède à la nécessité,
Mon peuple parle, il faut suivre sa volonté...
Dès que vous le voudrez, à chaque moment, reine,
Vous verrez que la vôtre a sa liberté pleine.
Essayez! pour le sang proclamez votre horreur;
Dites vouloir laisser la vie à votre sœur;
Que Votre Majesté, pour tout avis contraire,
Témoigne hautement sa royale colère,
Madame, et vous verrez dissipée à l'instant
Cette nécessité dont on vous parle tant,
Et la mort, qu'on aura comme juste exigée,
En suprême injustice, aussi vite, changée.
C'est à vous seule à prendre une décision.
Sur le roseau mouvant qu'on nomme opinion
Ne vous appuyez pas. A vous-même fidèle,
Suivez de votre cœur la bonté naturelle.
Le ciel, quand de la femme il a formé le cœur,
Voulut n'y point laisser de place à la rigueur,
Et quand, pour ce royaume, on décida, madame,
Que le sceptre y pourrait être aux mains d'une femme,
Les sages fondateurs de cette royauté

Entendaient proclamer que la sévérité,
Chez un monarque assis au trône d'Angleterre,
Ne doit jamais compter comme vertu première.

ÉLISABETH.

Comte, mon ennemie et celle de l'État
Vient de trouver en vous un bien chaud avocat.
J'aime mieux les conseils qu'inspirera le zèle
Pour mon propre intérêt.

SHREWSBURY.

Un avocat pour elle!
Mais on ne permet pas qu'elle ait un défenseur!
On n'élèvera pas la voix en sa faveur;
Personne ne voudrait braver votre colère.
Souffrez donc qu'un vieillard près de quitter la terre,
A tout mondain espoir étranger aujourd'hui,
A cette infortunée ose prêter appui.
Eh bien! il ne faut pas qu'on puisse dire, reine,
Que, dans votre Conseil, l'égoïsme et la haine
Seuls se sont fait entendre, et que, pour la pitié,
Pas un avis, pas un, ne fut même essayé.
Tout conspire contre elle, et vous-même, madame,
Ne la vîtes jamais. Pour elle, dans votre âme
Rien ne parle; elle n'est qu'étrangère pour vous.
— Je me tais sur ses torts; on dit que d'un époux
Elle a permis le meurtre : un seul fait a sa preuve,
C'est qu'elle s'est unie à qui la rendait veuve;
Le crime est grave. — Mais, disons qu'il se confond
Avec la nuit d'un temps en malheurs trop fécond,

Du déplorable temps où la guerre civile
De toutes ses horreurs épouvantait cette île.
D'impérieux vassaux l'obsédaient; elle crut
Dans les bras du plus fort rencontrer son salut.
Qui sait par quels moyens il a triomphé d'elle?
La femme est faible.

ÉLISABETH.

Non; la femme n'est point telle :
Ce sexe qu'on dit faible, aisément peut offrir
Plus d'une âme virile, et je ne puis souffrir
Que l'on me parle ainsi que vous venez de faire.

SHREWSBURY.

L'infortune vous fut une école sévère :
L'avenir, quand pour vous la vie a commencé,
Sous un aspect riant ne s'est pas annoncé;
Point de couronne alors pour ceindre votre tête;
Seulement, sous vos pieds la tombe toujours prête.
C'est dans la Tour de Londre et son obscurité,
Au château de Woodstock, autre captivité,
Qu'à vos graves devoirs, pour ce pays qu'il aime,
Voulut vous préparer notre Père suprême.
Vous étiez sans flatteurs; votre jeune raison,
Loin des vains bruits du monde, apprit, dans la prison,
A rentrer en soi-même et put de cette vie
Connaître les vrais biens, les seuls qu'on apprécie.
Mais cette infortunée! aucun dieu ne prit soin
De lui donner l'appui dont elle eût eu besoin.
Enfant, on la conduit à cette cour de France,

Séjour des vains plaisirs et de l'insouciance ;
Là, dans l'enivrement où son cœur est jeté,
Elle n'entend jamais l'austère vérité.
Bientôt l'éclat du vice éblouit cette reine,
Et la corruption dans son torrent l'entraîne.
De sa vaine beauté brillante, elle éclipsait
Les femmes qu'à sa cour Henri réunissait.
Cette même beauté non moins que sa naissance...

ÉLISABETH.

Que milord Shrewsbury revienne à lui ! qu'il pense
Qu'en un grave conseil nous siégeons. — La beauté
Pour qui même un vieillard est ainsi transporté,
Ne peut avec nulle autre être mise en balance.

(A Leicester :)

Comte, vous êtes seul à garder le silence ?
La même cause a-t-elle à la fois cet effet
Qu'elle rende milord éloquent, vous, muet ?

LEICESTER.

Je le suis de surprise, à voir que dans votre âme
On parvienne à jeter de ces terreurs, madame ;
Que des fables, dont seul peut être épouvanté
Le peuple de la rue en sa crédulité,
Trouvent accès au sein du Conseil de la Reine,
Et puissent en troubler la majesté sereine ;
Que des hommes, connus pour sages jusqu'ici,
De ces vaines rumeurs prennent un vrai souci.
Je suis surpris, madame, et n'en fais pas mystère,
A voir que l'Écossaise, une reine sans terre,

Une reine sans trône, et qui, si peu qu'il fût,
N'a pas su conserver celui qu'un jour elle eut;
Jouet de ses vassaux, de son pays chassée,
Quand sous de sûrs verrous vous la savez placée,
Vous donne tout à coup ce surprenant effroi!
Par le Dieu tout-puissant, madame, dites-moi
Quel sujet vous avez de craindre cette femme?
Les droits qu'à l'Angleterre on sait qu'elle réclame?
Ou des princes lorrains le fol entêtement
A ne pas voir en vous notre reine? Comment!
Leur refus peut-il donc avoir cette puissance
De détruire pour vous les droits de la naissance
Que vous a confirmés l'arrêt du Parlement?
Elle est du trône exclue, au moins tacitement;
Telle fut d'Henri Huit la volonté dernière.
Heureux de posséder la nouvelle lumière,
Aux bras de la papiste irons-nous nous jeter?
Notre reine adorée, en ingrats la quitter,
Pour porter notre hommage à l'épouse coupable
Qui voulut de Darnley le meurtre abominable?
Ces conseils violents qu'ont-ils à faire ici?
Vous vivante, pourquoi vous tourmenter ainsi
En vous montrant toujours une héritière à craindre?
A quelque prompt hymen pourquoi donc vous contraindre,
Comme si, pour sortir d'un imminent danger,
Et l'État et l'Église étaient à l'exiger?
Vous brillez de jeunesse et de beauté; Marie
Marche vers son tombeau, chaque jour plus flétrie.
Pour le fouler longtemps, je puis vous l'attester,
Vous n'avez pas besoin de l'y précipiter.

BURLEIGH.

A son premier avis milord est infidèle.

LEICESTER.

Au tribunal, madame, oui, j'ai voté contre elle;
Au Conseil, autre avis : le droit y disparaît,
Et c'est de l'État seul que j'y vois l'intérêt.
Comment justifier cette peur qu'elle donne?
Quand son unique appui, la France, l'abandonne?
Quand du fils de son roi, décidée à l'hymen,
Vous comblez tous les vœux, lui donnant votre main?
Quand l'Angleterre, heureuse, espère que pour elle
Va commencer de rois une race nouvelle?
Pourquoi donc la tuer? Voyez, quel est son sort :
Morte par le mépris! De la plus sûre mort!...
La publique pitié lui rendrait l'existence,
Songez-y! Maintenez contre elle la sentence;
Laissez-la vivre, mais faites-lui voir toujours
La hache du bourreau prête à trancher ses jours,
Et qu'il frappe aussitôt qu'une main téméraire
Viendrait à son arrêt tenter de la soustraire.

ÉLISABETH, se levant:

Je connais vos avis, milords, et vous sais gré
Du zèle qu'en parlant vous avez tous montré.
Dieu m'aidant, — ce flambeau des têtes couronnées, —
Je vais, grâce aux raisons que vous m'avez données,
Aviser au parti le plus sage.

SCÈNE IV.

Les précédents. PAULET, MORTIMER.

ÉLISABETH.

                  Voici
Paulet. — Quelle nouvelle apportez-vous ici,
Noble sir?

PAULET.

           Grande reine, après un long voyage,
A vos pieds mon neveu dépose son hommage.
Montrez qu'il est reçu par vous avec bonté;
Laissez, sous la faveur de Votre Majesté,
Comme sous un soleil dont le feu vivifie,
Ce jeune homme grandir, madame.

MORTIMER, mettant un genou en terre :

                          Longue vie
A ma reine! bonheur et gloire!

ÉLISABETH.

                          Levez-vous,
Sir; vous êtes ici le bienvenu pour nous.
Vous venez d'accomplir le grand pèlerinage :
Vous avez vu la France et Rome en ce voyage;
Reims vous a retenu. — Racontez-nous un peu
Ce que mes ennemis trament encore.

MORTIMER.

                        Dieu
Puisse-t-il les confondre, et contre leur poitrine
Faire tourner les traits qu'à ma reine on destine!

ÉLISABETH.

Avez-vous vu, peut-être, et l'Écossais Morgan,
Et l'évêque de Ross, cet esprit intrigant?

MORTIMER.

Les proscrits écossais à qui Reims donne asile,
Tout entiers aux complots qui menacent cette île,
Je les connais: chez tous je me suis présenté,
Et j'ai su me glisser dans leur intimité,
Pour chercher à saisir les trames préparées...

PAULET.

Si bien qu'on l'a chargé de dépêches chiffrées
Pour la reine d'Écosse, et, ces secrets écrits,
Fidèlement, madame, il nous les a remis.

ÉLISABETH.

Dites-moi ce qu'ils sont maintenant à résoudre.

MORTIMER.

Ils ont été frappés comme d'un coup de foudre
A savoir que la France, en formant avec vous
Un solide traité, les abandonne tous.
Vers l'Espagne aujourd'hui tourne leur espérance.

ÉLISABETH.

Walsingham me l'écrit.

MORTIMER.

     Quand j'ai quitté la France,
Le pape avait pris soin de leur faire adresser
Une bulle qu'il vient contre vous de lancer.
Par le premier navire on l'aura dans cette île.

LEICESTER.

Contre nous, désormais, arme bien inutile!

BURLEIGH.

Aux mains d'un fanatique elle est à redouter.

ÉLISABETH, regardant Mortimer d'un œil scrutateur :

On dit qu'on vous a vu, chevalier, fréquenter
Les colléges de Reims, et qu'à votre croyance
Vous avez renoncé.

MORTIMER.

Ce n'est qu'en apparence,
— Je ne m'en cache pas, madame, — et tourmenté
Du désir d'être utile à Votre Majesté.

ÉLISABETH, à Paulet, qui lui présente un papier :

Qu'est-ce?

PAULET.

C'est une lettre; elle me fut donnée
Par la reine d'Écosse et vous est destinée.

BURLEIGH, voulant la saisir.

Voyons!

PAULET, remettant la lettre à la reine :

Pardonnez-moi, milord, elle a prescrit
Que ma reine, en main propre, eût de moi cet écrit :
« Je suis son ennemi! » c'est sa plainte éternelle;
Sans doute, je le suis de ses fautes, non d'elle,

Et je fais volontiers ce qu'elle peut vouloir,
Quand rien ne m'y paraît contraire à mon devoir.

La reine a pris la lettre. Pendant qu'elle la lit, Mortimer et Leicester se parlent à voix basse¹.

BURLEIGH, à Paulet.

Que contient cet écrit? C'est quelque plainte vaine
Qu'il faudrait épargner au bon cœur de la reine.

PAULET.

Elle m'a dit, milord, quelle en est la teneur :
Stuart de voir la reine implore la faveur.

BURLEIGH, avec vivacité :

Jamais!

SHREWSBURY.

Et pourquoi pas? ce désir n'est que juste.

BURLEIGH.

La faveur de jouir de sa présence auguste?
A qui toujours contre elle et dans l'ombre agissant,
Payait ses meurtriers, avait soif de son sang?
Quiconque de la reine a l'intérêt pour guide,
Ne peut pas lui donner un conseil si perfide.

SHREWSBURY.

Et si la reine entend accorder la faveur,
Voulez-vous arrêter cet élan de son cœur?

---

1. Mortimer et Leicester préparent ici la scène VIII, dont l'intimité surprend le lecteur s'il n'a pas fait attention à l'entretien indiqué dans cette parenthèse.

BURLEIGH.

Marie est condamnée ; on sait que sur sa tête,
Pour accomplir l'arrêt, la hache est toute prête ;
La majesté royale ira-t-elle, milord,
Voir la tête qu'on a dévouée à la mort ?
Si la reine admettait Stuart en sa présence,
Elle anéantirait l'effet de la sentence :
L'aspect du souverain apporte grâce.

ÉLISABETH, essuyant ses larmes après avoir lu la lettre:

Hélas !
Qu'est-ce que l'homme, et qu'est le bonheur ici-bas !
Dans quel abaissement a pu choir cette reine !
D'orgueilleuse espérance, elle, au début, si pleine !
Que l'hymen, tout à coup, appelle au plus ancien
Des trônes érigés dans le monde chrétien,
Et qui, dans son ivresse, à l'espoir s'abandonne
De placer sur sa tête une triple couronne !
Elle parle aujourd'hui de plus humble façon
Qu'aux temps où, d'Angleterre usurpant l'écusson,
Elle laissait, rêvant ses grandeurs puériles,
Ses flatteurs l'appeler la reine des deux îles !
— Pardonnez-moi, milords, mon cœur est déchiré,
A la tristesse il est profondément livré,
Il saigne de douleur lorsque je considère
Cette instabilité des choses de la terre,
Et quand il me faut voir la rigoureuse loi,
Dans son terrible cours passer si près de moi.

SHREWSBURY

O reine, le Seigneur vient de toucher votre âme !
A cette émotion obéissez, madame !

Elle a cruellement expié ses forfaits ;
D'une épreuve si rude arrêtez les effets.
Tendez, tendez la main à cette infortunée !
Jusqu'au fond du cachot qui la tient enchaînée,
Et comme y descendrait l'ange venu des cieux,
Allez, allez porter un pardon radieux !

BURLEIGH.

Sachez demeurer ferme et gardez, grande reine,
Qu'un généreux élan trop loin ne vous entraîne !
Ne vous enlevez pas même la liberté
D'obéir à la loi de la nécessité.
Vous ne lui pouvez plus, maintenant, faire grâce ;
Vous n'écarterez pas le coup qui la menace ;
Ne vous chargez donc pas du reproche odieux
D'avoir de son aspect rassasié vos yeux,
Et, quand vous la teniez au-dessus de l'abîme,
Par un cruel triomphe insulté la victime.

LEICESTER.

Dans notre zèle il faut ne pas aller trop loin,
Milords ; la reine est sage, elle n'a pas besoin,
Pour savoir quel parti sa dignité doit prendre,
Que comme conseillers nous nous fassions entendre.
Au cours de la justice importe-t-il en rien
Que la reine à Marie accorde un entretien ?
C'est la loi qui contre elle a prononcé la peine.
Ce n'est pas le vouloir de notre souveraine.
Si la loi se maintient dans toute sa rigueur,
Qu'Élisabeth en croie à la voix de son cœur ;
Il convient que ce cœur, si bon, si magnanime,
Se livre tout entier au penchant qui l'anime.

ÉLISABETH.

J'aviserai, milords, aux moyens de pouvoir
Unir, et la clémence, et l'extrême devoir.
Allez!

(Les lords se retirent. Quand Mortimer est près de la porte, Élisabeth le rappelle.)

Sir Mortimer! un moment!

SCÈNE V.

ÉLISABETH, MORTIMER.

ÉLISABETH, après avoir, pendant quelques instants, fixé sur lui un regard pénétrant:

Pour votre âge,
Vous avez fait paraître un bien hardi courage,
Un bien rare talent d'être maître de soi.
Qui, si tôt, sait au point où chez vous je le voi,
L'art de dissimuler, cet art si difficile,
A se gouverner seul avant l'heure est habile;
On peut en sa faveur hardiment abréger
L'épreuve après laquelle on comptait le juger.
Le destin vous réserve une grande carrière;
Ayez dans cet oracle une croyance entière :
C'est, pour votre bonheur, moi qui l'accomplirai.

MORTIMER.

A vous ce que je suis et ce que je pourrai,
Reine!

ÉLISABETH.

Vous avez vu quels hommes l'Angleterre
Compte pour ennemis et ce qu'ils osent faire.

Leur haine est implacable; ils ne se lassent pas
De former contre moi les plus noirs attentats,
Bien que Dieu m'ait prêté son égide puissante,
Ma couronne pourtant restera chancelante
Tant que respirera celle qu'en eux je vois
Nourrir le fanatisme et l'espoir à la fois.

MORTIMER.

Pour sa mort, il suffit d'un seul mot de la reine.

ÉLISABETH.

Hélas! sir, d'être au but je me croyais certaine,
Et j'en suis éloignée autant qu'aux premiers jours.
Je voulais à la loi laisser son libre cours;
Je voulais que de sang ma main demeurât pure.
L'arrêt? quel avantage est-ce donc qu'il m'assure?
Il faut l'exécuter, Mortimer, et je doi
Donner l'ordre fatal. On en fera sur moi
Retomber l'odieux. J'approuve la sentence
Sans avoir un moyen de sauver l'apparence,
Voilà le pire.

MORTIMER.

Aussi, pourquoi chercher, alors
Que votre cause est juste, à sauver les dehors?

ÉLISABETH.

Et le monde? Il vous reste encore à le connaître:
On y juge chacun sur ce qu'il paraît être,
Et non sur ce qu'il est. Qui convaincrais-je, sir,
Du droit certain que j'ai de la faire mourir?
Voilà pourquoi la part qu'à sa mort j'aurai prise
Devra rester toujours, pour le monde, indécise.

Un fait qui bien ou mal peut être interprété,
N'échappe à l'examen que par l'obscurité.
Le plus grave des torts est celui qu'on se donne,
Et l'on ne voit rien perdre à qui rien n'abandonne.

MORTIMER, interrogeant du regard la reine:

Ainsi, le mieux serait...?

ÉLISABETH, avec vivacité:

Sans doute!... Ah! cette fois
Mon bon ange lui-même emprunte votre voix!
Qu'au jour votre pensée entière se révèle,
Mon cher sir! Vous avez le véritable zèle;
Vous savez pénétrer au cœur des questions :
C'est bien mieux que Paulet.

MORTIMER, surpris:

De vos intentions
Il est par vous instruit?

ÉLISABETH.

De cette confidence
J'ai regret.

MORTIMER.

Faites voir pour lui quelque indulgence :
Les ans auront rendu ce vieillard scrupuleux;
Il faut jeunesse, ardeur pour ces coups hasardeux.

ÉLISABETH, vivement:

Puis-je...?

MORTIMER.

Ma main fera ce que d'elle on réclame;
De votre renommée à vous le soin, madame.

ÉLISABETH.

Ah! si vous m'éveilliez un jour à ce doux bruit :
« Stuart, votre ennemie, est morte cette nuit! »

MORTIMER.

Comptez sur moi.

ÉLISABETH.

La paix, quand me reviendra-t-elle ?

MORTIMER.

Vos terreurs cesseront à la lune nouvelle.

ÉLISABETH.

Adieu! Portez-vous bien! — Si vous me voyez, sir,
Des voiles de la nuit contrainte à me couvrir
Quand viendra le moment de ma reconnaissance,
N'en prenez point souci, n'est-ce pas? Le silence
Est le Dieu qu'ont toujours invoqué les heureux.
Songez que les plus forts et les plus tendres nœuds
Sont ceux que le mystère assemble et qu'il abrite.

(Elle sort.)

SCÈNE VI.

MORTIMER, seul :

Va! je te tromperai, cœur faux, reine hypocrite,
Comme tu sais tromper le monde. Te trahir,
C'est te faire justice, en honnête homme agir.
Est-ce le meurtrier que mon air te révèle?
L'habitude du crime à mon front se lit-elle?
Va! compte sur mon bras, suspends les coups du tien;

Prends tes dehors trompeurs, donne-toi le maintien
De la reine à la fois et pieuse et clémente,
Alors que je te sais dans la secrète attente
Du secours d'assassin qu'en moi tu crois trouver,
Et tu nous laisseras le temps de la sauver!
— Tu prétends m'élever! Tu m'indiques d'avance,
Avec intention, ma haute récompense!
Quand tu devrais toi-même à moi t'abandonner,
Qu'es-tu donc, misérable, et que peux-tu donner?
L'éclat d'un vain renom n'est pas ce que j'envie;
C'est près d'elle qu'il est, le charme de la vie;
Que des jeunes plaisirs et des grâces les dieux
Voltigent en un chœur éternel et joyeux!
Son sein est le séjour de la divine ivresse;
Toi! ce sont de vains biens que donne ta tendresse.
Tu ne le connais pas ce charme de nos jours,
Ces heures où, noyés dans les mêmes amours,
Donnant et recevant la volupté suprême,
Pleins de l'oubli si doux où l'on est de soi-même,
L'un à l'autre en entier se sont livrés deux cœurs!
Tu ne le connais pas ce premier des bonheurs!
Tu ne la portes pas l'auréole charmante
Que l'amour partagé donne au front de l'amante;
Ton amour n'a jamais su rendre un homme heureux.
— J'attends ce lord. — Pour moi quel message odieux!
J'ai dans ce courtisan fort peu de confiance.
J'assurerai bien, moi, moi seul, sa délivrance;
J'en veux, seul, les dangers et la gloire et le prix!

(Au moment où il veut sortir, il rencontre Paulet.)

SCÈNE VII.

MORTIMER. PAULET; puis LEICESTER.

PAULET.

La reine t'a parlé; dis, que t'a-t-elle appris?

MORTIMER.

Rien — du moins d'important, — sir.

PAULET, le regardant d'un air sévère:

Mortimer, écoute!
Te voilà poursuivant une glissante route.
C'est un brillant appât que la faveur des rois.
On a soif des honneurs à l'âge où tu te vois.
Fais que l'ambition ne puisse te séduire!

MORTIMER.

C'est par vous qu'à la cour je me suis vu conduire.

PAULET.

J'en ai bien du regret. — Jamais notre maison
A la cour n'a cherché l'honneur de son blason;
C'est souvent à haut prix que la faveur s'achète.
Mon neveu! garde au moins ta conscience nette!

MORTIMER.

Qu'imaginez-vous donc, et d'où vient cette peur?

PAULET.

Ne va pas, quel que soit le degré de faveur
Que la reine promette à ton obéissance,
Dans ses discours flatteurs mettre ta confiance!

Quand tu l'auras servie, elle te renfra,
Et, pour sauver son nom, hardiment vengera
La sanglante action par son ordre commise.

MORTIMER.

La sanglante action?

PAULET.

Parlons avec franchise :
Je sais votre entretien, sa proposition.
Elle espère trouver ta jeune ambition
Plus docile que n'est ma rigide vieillesse...
Tu n'as pas résisté? La reine a ta promesse?

MORTIMER.

Mon oncle!

PAULET.

S'il est vrai qu'elle compte sur toi,
Je te maudis, mon cœur t'est fermé!

LEICESTER, entrant:

Laissez-moi,
Sir, à votre neveu dire deux mots. La reine
Nous fait voir que pour lui sa faveur est certaine :
La garde de Stuart à lui seul désormais!
Chevalier, c'est son ordre, et je vous le transmets;
A sa fidélité la reine s'abandonne.

PAULET.

S'abandonne?... Fort bien!

LEICESTER.

Cet ordre vous étonne?

PAULET.

A lui Sa Majesté se fie; et moi, je veux
Ne m'en fier, milord, qu'à moi-même, à mes yeux.

(Il sort.)

SCÈNE VIII.

LEICESTER. MORTIMER.

LEICESTER, étonné:

Qu'a donc le chevalier, dites-moi?

MORTIMER.

Je l'ignore.
La subite faveur dont la reine m'honore...

LEICESTER, fixant sur lui un regard pénétrant:

Êtes-vous homme à qui l'on puisse se fier?

MORTIMER, de même:

Répondez-moi de vous, j'allais vous en prier.

LEICESTER.

Vous voulez d'un secret me faire confidence.

MORTIMER.

Serait-ce sans danger? D'abord, cette assurance.

LEICESTER.

Et qui me garantit votre discrétion?
Ne prenez pas à mal tant de précaution :
Vous portez à la cour une double figure;
L'une ou l'autre à nos yeux cache quelque imposture ;
Des deux, quelle est la vraie?

MORTIMER.

                        Eh bien! en vous je voi
L'homme, précisément, que vous voyez en moi.

LEICESTER.

A qui de témoigner confiance plus prompte?

MORTIMER.

A qui risque le moins.

LEICESTER.

          A vous donc!

MORTIMER.

                        A vous, comte!
Contre moi le puissant Leicester entendu
N'aurait qu'un mot à dire et je serais perdu.
Mais, vous, dans votre rang, votre faveur, que craindre?
Mon témoignage, à moi, ne saurait vous atteindre.

LEICESTER.

Erreur, sir! Il est vrai que l'on voit, chaque jour,
Éclater le pouvoir que j'ai dans cette cour;
Mais il n'est rien devant la délicate affaire
Dont je vous dois ici confier le mystère.
Nul moins que moi n'y peut, et qui me trahirait,
Le dernier misérable, aussitôt me perdrait.

MORTIMER.

Si, devant moi, milord dans sa toute-puissance
Ne craint pas de descendre à cette confidence,
Je puis bien, m'estimant un peu plus aujourd'hui,
En générosité prendre le pas sur lui.

LEICESTER.

Je répondrai bien vite à votre confiance.

MORTIMER, lui présentant la lettre de Marie:

De la reine d'Écosse, et pour vous.

LEICESTER, effrayé et la saisissant vivement:

Oh! silence...!
Ciel! son portrait!

(Il le baise et le contemple dans un muet ravissement.)

MORTIMER, qui pendant la lecture l'a observé attentivement:

Je puis à milord me fier.

LEICESTER, après avoir rapidement parcouru la lettre:

Mortimer! Vous savez ce que dit ce papier?

MORTIMER.

Je ne sais rien.

LEICESTER.

Elle a cependant dû vous dire...?

MORTIMER.

Que milord de l'énigme aurait soin de m'instruire.
Mais elle ne m'a rien confié. — C'est pour moi
Une énigme, en effet, que tout ce que je vois:
Le comte Leicester, favori de la reine,
Celui qui pour Stuart ne cache point sa haine,
Son juge, enfin, serait l'homme qu'en son malheur
La reine prisonnière attend comme un sauveur!
Et cet homme, milord, pourtant vous devez l'être,
Car c'est bien clairement que vos yeux font connaître
Ce qu'elle vous inspire.

LEICESTER.

    Expliquez-moi d'abord
Quel intérêt si grand vous prenez à son sort,
Et ce qui vous a pu gagner sa confiance.

MORTIMER.

En deux mots : J'ai dans Rome abjuré ma croyance;
Dans leur parti, dès lors, les Guises m'ont compté.
Auprès d'elle je suis par eux accrédité :
J'avais du cardinal un écrit pour la reine.

LEICESTER.

J'ai su votre passage à l'Église romaine,
Et c'est de ce moment que j'inclinai vers vous.
Donnez-moi votre main, et que je sois absous
D'avoir pu vous montrer un peu de défiance.
Je ne saurais agir avec trop de prudence :
Walsingham et Burleigh me haïssent tous deux;
Je sais ce que je puis avoir à craindre d'eux,
Et vous pouviez leur être un agent dont l'adresse
Devait me faire choir aux piéges qu'on me dresse.

MORTIMER.

Pour un si grand seigneur, quels petits pas, milord,
Je vous vois faire ici! Que je plains votre sort!

LEICESTER.

Pour épancher mon cœur, je me jette avec joie
Sur le sein de l'ami que mon bonheur m'envoie.
Cet aveu vous étonne; il vous semble que j'ai,
A l'égard de Marie, en un moment changé.
Moi! la haïr? Eh non! Mais, pour être sincère,

La contrainte des temps me fit son adversaire.
Elle épousa Darnley, bien qu'avant cet hymen,
Ce fût à moi, longtemps, qu'on destinât sa main.
La fortune à la reine était encor fidèle ;
Au sein de sa grandeur tout souriait pour elle.
Moi, qui n'ai pas voulu devenir son époux,
Je la cherche aujourd'hui jusque sous les verrous,
Aux portes de la mort, et j'y risque ma tête.

MORTIMER.

C'est noblement agir, milord ! Que rien n'arrête...

LEICESTER.

Depuis, tout a changé de face : il est passé
Le rêve d'où sortit mon refus insensé.
De mon ambition l'orgueilleuse faiblesse
Fit que je dédaignai sa beauté, sa jeunesse.
De mes illusions je subissais la loi :
Cette reine d'Écosse était trop peu pour moi,
Il fallait à mes vœux la reine d'Angleterre !

MORTIMER.

Qu'elle vous distinguât, ce n'est pas un mystère.

LEICESTER.

Vains dehors ! — Maintenant, après dix ans perdus
D'odieuse contrainte et de soins assidus...
— Tenez ! mon cœur s'épanche et je veux tout vous dire,
Je veux me soulager de ce trop long martyre !
Le monde, chevalier, me croit un homme heureux ;
S'il savait qu'il m'envie un esclavage affreux ! —
Eh bien ! après avoir à sa vanité folle,

Dix ans, sacrifié comme aux pieds d'une idole,
— Dix ans pleins d'amertume! — après avoir subi,
En véritable esclave à son joug asservi,
Des caprices qui sont tous ceux d'une sultane;
A n'être qu'un jouet quand elle me condamne;
Un jour, par sa tendresse adoré, caressé,
L'autre, par son orgueil, ses dédains repoussé;
Souffrant de sa faveur comme de sa disgrâce;
Gardé comme un captif qu'un œil jaloux menace;
Tantôt interrogé comme un enfant, tantôt
Grondé comme un valet que l'on prend en défaut...
— Oh! la langue n'a pas d'expressions pour peindre
Cet enfer où je vis!

MORTIMER.

Que milord est à plaindre!

LEICESTER.

Quand je touchais au but, mon espoir est détruit!
Un autre de mes soins vient m'enlever le fruit!
Un jeune époux paraît, et sa seule présence
Me fait perdre les droits de ma longue constance!
De la scène où longtemps sans rivaux j'ai brillé,
Dans un moment je vais disparaître oublié!
Du nouvel arrivant la victoire fatale
Me ravit, et sa main, et sa faveur royale!
— Elle est femme; le prince est fait pour plaire...

MORTIMER.

Et puis,
Le fils de Catherine aura sans doute appris
L'art de la flatterie; il est à bonne école.

LEICESTER.

C'est ainsi, chevalier, que mon espoir s'envole.
Je cherche, en ce naufrage où mon bonheur se perd,
Quel moyen de salut peut encor m'être offert.
Je retrouve, portant mes regards en arrière,
Ma première espérance et qui me fut si chère.
Marie à mon esprit revient se présenter
Dans le magique éclat qu'on lui voyait jeter;
La beauté, la jeunesse ont repris leur empire,
La froide ambition n'est plus ce qui m'inspire;
Par la comparaison à lui-même rendu
Le cœur seul me fait voir quel trésor j'ai perdu.
De son profond malheur j'ai l'âme épouvantée,
— Dans l'abîme c'est moi qui l'ai précipitée! —
Et je sens s'éveiller en moi l'espoir bien doux
Que je puis être encor son sauveur, son époux!
Je la fais informer par un avis fidèle,
Que mon cœur lui revient, qu'il est changé pour elle,
Et voilà, dans ce pli dont vous étiez porteur,
Son pardon et sa main pour son libérateur!

MORTIMER.

Mais vous n'avez rien fait, rien, pour sa délivrance.
Avez-vous empêché qu'on rendît la sentence?
N'avez-vous pas voté, vous aussi, pour sa mort?
Il n'a fallu rien moins qu'un miracle, milord,
Pour que la vérité touchât de sa lumière
Le neveu de Paulet; pour qu'à la prisonnière,
Dans Rome, au Vatican, Dieu daignât préparer
L'inespéré sauveur qui vient la délivrer.
Sans ma conversion, il n'était, pour Marie,
Nul moyen d'arriver à Votre Seigneurie.

LEICESTER.

Ah! sir, que de tourments j'en ai soufferts! — Bientôt
On changea sa prison : du château de Talbot
C'est à Fotheringay qu'elle fut amenée;
Au sévère Paulet la garde en fut donnée;
Vers elle aucun chemin! C'est par nécessité
Qu'aux yeux du monde, encor, je la persécutai.
Mais la laisser aller à la mort et me taire?
Ne point agir? Oh non! — J'espérais, et j'espère
Empêcher d'accomplir l'épouvantable arrêt,
Jusqu'à ce qu'un jour vienne où se présenterait
Un moyen d'assurer enfin sa délivrance.

MORTIMER.

Il est trouvé, milord. — A votre confiance
La mienne répondra : Moi je la sauverai!
C'est dans ce seul dessein qu'ici je suis entré.
J'ai déjà tout prévu. — De la noble entreprise
Le succès est certain : milord la favorise!

LEICESTER.

Comment!... Vous m'effrayez... Vous dites?... On voudrait...?

MORTIMER.

Je veux, par force, ouvrir sa prison. — Tout est prêt.
Le projet est formé sous les meilleurs auspices.
Mes affidés et moi...

LEICESTER.

Vous avez des complices!
Alors, malheur à moi! Dans quels affreux périls
Vous allez m'entraîner! — Et ces gens savent-ils
Que vous étiez chargé par elle de la lettre...?

MORTIMER.

Rassurez-vous : sans vous le projet a pu naître,
Et c'est sans vous encor qu'on l'eût exécuté,
Si la reine n'avait sur ce point insisté,
Qu'elle puisse à vous seul devoir sa délivrance.

LEICESTER.

Ainsi, vous me donnez la complète assurance
Que nul dans ce complot n'a prononcé mon nom?

MORTIMER.

Je vous le garantis. — Mais, pour quelle raison,
Lorsque de ce secours j'apporte la nouvelle,
Tant d'hésitation chez vous se montre-t-elle?
Vous voulez que Stuart trouve à la fois en vous
Et son libérateur, milord, et son époux;
Et quand, pour le succès, une aide inespérée
Vous est, dans des amis, tout à coup assurée,
Que lui-même le ciel vient vous offrir leurs bras,
On voit bien moins de joie en vous que d'embarras?

LEICESTER.

La force ne doit pas agir dans cette affaire;
C'est risquer beaucoup trop.

MORTIMER.

     Autant si l'on diffère.

LEICESTER.

Le coup, vous dis-je, sir, n'est point à hasarder.

MORTIMER, avec amertume:

Sans doute par milord, qui veut la posséder;

Mais nous qui simplement voulons sa délivrance,
Nous n'hésitons pas tant.

LEICESTER.

Il faut de la prudence,
Jeune homme! Cette affaire est pleine de danger,
Et vous êtes trop prompt à vouloir l'engager.

MORTIMER.

Dans cette même affaire, où vous n'avez pour guide
A prendre que l'honneur, vous êtes bien timide.

LEICESTER.

J'aperçois les filets tendus autour de nous.

MORTIMER.

Mon courage fera que je les romprai tous.

LEICESTER.

Un tel courage a nom témérité, démence.

MORTIMER.

La bravoure, milord, n'a pas cette prudence.

LEICESTER.

Le sort de Babington vous aurait-il tenté?

MORTIMER.

Du moins, Norfolk par vous n'est-il pas imité.

LEICESTER.

Jusqu'au lit nuptial il n'a pas conduit celle
Qu'il prétendit sauver.

MORTIMER.
Mais il fut digne d'elle.

LEICESTER.
Échouer, c'est pour nous et pour elle la mort.

MORTIMER.
Mais, en nous ménageant, la sauvons-nous, milord?

LEICESTER.
Vous ne voulez ouïr ni conseils, ni prudence;
Par votre aveuglement, par votre violence,
Vous renversez un plan où tout marchait si bien!

MORTIMER.
Le comte Leicester veut-il parler du sien?
— Voyons! pour la sauver, qu'avez-vous fait, de grâce?
Et si, dans ce moment, j'avais l'âme assez basse
Pour remplir le mandat qu'on osa me donner,
Si, — la reine le croit, — j'allais l'assassiner,
Dites, pour empêcher cette horrible entreprise,
Quelle précaution, milord, vous avez prise?

LEICESTER, étonné :
La reine! A vous? Cet ordre?

MORTIMER.
Oui, la reine, milord;
Se méprenant sur moi, comme sur vous, d'abord,
S'est méprise Marie.

LEICESTER.
Et vous avez...? Vous êtes
Engagé, sir?

MORTIMER.

   J'ai dit que mes mains étaient prêtes.
Je craignais que son or n'en payât d'autres.

LEICESTER.

          Bien!
Ceci, d'aviser mieux, nous donne le moyen :
Dès qu'elle s'en remet à vous de cet office,
La reine n'ira pas ordonner le supplice,
Et nous gagnons du temps.

MORTIMER, avec impatience :

    C'est en perdre!

LEICESTER.

         A vos soins
La reine qui se fie hésitera bien moins
A montrer que peut-être elle sera clémente.
Puis, qu'à voir sa rivale Élisabeth consente,
— J'espère l'y pouvoir amener, — ce sera
Comme un engagement qu'elle-même prendra.
Burleigh avait raison : admise en sa présence,
Marie, évidemment, échappe à la sentence.
— Oui, j'y vais travailler, et de tout mon pouvoir.

MORTIMER.

Qu'obtiendrez-vous par là? Quand la reine va voir
Quelle était son erreur en me chargeant du crime,
— Et laissât-elle encor la vie à sa victime, —
Nous reviendrons au point que nous avions quitté.
Elle ne lui rendra jamais la liberté,
Et le sort le plus doux qu'elle puisse lui faire
Sera de la garder à jamais prisonnière.

Par quelque coup hardi vous finirez, milord;
Eh bien! pourquoi ne pas le tenter tout d'abord?
Vous êtes fort : un mot, et toute la noblesse
De vos nombreux châteaux autour de vous s'empresse;
C'est là toute une armée. — Et puis, l'on compterait
En faveur de Stuart maint partisan secret :
Les Howard, les Percy, bien qu'une mort funeste
Ait fait tomber leurs chefs, prouveraient qu'il leur reste
Plus d'un héros encor. — Ils sont prêts, attendant
Qu'un puissant lord d'agir leur indique l'instant.
Point de détours! Allez, à la vive lumière,
Défendre en chevalier celle qui vous est chère.
C'est un noble combat que vous engagerez!
Vous tiendrez à merci, dès que vous le voudrez,
La reine d'Angleterre : il vous sera facile,
Pour l'un de vos châteaux qu'elle quitte la ville;
Souvent, dans l'un ou l'autre, elle vous a suivi;
Là, milord, soyez homme; en maître parlez-lui,
Et, de sa liberté, que celle de Marie
Soit la condition.

LEICESTER.

    Sir, j'ai l'âme saisie
De stupeur et d'effroi. — Vous égarer ainsi! —
Connaissez-vous le sol où nous marchons ici?
Savez-vous ce qu'elle est la cour de cette reine,
Et vîtes-vous jamais dans quelle étroite chaîne
L'empire d'une femme y tient tous les esprits?
Cette héroïque ardeur dont brûlait le pays,
Vous la cherchez en vain. — Aujourd'hui, plus une âme
Qu'elle n'ait su plier à son joug, cette femme.

Le courage chez nous a perdu ses ressorts.
Croyez-en mes conseils. Pas d'imprudents efforts!...
— J'entends venir quelqu'un. — Allez!

MORTIMER.
                              Marie espère.
Aura-t-elle de vous, milord, dans sa misère,
Des consolations, de vains mots seulement?

LEICESTER.
D'un éternel amour portez-lui le serment.

MORTIMER.
Allez en lui donner vous-même l'assurance.
Si je me suis offert, c'est pour sa délivrance;
Non comme messager de vos amours.
                              (Il sort.)

SCÈNE IX.

ÉLISABETH, LEICESTER.

ÉLISABETH.
                              Milord,
Avec qui parliez-vous tout à l'heure? Qui sort?

LEICESTER, qui se retourne vivement en entendant la reine et paraît
effrayé :
Mortimer.

ÉLISABETH.
            Vous est-il arrivé quelque chose?
De cette émotion...?

LEICESTER, se remettant:
Votre aspect est la cause :
Je ne vous vis jamais plus belle qu'aujourd'hui,
Et de cette beauté je demeure ébloui.
— Hélas!

ÉLISABETH.
Vous soupirez? Et pourquoi?

LEICESTER.
Quand j'admire
Tant d'attraits, ce n'est pas à tort que je soupire;
Ils ravivent en moi l'indicible douleur
De la perte à laquelle est condamné mon cœur.

ÉLISABETH.
Vous perdez...?

LEICESTER.
Votre cœur, votre personne aimable.
Voilà les biens si chers dont la perte m'accable.
Le bonheur vous attend dans les bras d'un époux
Brillant de sa jeunesse et plein d'amour pour vous.
Votre cœur désormais est à lui sans partage.
Un sang royal sur moi lui donnait l'avantage;
Mais dans le monde entier en vain l'on chercherait
Qui plus profondément que moi vous chérirait!
Ce jeune duc d'Anjou vous connaît-il?... vous-même?
Ce n'est que votre éclat, votre gloire qu'il aime,
Tandis que cet amour, dont je suis enivré,
C'est vous, Élisabeth, qui l'avez inspiré,
Vous seule! — Vous seriez la plus pauvre bergère,
Et moi, le plus puissant des princes de la terre,

ÉLISABETH.

Dudley, sachez me plaindre, et point d'injuste blâme.
Hélas! je n'ose pas interroger mon âme.
Laissé libre, mon cœur eût fait un autre choix.
Ah! que je porte envie aux femmes que je vois
Élever à leur rang l'objet de leur tendresse!
De goûter ce bonheur je ne suis pas maîtresse.
Que ne puis-je au mortel qui m'est cher entre tous,
Donner, et ma couronne, et le titre d'époux!
— Mais, cette liberté, Stuart se l'est permise;
Elle a donné toujours cœur et main, à sa guise,
Et n'agissant jamais qu'au gré de ses désirs,
Elle a bu jusqu'au fond la coupe des plaisirs.

LEICESTER.

C'est celle des douleurs qu'à présent elle vide.

ÉLISABETH.

Elle n'a pas voulu l'opinion pour guide,
— La vie est bien facile à ce prix! — et jamais
Ne s'imposa le joug auquel je me soumets.
De jouir de la vie il aurait pu me plaire;
Je pouvais me donner les plaisirs de la terre,
Mais, avant ces plaisirs, j'ai mis l'austérité
Des devoirs que m'avait prescrits la royauté.
A n'être qu'une femme elle s'est appliquée,
Et des hommes obtient une faveur marquée.
Nous voyons la jeunesse, et l'âge mûr aussi,
Pour elle soupirer. — Les hommes sont ainsi :

Voluptueux, n'aimant que le plaisir frivole ;
Dès qu'on peut l'entrevoir, soudain chacun y vole.
Ce qu'il faut vénérer, ils l'estiment fort peu...
Jusqu'à ce vieux Talbot que j'ai vu prendre feu
Et redevenir jeune en la disant si belle !

LEICESTER.

Il faut lui pardonner : il a vécu près d'elle ;
Comme gardien, jadis, Talbot lui fut donné.
Par ruse, en le flattant, elle l'a fasciné.

ÉLISABETH.

Est-il vrai qu'elle soit belle autant qu'on l'assure ?
J'ai si souvent ouï vanter cette figure
Que je voudrais enfin asseoir mon jugement.
Le portrait flatte trop, la description ment :
J'en croirais mes yeux seuls... Mais pourquoi, je vous prie,
Ainsi me regarder ?

LEICESTER.

C'est qu'auprès de Marie
Je vous place en pensée, et songe quel serait
Mon bonheur à vous voir, comme un témoin secret,
Elle et vous, un moment, l'une en face de l'autre.
Quel triomphe, ô ma reine, alors serait le vôtre !
Cette confusion puisse-t-elle l'avoir !
Croyez-moi, contraignez ses propres yeux à voir,
— Et de l'envie on sait que la vue est perçante, —
Que, de grâces, d'attraits, de taille, éblouissante,
Vous l'éclipsez autant qu'elle est vaincue encor
Par toutes les vertus dont le riche trésor
En vous se réunit.

ACTE II. — SCÈNE IX.

ÉLISABETH.

Elle n'a pas mon âge.

LEICESTER.

Vous ne le croirez plus en voyant son visage.
Songez que bien des maux sont venus l'assaillir.
Sans doute, avant le temps, ils l'auront fait vieillir.
Son chagrin grandira de vous voir fiancée.
Pour elle, désormais, la saison est passée
Où les plus doux espoirs, seuls, remplissent le cœur.
Elle ne vous verra que marchant au bonheur,
Au moment d'épouser un royal fils de France,
Elle qui, dans l'orgueil d'une même alliance,
S'en vantait hautement et qui s'attend toujours
A recevoir de France un utile secours.

ÉLISABETH, négligemment:

Pour la voir, il est vrai, je suis persécutée.

LEICESTER, vivement:

Eh bien! cette faveur qu'elle a sollicitée,
Il la faut accorder, mais comme un châtiment.
A voir l'échafaud prêt pour son dernier moment,
Elle souffrirait moins qu'à l'amère pensée
Que par votre beauté la sienne est éclipsée.
Lui donner ce tourment, mais, c'est l'assassiner!
C'est la mort qu'elle-même osa vous destiner!
Ah! lorsqu'elle verra cette beauté charmante,
Qu'à la fois la pudeur protége et qu'elle augmente;
Que la pure auréole, attribut glorieux
D'une vertu sans tache, éblouira ses yeux;
— De ses folles ardeurs trop souvent animée,

Loin d'elle elle a jeté sa bonne renommée, —
Que deux titres viendront rehausser ces trésors;
Qu'elle vous verra reine et fiancée, alors
L'anéantissement aura son glas pour elle.
Oh! oui, dans ce moment où je vous vois si belle,
Je dis qu'Élisabeth n'aura jamais été
Plus prête à remporter le prix de la beauté.
A moi-même, en entrant, vous m'êtes apparue
Comme une vision lumineuse, et ma vue
N'a point pu soutenir cet éblouissement.
— Eh bien! si vous alliez, d'ici, dans ce moment,
Telle que vous voilà, vous montrer devant elle?...
Vous n'en aurez jamais occasion plus belle.

ÉLISABETH.

Maintenant?... Non!... Oh! non, Leicester! Un délai!...
Je veux y réfléchir... M'entendre avec Burleigh...

LEICESTER, l'interrompant vivement:

L'intérêt politique est son unique affaire;
Votre sexe a le sien, ses droits à satisfaire.
C'est par vous seulement qu'un point si délicat
Doit être décidé, non par l'homme d'État.
Voyez-la : c'est aussi de bonne politique;
C'est vous concilier l'opinion publique
Par un acte éclatant de générosité.
Et puis, d'une ennemie, à votre volonté,
Alors, délivrez-vous!

ÉLISABETH.

Aller, dans sa misère,
Dans son abaissement la voir, ne siérait guère.

Je songe qu'elle et moi sommes de même sang.
Autour d'elle, dit-on, rien n'annonce son rang;
Ce dénûment, pour moi, serait tout un reproche.

LEICESTER.

Du seuil de sa prison vous évitez l'approche...
— Écoutez mes conseils; à souhait tout nous sert:
Aujourd'hui vous devez aller courre le cerf;
Jusqu'à Fotheringay la chasse vous amène;
On a soin que Stuart dans le parc se promène;
Vous entrez par hasard; rien ne doit annoncer
Que dans ce parc, exprès, vous ayez dû passer,
Et si de lui parler vous n'avez pas envie,
Soit! ne lui parlez pas!

ÉLISABETH.

Si c'est une folie,
Qu'on l'impute à vous seul. Pour aujourd'hui, je veux
Ne vous contrarier dans aucun de vos vœux,
Car aujourd'hui c'est vous, dans toute l'Angleterre,
Que j'affligeai le plus.

(Le regardant tendrement:)

Et s'il pouvait se faire,
Quand vous me conseillez d'avoir cet entretien,
Que ce ne soit chez vous qu'un pur caprice, eh bien!
Ce qu'on refuserait le condamnant soi-même,
L'accorder par faveur c'est prouver que l'on aime.

(Leicester se jette à ses pieds. La toile tombe.)

FIN DU SECOND ACTE.

ACTE TROISIÈME.

MARIE STUART.

ACTE TROISIÈME.

Un parc, des arbres sur le devant; au fond, le lointain.

SCÈNE PREMIÈRE.

MARIE, sortant précipitamment de derrière les arbres; ANNA qui la suit lentement.

ANNA.

Courir ainsi!... Vos pieds ont des ailes, je croi.
Jamais je ne pourrai vous suivre. Attendez-moi!

MARIE.

De cette liberté nouvelle,
Anna, laisse-moi m'enivrer!
J'ai besoin, heureuse par elle,
Comme un enfant de folâtrer!
— Sois enfant toi-même! — O verdure,
Sur tes tapis, à l'aventure,
Comme l'oiseau je veux courir!
Rêvé-je? ma prison obscure,
Est-il vrai qu'elle ait pu s'ouvrir?
Que ma tombe au jour m'ait rendue?...
A longs traits, Anna, laisse-moi
Respirer, dans cette étendue,
L'air du ciel qu'enfin je revoi!

ANNA.

C'est toujours la prison, ô ma chère maîtresse !
C'est un peu plus d'espace, hélas! qu'on vous y laisse.
Si vous n'en voyez pas les murs, c'est seulement
Que ce feuillage épais les cache en ce moment.

MARIE.

A ces arbres amis grâces du soin qu'ils prennent
De celer à mes yeux les murs qui me retiennent !
De liberté je veux rêver, et de bonheur !
Pourquoi donc me tirer de cette douce erreur ?
De la voûte du ciel je suis environnée ;
Sur le vaste horizon ma vue est ramenée ;
Au pied des monts brumeux dont j'aperçois, là-bas,
Les grisâtres sommets, commencent mes États,
Et, volant vers le sud dans cet espace immense,
Ces nuages s'en vont chercher les mers de France !

   Voiliers des airs, légers nuages,
   Heureux qui pourrait avec vous
   Accomplir vos libres voyages !
   Allez vers ces climats si doux,
   Témoins des jours de ma jeunesse !
   Saluez-les avec tendresse !
   Ici, je suis sous les verrous !
   Vous seuls, vers ces heureux rivages,
   Vous pouvez porter mes messages.
   Dans les airs que vous traversez,
   Aucune main ne vous enchaîne,
   Et sous le joug de cette reine,
   Du moins, vous n'êtes pas placés !

ANNA.

Vous n'êtes plus à vous, ô ma chère maîtresse !
C'est de l'égarement qu'une telle allégresse.
Après les ans si longs de la captivité,
Vous ne supportez plus un peu de liberté.

MARIE.

Un pêcheur, là-bas, au rivage,
Fixe sa barque en ce moment !
De son métier pauvre instrument,
Elle pourrait rapidement
Me conduire à l'heureuse plage
Où l'amitié m'accueillerait.
Ce frêle esquif me sauverait !
A son possesseur il n'assure
Qu'une chétive nourriture...
— Pêcheur ! de l'or plein ton bateau,
Et tu n'auras fait de ta vie
Un coup de filet aussi beau,
Si, grâce à toi, je suis ravie
A la prison de ce château !
Ne peux-tu pas m'être propice ?
Ne puis-je pas, pauvre pêcheur,
Te faire trouver le bonheur
Dans ta barque libératrice ?

ANNA.

Inutiles souhaits ! N'apercevez-vous pas,
Au loin, les surveillants attachés à nos pas ?
De vous voir on a fait la sinistre défense,
Et qui pourrait vous plaindre est écarté d'avance.

MARIE.

Non, non, ma chère Anna, ce n'est pas sans raison,
Crois-moi, que s'est enfin ouverte ma prison.
Si je goûte aujourd'hui cette faveur légère,
D'un bonheur plus complet elle est la messagère.
Je ne me trompe pas; à l'amour je la dois :
C'est la main de Dudley, c'est elle que j'y vois !
On veut que par degrés ma liberté s'étende ;
Après chaque faveur m'en faire une plus grande,
Jusqu'à l'heureux moment où celui qui rompra
Mes chaînes pour toujours, à mes yeux paraîtra !

ANNA.

Quel contraste, grand Dieu ! Je ne puis le comprendre :
Hier, votre arrêt de mort qu'on vous faisait entendre ;
Aujourd'hui, tout à coup, autant de liberté !...
Hélas ! aux malheureux que, pour l'éternité,
On entend délivrer et dont l'heure est prochaine,
A ceux-là, m'a-t-on dit, on ôte aussi leur chaîne !

MARIE.

  Les entends-tu ces cors de chasse ?
Ils ont, de leur puissante voix,
A travers les champs et les bois,
Jeté leur appel dans l'espace.
Oh ! que ne puis-je m'élancer
Sur l'ardent coursier, libre, heureuse,
Et, dans cette troupe joyeuse,
Les prés, les bois, les traverser !
  — Encore ! encore ! — O voix connue,
Qui m'es jusqu'ici revenue
Comme un triste et doux souvenir,

Vers moi continue à venir!
Dans mon Écosse bien-aimée,
Combien de fois je fus charmée
A ton bruit qui retentissait,
Quand, ardente à la noble guerre,
A travers la haute bruyère
La chasse en tumulte passait!

SCÈNE II.

LES PRÉCÉDENTS, PAULET.

PAULET.

Madame, vous voilà satisfaite, je pense.
Ai-je enfin mérité quelque reconnaissance?

MARIE.

Quoi, chevalier Paulet, c'est à vous que je doi
Cette faveur? — A vous?

PAULET.

                Sans doute, c'est à moi;
Je suis allé porter votre lettre à la reine.

MARIE.

Elle a ma lettre? Vrai? La liberté soudaine
Qu'on vient de m'accorder, de ma lettre est l'effet?

PAULET, avec intention :

Vous ne lui devrez pas cet unique bienfait;
A jouir d'un plus grand encor tenez-vous prête.

MARIE.

Un plus grand, sir? Comment faut-il que j'interprète...?

PAULET.

Tout à l'heure, ces cors...

MARIE, reculant effrayée :

Dieu! quel pressentiment!

PAULET.

Tout près d'ici, la reine est à chasser.

MARIE.

Comment!

PAULET.

Peu d'instants passeront avant qu'elle paraisse.

ANNA, courant vers Marie qui tremble, près de s'évanouir :

Qu'avez-vous? Je vous vois pâlir, chère maîtresse!

PAULET.

Quoi donc? n'avez-vous pas sans cesse demandé
L'entretien qui vous est maintenant accordé?
Vous n'imaginiez point, sans doute, que la reine
Fixât pour sa visite une heure si prochaine?
Eh bien! madame, vous, qui vous montrez toujours
Prompte à répondre à tout, préparez vos discours :
De parler voici bien l'occasion venue.

MARIE.

Oh! pourquoi donc venir sans m'avoir prévenue!
Je ne sens pas mon cœur prêt à la recevoir;
Non, non; une autre fois, de grâce! Où j'ai pu voir

La plus grande faveur, à présent tout me semble
Être plein de périls, d'épouvante, et je tremble.
— Viens, Anna! J'ai besoin de pouvoir un moment
Me recueillir après ce grand saisissement.

PAULET.

Restez; il faut qu'ici vous attendiez la reine.
— Vous êtes effrayée et je le crois sans peine :
Votre juge s'approche.

SCÈNE III.

LES PRÉCÉDENTS. SHREWSBURY.

MARIE.

Oh! non, ce n'est pas là,
Pour mon cœur, le motif de la crainte qu'il a :
A bien d'autres pensers Dieu sait qu'il est en proie...
— Ah! cher comte, le ciel lui-même vous envoie :
Je ne puis pas la voir; non! De grâce! à mes yeux,
Prenez soin d'épargner son aspect odieux.

SHREWSBURY.

Reprenez vos esprits. Du courage! Elle arrive
Cette heure qui pour vous doit être décisive.

MARIE.

Je l'ai bien attendue, et c'est bien longuement
Que je me préparai pour ce fatal moment,
Sans cesse méditant, gravant dans ma mémoire
Tous les discours, les mots même, que j'ai pu croire
Propres à la toucher, à l'émouvoir! Eh bien!

Voilà que, tout à coup, il ne m'en reste rien.
Je n'ai plus, quand je vais paraître en sa présence,
Que l'ardent souvenir de ma longue souffrance,
Et contre Élisabeth mon cœur est raffermi
De la haine qui veut la mort d'un ennemi.
Je ne conserve plus une bonne pensée,
C'est au mal seulement que je me sens poussée,
Et, tout autour de moi, les Esprits des enfers
Agitent les serpents dont leurs fronts sont couverts.

SHREWSBURY.

A cet emportement ne cédez pas, madame;
Empêchez que ce fiel ne remplisse votre âme.
Quand deux haines ainsi viennent se rencontrer,
Ils sont amers les fruits qu'on en doit retirer.
Quoiqu'elle vous révolte, il faut bien vous soumettre
A la nécessité que ce moment fait naître;
La reine a le pouvoir... Vous vous humilirez.

MARIE.

Devant elle?... Jamais!

SHREWSBURY.

Si! si! vous le ferez.
Montrez-vous, en parlant, douce, respectueuse;
Dites-lui qu'envers vous elle soit généreuse;
N'invoquez pas les droits que vous pouvez avoir :
Ce n'est pas le moment de les faire valoir.

MARIE.

C'est ma ruine, hélas! que j'ai sollicitée;
Mon malheur a voulu que je fusse écoutée.

Nous n'aurions dû jamais nous voir. Cet entretien
Ne peut, entre elle et moi, faire naître aucun bien.
Plutôt s'accorderaient deux éléments contraires,
Et le tigre et l'agneau s'embrasseraient en frères!
J'ai trop souffert par elle : outrages, cruautés...
Point de paix entre nous!

SHREWSBURY.
     A la voir, consentez.
La reine, tout émue, a lu votre message;
J'étais présent : les pleurs ont mouillé son visage.
Ne croyez pas qu'elle ait un insensible cœur.
Il faut dans sa bonté mettre un espoir meilleur,
Et j'ai pris les devants, dans mon désir, madame,
De vous le rappeler et d'affermir votre âme.

MARIE, lui saisissant la main :
Cher comte, j'ai toujours eu votre affection;
Vous m'avez accordé tant de protection!
Sous un gardien si doux que ne suis-je restée,
Talbot! On m'a, depuis, bien durement traitée!

SHREWSBURY.
Il faut tout oublier. Songez à recevoir
Avec soumission la reine.

MARIE.
     Et vais-je voir,
Avec elle, Burleigh, dont l'infernale haine
Me poursuit?

SHREWSBURY.
    Un seul homme accompagne la reine :
Leicester.

MARIE.

Leicester!

SHREWSBURY.

Ne craignez pas ce lord;
Il n'est pas avec ceux qui veulent votre mort.
Si vous allez, enfin, avoir cette entrevue,
C'est au comte lui seul que la faveur est due.

MARIE.

Ah! je le savais bien!

SHREWSBURY.

Vous avez pu savoir...?

PAULET, arrivant:

Voici Sa Majesté la reine.
(Tous se retirent à l'écart; Marie demeure seule, appuyée sur Anna.)

SCÈNE IV.

LES PRÉCÉDENTS. ÉLISABETH. LEICESTER. SUITE.

ÉLISABETH, à Leicester:

Ce manoir,
Comment le nomme-t-on?

LEICESTER.

Fotheringay.

ÉLISABETH, au comte de Shrewsbury:

Qu'on fasse
A Londres retourner l'équipage de chasse.

ACTE III. — SCÈNE IV.

Pour fuir de nos sujets l'excès d'empressement,
Dans ce tranquille parc demeurons un moment.

(Shrewsbury éloigne la suite. Élisabeth fixe les yeux sur Marie et continue, en s'adressant à Paulet.)

Bon peuple! il a pour moi trop d'amour. Qu'il me voie,
Jusqu'à l'idolâtrie il témoigne sa joie.
Pour la divinité ces hommages sont faits,
Non pour une mortelle.

MARIE, qui pendant ce temps est restée, à moitié évanouie, appuyée sur Anna, se redresse et rencontre le regard fixe d'Élisabeth. Elle tressaille et se rejette sur le sein d'Anna.

Oh! grand Dieu! sous ces traits,
Ne peut point battre un cœur!

ÉLISABETH.

Quelle est donc cette femme?

(Silence général.)

LEICESTER.

On appelle ce lieu Fotheringay, madame.

ÉLISABETH, qui feint la surprise, lance à Leicester un sombre regard.

Comte de Leicester! ce n'est point le hasard
Qui peut...?

LEICESTER.

Pour reculer, madame, il est trop tard;
Et puisque par le ciel vous êtes amenée,
Montrez-vous généreuse!

SHREWSBURY.

A cette infortunée,
Qui succombe à l'aspect de Votre Majesté,

Accordez, ô ma reine, un regard de bonté !

(Marie rassemble ses forces et veut s'approcher d'Élisabeth, mais elle s'arrête avec effroi à moitié chemin. Ses traits expriment la plus violente lutte intérieure.)

ÉLISABETH.

Eh bien ! milords ? qui donc m'annonçait une femme
N'ayant qu'humilité, soumission dans l'âme ?
Je la vois, mais d'orgueil son cœur toujours rempli
Sous les coups du malheur ne s'est point assoupli.

MARIE, à part:

Soit ! je la subirai cette épreuve dernière.
Impuissante fierté d'un noble cœur, arrière !
Qui je suis, mes tourments, je veux tout oublier,
Et devant elle, moi ! je vais m'humilier.

(Elle se tourne vers la reine.)

Le ciel a prononcé : Vous portez la couronne,
Ma sœur ; votre heureux front du triomphe rayonne,
Et j'adore le Dieu qui fit votre grandeur.

(Elle tombe à genoux devant elle.)

Mais, vous aussi, soyez généreuse, ma sœur !
Oh ! ne me laissez pas à vos pieds prosternée !
Votre royale main pour une infortunée
Qui ne peut pas avoir supplié vainement !
De votre sœur voyez quel est l'abaissement :
Vous l'en relèverez.

ÉLISABETH, reculant:

C'est bien là votre place,
Et nous bénissons Dieu qui nous a fait la grâce
Que nous n'ayons pas dû tomber à vos genoux,
Telle qu'en ce moment vous êtes devant nous.

ACTE III. — SCÈNE IV.

MARIE, avec une émotion croissante:

Elles ont des retours les fortunes humaines.
Il est des châtiments pour les âmes trop vaines.
Craignez les dieux vengeurs dont je subis les coups!
Qui veulent qu'aujourd'hui je sois à vos genoux!
De témoins étrangers respectez la présence;
Honorez-vous dans moi : des liens de naissance
Nous unissent, en vous est le sang des Tudors.
N'outragez pas ce sang dont comme vous je sors...
— Oh! ne restez pas là, toujours raide, semblable
A ces rocs escarpés, au flanc inabordable,
Qui, lorsqu'un naufragé lutte pour les saisir,
Sont pour lui sans refuge et le laissent périr!
Mes paroles, mes pleurs, dans cet instant suprême,
Décideront de tout, de ma vie elle-même.
Pour qu'il touche le vôtre, ouvrez, ouvrez mon cœur!
De ce regard glacé dépouillez la rigueur!
Tout mon cœur, à le voir, frissonne et se resserre;
De mes pleurs le torrent tarit sous ma paupière,
Et la froide terreur qui vient me pénétrer,
Rend muette ma voix, prête à vous implorer.

ÉLISABETH, d'un air froid et sévère:

Qu'avez-vous à me dire? Ici je suis venue
Sur votre seul désir d'avoir cette entrevue;
C'est un pieux devoir dont je m'acquitte en sœur.
Tous mes ressentiments sont bannis de mon cœur;
Je n'apporte en ce lieu nulle amère pensée,
Et la reine par vous gravement offensée
Veut bien que son aspect vous console un moment.
De ce cœur généreux je suis le mouvement,

Bien que, pour y céder, j'aie à craindre d'entendre
Le reproche d'avoir jusque-là pu descendre;
Car vous avez armé des bras contre mes jours.

MARIE.

Que vous dire d'abord? Comment à mes discours
Pourrai-je conserver ce qu'il faut de prudence
Pour toucher votre cœur sans risquer qu'il s'offense?...
— Mon Dieu! donne-leur force et daigne anéantir
Tout aiguillon blessant qui pourrait en partir!...
— Me défendrai-je, moi, sans que je vous accuse?
J'en aurais bien sujet!... pourtant je m'y refuse...
Vous n'avez eu pour moi qu'injustice et rigueur.
Ainsi que vous, je suis une reine, ma sœur;
Cependant, en prison vous m'avez retenue.
Comme une suppliante à vous j'étais venue,
Et vous, aux saintes lois de l'hospitalité,
Au droit des gens, en moi vous avez insulté :
Dans les murs d'un cachot je demeure captive;
D'amis, de serviteurs durement on me prive;
Au plus vil dénûment, moi reine, on me réduit;
Devant un tribunal indigne on me traduit!...
— Tenez! n'en parlons plus; qu'un éternel silence
Couvre ce qu'on m'a fait endurer de souffrance.
Je veux tout imputer à la fatalité :
Il n'est pas entre nous de culpabilité;
Un Esprit échappé de l'infernal domaine
Alluma dans nos cœurs cette fatale haine,
Qui, dès nos jeunes ans, devait nous diviser,
Qui grandit avec nous, qu'on prit soin d'attiser.
Si du poignard, du glaive une main s'est armée,

C'est par zèle insensé, sans qu'on l'eût réclamée...
Triste destin des rois! à leurs divisions
Le monde se déchire, et sur les nations
La discorde aussitôt vient souffler sa colère!...
— Maintenant entre nous plus de bouche étrangère;
(Elle s'approche d'elle avec confiance et continue d'un ton caressant.)
Nous voici face à face et personne avec nous.
Eh bien! parlez, ma sœur; de quoi m'accusez-vous?
Vous me voyez en tout prête à vous satisfaire.
Oh! pourquoi n'avoir pas accueilli ma prière,
Du jour où de vous voir j'implorai la faveur?
En serions-nous au point où nous voilà, ma sœur?
Jamais, si vous m'aviez dès l'abord entendue,
Dans ce funeste lieu, cette triste entrevue!

ÉLISABETH.

Grâce à ma bonne étoile, au danger échappant,
Je n'ai pas dans mon sein réchauffé le serpent.
N'accusez pas le sort, mais votre cœur perfide,
Et de votre Maison l'ambition avide.
Nous vivions bien en paix quand un prêtre orgueilleux,
Votre oncle, dont on sait l'esprit impérieux,
Qui, dans l'ambition dont l'ardeur le tourmente,
Étend vers chaque sceptre une main insolente,
Quand Guise, s'attaquant aux droits de ma Maison,
Vous fit prendre mon titre et mon royal blason.
C'est alors seulement que, par lui fascinée,
Dans cette lutte à mort vous fûtes entraînée:
Pour me perdre, en effet, que n'a-t-il pas tenté?
Prêtres, rois, fanatisme, il a tout excité.
Jusque dans mon royaume en paix, sa perfidie

Osa de la révolte allumer l'incendie.
Mais Dieu, qui me protége, a pris soin d'empêcher
Que ce prêtre orgueilleux de moi pût triompher.
On se trompe parfois dans les coups qu'on apprête :
Celui qu'il dirigeait devait frapper ma tête ;
Il fait tomber la vôtre !

     MARIE.
    A Dieu d'en décider !...
De cet acte sanglant vous saurez vous garder.

     ÉLISABETH.
Pourquoi ? Guise a montré que les rois de la terre
Avec un ennemi n'ont point de paix à faire.
La Saint-Barthélemi me sert d'autorité.
Que m'importent le droit des gens, la parenté ?
Des devoirs les plus saints votre Église délie :
Trahison, régicide, elle les sanctifie.
De vos prêtres je suis les préceptes. — Voyons !
A votre liberté qu'enfin nous consentions,
De votre bonne foi quel est pour moi le gage ?
Est-il quelque serment dont Rome ne dégage[1] ?...

---

 1. Je me suis rencontré avec M. P. Lebrun, pour rendre par ce vers la figure intraduisible qu'emploie Schiller :

  « Mit welchem Schloss verwahr' ich Eure Treue,
  « Das nicht Sanct Peters Schlussel öffnen kann ! »

 « Sous quelle serrure, que ne puisse pas ouvrir la clef de saint Pierre, garderai-je votre foi ? »

 J'ai écrit de même, *passim*, quelques vers et quelques hémistiches qui pourront paraître empruntés à l'éminent académicien. — Je les ai, comme lui, trouvés tout d'abord, parce qu'ils étaient la traduction la plus naturelle du texte allemand.

 Ces rencontres sont inévitables dans deux traductions d'un même auteur, et ne sauraient constituer un plagiat à la charge du traducteur postérieur en date.

La force! c'est de là que le salut dépend :
Point d'alliance avec la race du serpent !

MARIE.

Voilà de quels soupçons vous êtes agitée !
C'est bien injustement que vous m'avez traitée
En ennemie, en femme étrangère. — Oh! pourquoi
N'avoir pas reconnu votre héritière en moi,
Comme vous le deviez aux droits de ma naissance?
Alors, dans leur amour, dans leur reconnaissance,
Pour vous donner ce cœur, que vous avez brisé,
La parente et l'amie eussent rivalisé.

ÉLISABETH.

Vous avez vos amis sur la terre étrangère;
Rome est votre Maison, le moine est votre frère.
Mon héritière, vous? moi, vous donner ce nom?
Moi, tomber dans ce piége? Eh! pour quelle raison?
Pour que, de mon vivant, cette même héritière
Trompât à son profit la nation entière?
Pour que, nouvelle Armide, en ses adroits filets
Elle sût enlacer tous nos jeunes Anglais?
Pour qu'au soleil levant chacun portât hommage?
Que moi...?

MARIE.

Régnez en paix! Ne prenez plus d'ombrage
Des droits qu'à ce royaume autrefois j'élevai.
Je ne sens plus en moi qu'un esprit énervé.
Désormais, la grandeur n'a rien qui me sourie;
Je ne suis déjà plus que l'ombre de Marie.
Votre but est atteint. De ma captivité

L'opprobre a de mon cœur abattu la fierté.
Aux dernières rigueurs vous m'avez condamnée ;
Vous m'avez, sans pitié, dans ma fleur, moissonnée....
— Maintenant, dites-moi que mes maux vont finir,
Ma sœur ; dites le mot qui vous a fait venir ;
Car un autre désir sans doute vous anime
Que celui d'insulter ici votre victime ?
Dites-moi : « Je vous rends, Stuart, la liberté :
« Honorez aujourd'hui ma générosité,
« Après avoir senti l'effet de ma puissance. »
Prononcez-le ce mot, et ma reconnaissance,
Comme un présent royal, de vos mains recevra
La liberté, la vie. Un mot effacera
Tout le passé. Ce mot, j'ai le droit de l'attendre.
Ne soyez pas trop lente à me le faire entendre.
Ah ! si de votre bouche il ne doit pas sortir,
Si vous ne voulez pas de ce lieu repartir
Bénie et glorieuse, et comme du ciel même
Jusqu'à moi descendue en ma misère extrême,
Alors, malheur à vous ! — Non, je ne voudrais pas,
Au prix de toute l'île, au prix des deux États
Dont ce serait à moi de porter la couronne,
Pas pour tous les pays que la mer environne,
Être à vos yeux, ma sœur, ce qu'aux miens vous seriez !

ÉLISABETH.

Eh bien ! dans ce combat que vous me livriez,
A vous dire vaincue enfin, êtes-vous prête ?
N'est-il plus de complot qui contre moi s'apprête ?
Plus d'assassin en route, et plus d'aventurier
Qui veuille se poser pour vous en chevalier ?

C'est fini ; plus personne à séduire : la terre
A d'autres soins, Stuart, que celui de vous plaire.
D'un quatrième hymen qui voudrait avec vous?
Vous tuez vos amants ainsi que vos époux.

MARIE, avec emportement :

Ma sœur !... Ma sœur !... O Dieu ! mets le calme en mon
 âme !

ÉLISABETH, après l'avoir regardée longtemps d'un air d'orgueilleux
mépris :

C'est donc là, Leicester, la beauté qu'on proclame?
Qu'aucun homme jamais n'a vue impunément?
Dont nulle autre beauté n'approche seulement?
Vraiment, un tel triomphe était aisé pour elle :
Pour être, aux yeux de tous, la femme la plus belle
Il suffit, je le vois, d'appartenir à tous [1].

MARIE.

C'en est trop !

ÉLISABETH, avec un rire moqueur :

Vous preniez un masque devant nous ;
Vous nous faites enfin voir votre vrai visage.

MARIE, enflammée de colère, mais avec dignité :

J'ai failli... La faiblesse humaine... mon jeune âge...
L'ivresse du pouvoir, m'ont égarée. — Oui ! — Mais
Ai-je donc mis mes soins à m'en cacher jamais?
Est-ce qu'on n'a pas vu ma royale franchise
Sans cesse dédaigner tout dehors qui déguise?

---

1. Cette réplique est supprimée dans quelques éditions classiques de Schiller.

Et comme je n'ai pris nulles précautions,
Le monde a pu savoir mes pires actions,
Et son opinion contre moi s'est formée.
Mais je dis que je vaux mieux que ma renommée.
Malheur! oh! oui, malheur sur vous à votre tour,
Si le monde devait vous arracher, un jour,
Le manteau de vertu dont votre hypocrisie
De vos plaisirs secrets couvre la frénésie!
Anne Boleyn, de qui vous avez hérité,
Ne vous a pas, du moins, transmis la chasteté;
On sait quelle vertu l'a conduite au supplice...

SHREWSBURY, se plaçant entre les deux reines:

Grand Dieu! faut-il qu'ainsi cet entretien finisse!

(A Marie:)

Est-ce là votre calme et votre humilité,
Madame?

MARIE.

Laissez-moi!... Non! non! J'ai supporté
Tout ce qu'on peut souffrir et d'insulte et de honte!
Fuis, résignation de la brebis! Remonte,
Patience à souffrir, aux cieux d'où tu nous viens!
Fureur longtemps captive, enfin romps tes liens,
Sors de mon cœur, éclate! Et toi, dont la puissance
Dans l'œil du basilic met le regard qui lance
La mort à l'ennemi qu'il retient fasciné,
Viens mettre sur ma langue un dard empoisonné!

SHREWSBURY, à Élisabeth:

Elle est hors d'elle-même. — Excusez l'insensée,
Madame: vous l'avez cruellement blessée.

(Élisabeth, muette de colère, lance sur Marie des regards furieux.)

LEICESTER, dans la plus violente agitation, et cherchant à emmener Élisabeth :

N'écoutez plus, madame, une femme en fureur ;
Venez, éloignons-nous de ce lieu de malheur !
Venez, de grâce !

MARIE.

On voit le fruit de l'adultère
Usurper, profaner le trône d'Angleterre !
Le noble peuple anglais, de vertige frappé,
Par une comédienne indignement trompé !
Si le droit l'emportait, si justice était faite,
C'est vous qui devant moi courberiez votre tête,
Car je suis votre roi !

(Élisabeth s'éloigne rapidement ; les lords, dans le plus grand trouble, la suivent.)

SCÈNE V.

MARIE, ANNA.

ANNA.

Grand Dieu ! dans quel courroux
Elle part ! — Plus d'espoir ! — Tout est perdu pour vous !
Qu'avez-vous fait, madame !

MARIE, encore hors d'elle :

Elle part furieuse,
La mort au cœur !
(Se jetant dans les bras d'Anna :)
Anna, que je me sens heureuse !
Après tant de douleurs et tant d'abaissement,
J'ai donc pu me venger, triompher un moment !
Mon cœur est soulagé comme d'un poids immense.

J'ai pu parler enfin! j'ai pu, dans ma vengeance,
Au sein d'une ennemie enfoncer le couteau!

ANNA.

O ma pauvre maîtresse! O délire nouveau!
Vous avez irrité son implacable haine;
Cette femme en ses mains tient la foudre, elle est reine!
Vous l'avez outragée aux yeux de son amant!

MARIE.

Oui, devant Leicester! c'était là justement
Mon triomphe! — Il a vu comment je l'ai traitée,
Comment de sa hauteur je l'ai précipitée :
Sa présence doublait ma force et mon ardeur!

SCÈNE VI.

LES PRÉCÉDENTS, MORTIMER.

ANNA.

Ah! sir, quel dénoûment! et quel affreux malheur!

MORTIMER.

J'étais là; je sais tout.
(Il fait signe à Anna de se placer en sentinelle et s'approche de
Marie. Toute sa contenance exprime une violente passion.)
A vous victoire entière!
Elle était devant vous le front dans la poussière;
Seule vous étiez reine, et vous resplendissiez!
Elle était la coupable, et vous la flétrissiez!
Vous me voyez ravi de ce mâle courage.
C'est en vous adorant que je vous rends hommage,

Madame! En cet instant, vous avez à mes yeux
D'une divinité l'éclat majestueux!

MARIE.

Vous avez vu le comte?... Il a de vous ma lettre?...
Mon portrait? — Parlez, sir! — J'ai hâte de connaître...

MORTIMER, la regardant d'un œil enflammé :

Oh! que vous étiez belle en ce royal courroux!
Quelle splendeur, quel charme il répandait sur vous!
Votre beauté n'a pas d'égale sur la terre!

MARIE.

De grâce! qu'a-t-il dit? Que faut-il que j'espère?

MORTIMER.

De lui? rien! — Il le faut mépriser, oublier.
Ce n'est qu'un misérable, un lâche.

MARIE.
          Chevalier!

MORTIMER.

De votre délivrance et de votre hyménée,
A lui la double gloire, à lui, serait donnée?
Vous à lui? — Qu'il essaie! — A la vie, à la mort,
Je lui disputerai ce prix!

MARIE.
          Ainsi, milord
De vos mains, Mortimer, n'a pas reçu ma lettre?...
Plus d'espérance!

MORTIMER.
          Il tient trop à vivre, le traître!

Qui veut vous délivrer, qui prétend être à vous,
De la mort, hardiment, doit affronter les coups.

MARIE.

Pour moi lord Leicester ne veut rien entreprendre?

MORTIMER.

Ne parlons plus de lui. — Qu'en pouvez-vous attendre,
Et pourquoi faudrait-il compter sur son secours?
C'est moi qui veux sauver, moi seul, sauver vos jours.

MARIE.

Hélas! que pouvez-vous?

MORTIMER.

                Dans votre destinée,
C'est tout un changement qu'a fait cette journée.
Après cet entretien, après ce grand courroux
Que la reine a fait voir en s'éloignant de vous,
Tout espoir est perdu; n'attendez plus de grâce.
Il faut agir, il faut recourir à l'audace,
Il faut qu'à tout risquer nous soyons résolus,
Et que le jour ici ne vous retrouve plus.

MARIE.

Cette nuit? Mais comment l'entreprise peut-elle...?

MORTIMER.

Écoutez : En secret j'ai dans une chapelle
Rassemblé mes amis, tout prêts pour l'action.
Un prêtre a reçu, là, notre confession;
Grâce à son saint pardon, et nos fautes passées,
Et celles à venir en nous sont effacées.

Aux derniers sacrements nous avons tous pris part,
Et nous sommes pourvus pour le dernier départ.

MARIE.

Quels apprêts!

MORTIMER.

L'escalade, avec soin préparée,
Du château, cette nuit, nous assure l'entrée;
De tout l'intérieur je possède les clés.
Aussitôt, les gardiens sont par nous immolés,
Et comme vos sauveurs vous nous voyez paraître.
Il faut, pour n'avoir pas à redouter un traître,
Que tout être vivant périsse sous nos coups.

MARIE.

Et Paulet? et Drury? mes geôliers? — Doutez-vous
Que jusqu'au dernier sang...?

MORTIMER.

Ils ne m'importent guère :
Je les tue; eux d'abord!

MARIE.

Votre oncle? un second père?

MORTIMER.

Il mourra poignardé de ma main.

MARIE.

Crime affreux!

MORTIMER.

Je suis d'avance absous. — Je puis tout, je le veux!

MARIE.

Ah! quel comble d'horreur!

MORTIMER.

D'une main aussi sûre,
Je tûrai, s'il le faut, la reine; je vous jure :
Devant l'autel le prêtre en a reçu ma foi.

MARIE.

Non! Plutôt que verser autant de sang pour moi...

MORTIMER.

Eh! qu'est pour moi leur vie, et bien d'autres encore,
Auprès de cet amour dont le feu me dévore?
Rompant tous leurs liens, que les mondes divers,
L'un par l'autre heurtés, croulent dans l'univers;
Qu'une seconde fois le déluge s'avance,
A tout ce qui respire ouvrant sa tombe immense,
Que m'importe! Des temps viendront les derniers jours,
Avant que je renonce à vous.

MARIE, reculant :

Ciel! quels discours,
Quels terribles regards! — D'effroi je suis saisie.

MORTIMER, les yeux égarés et avec l'expression d'un délire contenu:

La mort n'est qu'un moment, comme en est un la vie!
Qu'on me traîne à Tyburn! Qu'avec des fers brûlants
On vienne déchirer mes membres pantelants!
(Il s'élance vers elle, les bras étendus.)
Pourvu que dans mes bras, ô toi, femme adorée...!

MARIE.

Insensé! Laissez-moi!

MORTIMER.

Que mon âme enivrée,
Sur ton sein, sur ta bouche, où l'on sent respirer
L'amour...!

MARIE.

Au nom du ciel, sir, laissez-moi rentrer!

MORTIMER.

Bien fou qui, lorsqu'à lui le bonheur se présente,
Ne l'embrasserait pas d'une étreinte puissante!
Dans des ruisseaux de sang me fallût-il marcher,
Aux murs de ce cachot je saurai t'arracher;
C'est moi qui mettrai fin à ta longue torture;
Mais ensuite, aussi vrai qu'il est un Dieu, je jure
Que tu m'appartiendras!

MARIE.

Est-ce donc qu'aujourd'hui
Ce Dieu refusera de me prêter appui!
D'une terreur à l'autre, — affreuse destinée! —
A passer tour à tour je me vois condamnée.
Ai-je donc vu le jour afin que dans les cœurs
Je ne puisse exciter jamais que des fureurs,
Et, pour m'épouvanter, faut-il donc que s'unissent,
Et la haine, et l'amour!

MORTIMER.

Oui, comme ils te haïssent,
Je t'aime, avec ardeur, je t'aime avec transport!

Déjà par eux ta tête est vouée à la mort,
Et sur ce cou charmant, d'une blancheur sans tache,
Le bourreau doit bientôt faire tomber sa hache.
Ces charmes, qu'à la haine on veut sacrifier,
A la joie, au plaisir sache les employer.
Ils ne sont plus à toi, mais ils peuvent encore
Combler de voluptés un amant qui t'adore.
De même, ils ne sont plus à toi, ces beaux cheveux
Qui tombent de ton front en longs anneaux soyeux,
Mais aux dieux de la mort. — Que notre amour les brave !
Qu'à jamais ces anneaux enchaînent ton esclave !

MARIE.

Quel langage ! Osez-vous me le faire écouter ?
Vous avez mon malheur du moins à respecter,
S'il faut que désormais mon titre ne me donne
Nul droit à vos égards.

MORTIMER.

              Tu n'as plus ta couronne,
Ni rien de ce qui fait la majesté des rois.
De ta puissance essaie, ordonne en reine, et vois
Si, lorsque tu voudras qu'on s'arme pour ta cause,
Quelque libérateur, un seul ami s'expose.
Non ! de tes heureux jours il ne t'est rien resté
Que le pouvoir divin de ta rare beauté.
C'est elle à tout oser qui rend mon âme forte ;
Au-devant du bourreau c'est elle qui me porte !

MARIE.

D'une telle fureur qui donc, ô justes cieux !
Viendra me délivrer !

MORTIMER.

Service audacieux
Audacieusement aussi se récompense!
Le brave compte avoir le prix de sa vaillance,
Pour répandre son sang quand il s'est élancé.
Le premier bien de tous est la vie. — Insensé
Qui vainement irait la prodiguer la vie!
Eh bien! il faut, avant qu'elle me soit ravie,
Que sur ton sein brûlant...

(Il la presse avec force dans ses bras.)

MARIE.

De qui veut me sauver,
A ce point, juste ciel! ai-je à me préserver!

MORTIMER.

Ce n'est pas à l'amour que ton cœur se refuse;
Ce n'est pas de froideur que le monde l'accuse.
L'amour l'a-t-il toujours imploré vainement?
Non! le chanteur Riccio fut ton heureux amant;
Et Bothwell osa bien t'enlever.

MARIE.

Téméraire!

MORTIMER.

Tu trouvas un tyran dans qui t'avait su plaire;
Tu l'aimais en tremblant. — Si l'on te devient cher
En t'inspirant l'effroi, je jure par l'enfer
Que...

MARIE.

Laissez! Laissez-moi! vous êtes en démence!

MORTIMER.

Tu trembleras aussi devant moi!

ANNA, accourant:

L'on s'avance!
Le parc est tout rempli de gens armés.

MORTIMER, portant vivement la main à son épée:

Sur toi
Je veille!

MARIE.

De cet homme, Anna, délivre-moi!...
Où trouver un refuge, et quel saint tutélaire
Invoquer pour qu'il ait pitié de ma misère?
La violence ici; là, la mort!

(Elle s'enfuit vers le château; Anna la suit.)

SCÈNE VII.

MORTIMER; PAULET et DRURY, entrant précipitamment et, tous deux, hors d'eux-mêmes. SUITE, qui passe rapidement sur la scène.

PAULET.

Courez tous
Lever les ponts, fermer les portes!

MORTIMER.

Qu'avez-vous,
Mon oncle? Qu'est-il donc arrivé? dites!

PAULET.

Celle

Que j'accuse du meurtre, où donc se cache-t-elle?
Dans le plus noir cachot plongez-la!

MORTIMER.

Mais enfin,
Que s'est-il donc passé?

PAULET.

La reine... Un assassin...
Infernal attentat!

MORTIMER.

Veuillez mieux me répondre:
Quelle reine?

PAULET.

La nôtre! — En retournant à Londre...
Assassinée!
(Il rentre précipitamment dans le château.)

SCÈNE VIII.

MORTIMER, puis, O'KELLY.

MORTIMER.

O ciel! Ne l'ai-je pas rêvé?
Tout à l'heure quelqu'un n'est-il pas arrivé
En criant qu'on venait d'assassiner la reine?
Non, non; c'était l'effet de quelque erreur soudaine,
Et du même dessein mon esprit tourmenté,
Dans sa fièvre, aura pu le croire exécuté.
— On vient. C'est O'Kelly. Quelle terreur l'agite?

O'KELLY, se précipitant sur la scène:

Fuyez! Tout est perdu!

MORTIMER.
Quoi, perdu?

O'KELLY.
Fuyez vite!
N'en demandez pas plus. Partez!

MORTIMER.
Dites-moi tout :
Qu'est-il donc arrivé?

O'KELLY.
Savage a fait le coup,
L'enragé!

MORTIMER.
Vrai?

O'KELLY.
Très-vrai. Songez à vous soustraire...

MORTIMER.
Elle! morte! Et Marie au trône d'Angleterre!

O'KELLY.
Morte? Qui vous l'a dit?

MORTIMER.
Vous.

O'KELLY.
Elle vit! Et nous,
Vous et moi, nos amis, nous sommes perdus, tous!

MORTIMER.
La reine vit?

O'KELLY.

A faux l'assassin l'a frappée.
— La reine dans sa mante était enveloppée. —
Désarmé par Talbot...

MORTIMER.

Elle vit?

O'KELLY.

Notre sort
Ne peut être douteux : pour nous tous, c'est la mort.
Voyez! déjà le parc est cerné. — Venez vite!

MORTIMER.

Qui donc fut assez fou d'aller...?

O'KELLY.

Ce Barnabite,
Arrivé de Toulon; que l'on a vu pensif
Dans la chapelle assis, quand chacun, attentif,
Prêtait l'oreille au moine expliquant l'anathème
Que venait de lancer le pontife suprême,
Pour excommunier la reine. — A ce discours,
Ce Savage s'enflamme; il veut avoir recours
Au moyen le plus prompt pour délivrer l'Église.
Il décide bientôt sa hardie entreprise;
La palme du martyre il veut la conquérir.
Il court au prêtre seul de son projet s'ouvrir;
Sur la route de Londre, enfin, il l'exécute.

MORTIMER, après un long silence:

Quel destin rigoureux, hélas! te persécute,

Malheureuse Stuart! Pour toi voici la mort,
Et ton ange lui-même a préparé ton sort!

O'KELLY.

Dites! où comptez-vous chercher une retraite?
Dans les forêts du Nord je vais cacher ma tête.

MORTIMER.

Allez! et que le ciel sur vous daigne veiller!
Pour la sauver je veux encor tout essayer.
Dans ce dernier effort s'il faut que je succombe,
On verra Mortimer expirer sur sa tombe!

(Ils sortent par des côtés différents.)

FIN DU TROISIÈME ACTE.

ACTE QUATRIÈME.

MARIE STUART.

ACTE QUATRIÈME.

Une antichambre.

SCÈNE PREMIÈRE.

Le comte de L'AUBESPINE, le comte de KENT, LEICESTER.

LE COMTE DE L'AUBESPINE.

Que fait Sa Majesté depuis l'événement,
Milords? J'en suis encor saisi dans ce moment.
Donnez-moi des détails. Une main meurtrière
Se lever du milieu du peuple d'Angleterre,
Qu'aucun autre n'égale en sa fidélité!

LEICESTER.

L'attentat ne peut être à ce peuple imputé :
L'assassin est sujet de votre roi. La France
Est son pays.

LE COMTE DE L'AUBESPINE.

Nul doute : il était en démence.

LE COMTE DE KENT.

Un papiste, monsieur le comte!

SCÈNE II.

Les précédents. BURLEIGH, qui entre en causant avec DAVISON.

BURLEIGH, à Davison :

Il faut aller
Faire très-promptement rédiger et sceller
L'ordre d'exécuter la sentence. — Qu'on vienne
Aussitôt, pour le seing, le soumettre à la reine.
Courez! vous n'avez pas à perdre un seul moment.

DAVISON.

Je vous obéirai.
(Il sort.)

LE COMTE DE L'AUBESPINE, allant au-devant de Burleigh :

Je viens sincèrement
Partager du pays l'allégresse si juste.
Remercions le ciel, qui d'une tête auguste
A détourné ce coup.

BURLEIGH.

Et qui n'a point permis
Que pussent triompher nos ardents ennemis.

LE COMTE DE L'AUBESPINE.

Qu'il confonde l'auteur de ce crime exécrable!

BURLEIGH.

Comme l'instigateur qui guida le coupable.

ACTE IV. — SCÈNE II.

LE COMTE DE L'AUBESPINE, au comte de Kent:

Milord grand-maréchal aura-t-il la bonté
De m'obtenir l'honneur de voir Sa Majesté?
Que je la félicite, et que je puisse mettre
A ses pieds les respects, les vœux du roi mon maître?

BURLEIGH.

Épargnez-vous ce soin.

LE COMTE DE L'AUBESPINE, d'un ton empressé:

Je connais mon devoir,
Milord Burleigh!

BURLEIGH.

Le seul que vous puissiez avoir,
C'est de quitter cette île au plus vite.

LE COMTE DE L'AUBESPINE, reculant étonné:

Rêvé-je?
Quoi, milord?

BURLEIGH.

Votre titre aujourd'hui vous protége;
Demain, plus.

LE COMTE DE L'AUBESPINE.

De quel crime, enfin, m'accuse-t-on?

BURLEIGH.

Si je le révélais, pour vous plus de pardon.

LE COMTE DE L'AUBESPINE.

Mon droit d'ambassadeur, milord, pourrait-il être...?

BURLEIGH.

Il n'est pas assez fort pour protéger le traître.

LEICESTER et LE COMTE DE KENT.

Holà ! Que dites-vous ?

LE COMTE DE L'AUBESPINE.

Songez-y bien, milord !

BURLEIGH.

L'assassin, dans sa poche, avait un passe-port
Écrit par vous.

LE COMTE DE KENT.

Vraiment ?

LE COMTE DE L'AUBESPINE.

J'en donne tant ! — Peut-être
Faut-il qu'au fond du cœur de l'homme je pénètre ?

BURLEIGH.

Pour sa confession, dans votre hôtel admis...

LE COMTE DE L'AUBESPINE.

Ma maison est ouverte.

BURLEIGH.

A tous nos ennemis.

LE COMTE DE L'AUBESPINE.

Une enquête, milord !

BURLEIGH.

Craignez-la !

LE COMTE DE L'AUBESPINE.

L'on offense

Mon maître, en m'offensant. Le traité d'alliance
Sera par lui rompu dès que je l'instruirai.

BURLEIGH.

La reine Élisabeth déjà l'a déchiré :
Il n'est plus question, monsieur, qu'avec la France
L'Angleterre consente à former alliance.
— Milord Kent, jusqu'au port de son embarquement
Ayez soin que le comte arrive sûrement.
Par le peuple irrité sa maison assaillie,
De tout un arsenal d'armes était remplie.
Cachez-le : du moment où le peuple verrait
L'ambassadeur de France, il le massacrerait.
Attendez que s'apaise une juste colère.
— Vous répondez du comte.

LE COMTE DE L'AUBESPINE.

Oui, je quitte une terre
Où les droits les plus saints ne sont pas respectés,
Où l'on ose à ce point se jouer des traités.
Mon maître va tirer éclatante vengeance...

BURLEIGH.

Qu'il vienne la chercher!

(Le comte de Kent et le comte de L'Aubespine sortent.)

SCÈNE III.

LEICESTER, BURLEIGH.

LEICESTER.

Ainsi, cette alliance,
Qu'avec empressement, sans qu'on vous en priât,

Vous formiez, disiez-vous, pour le bien de l'État,
C'est vous qui la rompez? L'Angleterre, je pense,
Ne vous en aura pas grande reconnaissance.
Quel inutile soin vous vous êtes donné!

BURLEIGH.

Mon dessein était bon; Dieu m'en a détourné.
Heureux qui n'a pas plus de reproche à se faire!

LEICESTER.

On reconnaît Cécil à son air de mystère,
Alors qu'il fait la chasse à des crimes d'État.
Le moment est propice : un horrible attentat;
Des auteurs ignorés, qu'il faut que l'on découvre;
Devant un tribunal l'instruction qui s'ouvre;
Des lèvres et des yeux qu'on sait interroger,
Et jusqu'à la pensée elle-même à juger!
Voilà votre élément, Atlas de l'Angleterre!
Vos épaules, milord, la portent tout entière.

BURLEIGH.

Pour mon maître, milord, je vous ai reconnu :
Jamais mon éloquence aurait-elle obtenu
Un succès comparable à la grande victoire
Dont, naguère, la vôtre a recueilli la gloire?

LEICESTER.

Milord! que signifie...?

BURLEIGH.

    Eh! n'avez-vous pas su,
Comte, à Fotheringay conduire, à mon insu,
La reine?

LEICESTER.

A votre insu? Mes actions, peut-être,
Ont-elles à vos yeux jamais craint de paraître?

BURLEIGH.

C'est par vous, ai-je dit, que la reine, milord,
Fut à Fotheringay conduite? eh non! j'ai tort :
Bien au contraire, elle a daigné vous y conduire.
La trop grande bonté de son cœur...

LEICESTER.

Qu'est-ce à dire?

BURLEIGH.

Quel beau rôle la reine a joué, grâce à vous!
Que vous lui prépariez un triomphe bien doux,
Quand elle vous montrait candeur et confiance!
— Excellente princesse! avec quelle impudence
De ton nom, de ta gloire on osa se railler,
Et quelle barbarie à te sacrifier! —
Quel prix de la douceur et de la grandeur d'âme
Que vous lui demandiez d'avoir pour cette femme!
C'est pour ce résultat que, si subitement,
On vous vit au Conseil généreux et clément?
Stuart, quand vous faisiez ce discours admirable,
Était une ennemie, et faible, et misérable,
Au point qu'on se gardât de la faire mourir,
Et que verser son sang c'eût été se flétrir.
Le plan était adroit; mais la pointe aiguisée,
Pour l'avoir été trop, par malheur s'est brisée.

LEICESTER.

Misérable! Venez! De m'avoir insulté
Vous me rendrez raison devant Sa Majesté!

BURLEIGH.

Vous allez m'y trouver. Mais de votre éloquence
Tâchez d'être bien sûr, milord, en sa présence !

(Il sort.)

SCÈNE IV.

LEICESTER, seul; puis, MORTIMER.

LEICESTER.

Me voilà découvert. — Misérable Cécil !
A savoir mes projets comment arrive-t-il ?
Malheur à moi s'il peut démontrer à la reine
Qu'entre Marie et moi l'entente était certaine !
Combien je paraîtrai criminel à ses yeux,
Perfide en mes conseils, déloyal, odieux,
Pour avoir obtenu par mon pressant langage
Que de Fotheringay s'accomplît le voyage !
Je l'aurai bafouée, et j'aurai préparé
A l'objet de sa haine un triomphe assuré !
D'obtenir mon pardon pour moi nulle espérance.
D'un plan prémédité tout aura l'apparence ;
Jusqu'au funeste tour que l'entretien a pris,
Jusqu'aux mots acérés, au rire de mépris
Qu'en son triomphe a su lui lancer sa rivale ;
Et même l'assassin, même la main fatale
Qui, sanglante et terrible, est venue à son tour
Mettre soudain le comble aux malheurs de ce jour,
Je l'aurai, seul, armée ; on voudra le prétendre !
Je suis perdu ! — Qui vient ?

MORTIMER, *dans la plus vive agitation et regardant autour de lui avec crainte:*

Ne peut-on nous entendre,
Milord? Sommes-nous seuls?

LEICESTER.

Vous, malheureux! ici?
Sortez!

MORTIMER.

On me soupçonne; et vous, milord, aussi :
Prenez garde!

LEICESTER.

Sortez!

MORTIMER.

On sait la conférence
Qu'a permise chez lui l'ambassadeur de France...

LEICESTER.

Ceci fort peu m'importe.

MORTIMER.

Et qu'au milieu de nous
Se trouvait l'assassin.

LEICESTER.

C'est votre affaire, à vous :
Si vous êtes coupable, osez-vous, téméraire,
D'un horrible attentat me rendre solidaire?
Défendez-vous tout seul lorsque vous commettez
Des actes criminels.

MORTIMER.

Mais, du moins, écoutez!

LEICESTER, *dans une violente colère:*
Au diable allez-vous-en! Quelle étrange manie
Vous porte à m'obséder comme un mauvais génie?
Je ne vous connais pas! entre un sicaire et moi,
Il n'est rien de commun. Retirez-vous!

MORTIMER.
                        Pourquoi
Ne pas prêter l'oreille à ce que je veux dire?
C'est dans votre intérêt que je viens vous instruire,
Milord : on est aussi sur vos traces.

LEICESTER.
                    Comment!

MORTIMER.
Le lord grand-trésorier, après l'événement,
S'est à Fotheringay rendu sur l'heure même ;
Il a fait visiter avec un soin extrême
Les chambres de la reine. Il a bientôt trouvé...

LEICESTER.
Quoi? dites!

MORTIMER.
            Un écrit, encore inachevé,
Pour vous...

LEICESTER.
        La malheureuse!

MORTIMER.
                Où la reine vous presse
De tenir vos serments, rappelle sa promesse

De vous donner sa main, le don qu'elle vous fit
Du portrait...

LEICESTER.

Par l'enfer!

MORTIMER.

Burleigh a cet écrit.

LEICESTER.

Plus de salut!
(Il se promène en désespéré, pendant que Mortimer continue de lui parler.)

MORTIMER.

L'instant est encore propice,
Milord; n'attendez pas que Burleigh vous trahisse.
Sauvez-vous! sauvez-la! Protestez par serment,
Si l'on vous accusait, que c'est injustement;
Inventez votre excuse; écartez la tempête,
Mais surtout de Stuart sauvez, sauvez la tête!
Moi, je ne puis plus rien : mes amis se sont tous
En hâte dispersés; notre pacte est dissous.
Pour des amis nouveaux sur l'Écosse je compte;
Je cours les rassembler. — Maintenant, à vous, comte!
Il faut agir. — Voyez ce que votre crédit
Et votre front d'airain pourront faire.

LEICESTER s'arrête; puis, tout à coup et avec résolution :

Oui, c'est dit!
(Il va à la porte, l'ouvre et s'écrie :)
Holà, gardes! à moi!
(A l'officier, qui arrive avec des hommes d'armes :)
Qu'on arrête ce traître!

Vous répondez de lui. La reine va connaître
Quel horrible dessein, contre Sa Majesté,
Ce criminel d'État avait prémédité.
(Il sort.)

MORTIMER.

(Il reste d'abord stupéfait d'étonnement, se remet bientôt et jette
à Leicester un regard de profond mépris.)

Ah! misérable! — Eh bien, voilà ma récompense!
Elle est juste. — Pourquoi placer ma confiance
Dans l'infâme? Ma chute importait à son but:
Il se fait de mon corps sa planche de salut.
— Va préserver tes jours! Je me tairai. — L'abîme,
— Rassure-toi, — n'aura que moi seul pour victime.
Nul lien entre nous, même dans le trépas;
La vie est le seul bien qui reste aux scélérats.

(A l'officier des gardes, qui s'avance pour s'emparer de lui:)

Arrière! Que veux-tu, des tyrans lâche esclave?
Je ne t'appartiens plus. Je suis libre et te brave...

(Il tire un poignard.)

L'OFFICIER.

Désarmez-le, soldats!

(Les soldats fondent sur lui. Il se défend.)

MORTIMER.

Et libre, je prétend
Parler à cœur ouvert dans ce suprême instant:
Vous tous, qui trahissez votre Dieu, votre reine,
La seule qui de droit est votre souveraine,
Félons, soyez maudits, vous qui sacrifiez
La terrestre Marie, et qui la reniez

Comme vous reniez celle que le ciel garde!
Qui vous êtes vendus à la reine bâtarde!...

L'OFFICIER.

Sus au blasphémateur!

MORTIMER.

Je n'ai pu te sauver,
Ma bien-aimée! En moi, du moins, tu vas trouver
L'exemple du courage. — O divine Marie,
Intercède pour moi! Dans ta céleste vie
Daigne me recevoir!

(Il se frappe du poignard et tombe dans les bras des gardes.)

SCÈNE V.

La chambre de la reine.

ÉLISABETH, tenant une lettre, BURLEIGH.

ÉLISABETH.

Là me conduire! Oser,
Avec tant d'impudeur, le traître, m'abuser!
M'amener, triomphant, aux yeux de son amante!...
Jamais pour une femme injure plus sanglante,
Burleigh!

BURLEIGH.

Je ne puis pas encore concevoir
Par quels raisonnements, quel magique pouvoir,
Il a su de ma reine endormir la sagesse.

ÉLISABETH.

Ah! j'en mourrai de honte! Une telle faiblesse!

Qu'il a dû s'en moquer! — Je crois faire plier
Cette femme, et c'est moi qu'elle ose humilier!

BURLEIGH.

Vous voyez que j'étais un conseiller fidèle.

ÉLISABETH.

Je suis punie, hélas! et de façon cruelle,
D'avoir pu résister à vos sages avis.
Je devais croire aux siens et je les ai suivis.
Quand il parlait au nom de l'amour le plus tendre,
A ce piége, milord, pouvais-je bien m'attendre?
Par lui trompée, à qui me fier désormais?
Lui, que parmi les grands j'ai fait grand! que j'aimais!
Qu'au premier rang mon cœur prenait plaisir à mettre!
Pour qui j'étais allée au point de lui permettre
D'agir en maître, en roi!

BURLEIGH.

Quand l'ingrat, on le sait,
Pour la reine écossaise alors vous trahissait!

ÉLISABETH.

Elle me le paîra, milord, et de sa tête!
— A-t-on fait rédiger la sentence?

BURLEIGH.

Elle est prête;
On a suivi votre ordre.

ÉLISABETH.

Eh bien! elle mourra!
Il la verra mourir et bientôt la suivra!

Je ne le connais plus! De mon cœur je l'efface.
Plus d'amour! la vengeance à présent le remplace.
Qu'il tombe, et que sa chute, après tant de grandeur,
N'en ait que plus de honte et plus de profondeur!
Qu'il soit de ma rigueur l'exemple que je laisse;
Il le fut jusqu'ici de mon trop de faiblesse.
— Qu'on le mène à la Tour, milord! De le juger,
Un tribunal de pairs bientôt va se charger.
A la sévérité des lois je l'abandonne.

BURLEIGH.

Il saura pénétrer jusqu'à votre personne;
Il se justifiera.

ÉLISABETH, montrant la lettre:

Lui? Se justifier?
Quoi donc! pour l'accabler n'ai-je pas ce papier?
Son crime est aussi clair que le jour.

BURLEIGH.

La clémence,
La bonté vous diront... L'effet de sa présence...

ÉLISABETH.

Je ne veux plus le voir! Jamais! — Avez-vous dit
Que chez moi tout accès au comte est interdit?

BURLEIGH.

L'ordre est donné.

UN PAGE, entrant:

Milord de Leicester!

ÉLISABETH.

L'infâme !

(Au page :)
Je ne veux pas le voir ; dites-le-lui.

LE PAGE.

Madame,
Je n'ose pas transmettre un tel ordre à milord ;
Il ne me croirait pas.

ÉLISABETH.

Je l'ai rendu si fort
Que son autorité fait peur plus que la mienne.

BURLEIGH, au page :
Sa Majesté défend qu'ici le comte vienne.

(Le page se retire avec hésitation.)

ÉLISABETH, après un moment de silence :
Et si j'étais trop prompte à le sacrifier ?
S'il parvenait encore à se justifier ?
— Dites-moi, lord Burleigh, — j'y pense, — cette lettre,
De la part de Marie est un piége, peut-être ?
Cette femme est rusée ; elle pourrait fort bien
Avoir imaginé ce perfide moyen
De séparer de moi l'ami le plus fidèle.
En écrivant ceci, sans doute croyait-elle,
Des plus cruels soupçons empoisonnant mon cœur,
De l'homme qu'elle hait assurer le malheur ?

BURLEIGH.

Songez bien...!

SCÈNE VI.

LES PRÉCÉDENTS, LEICESTER.

LEICESTER, ouvrant la porte avec violence et entrant d'un air impérieux :

Je veux voir celui dont l'impudence,
De pénétrer ici m'ose faire défense !

ÉLISABETH.

Quelle audace !

LEICESTER.

Cet ordre, à moi ! — Pour un Burleigh
Quand ma reine est visible, il me semble qu'elle est
Visible aussi pour moi.

BURLEIGH.

Malgré l'ordre contraire,
De force entrer, milord, c'est être téméraire.

LEICESTER.

Et c'est l'être beaucoup, milord, à votre tour,
Que de parler ici. — L'ordre ? Dans cette cour,
Le comte Leicester ne saurait reconnaître
A personne le droit de lui parler en maître.

(Il s'approche humblement d'Élisabeth.)

Ma souveraine seule a ce droit ; et je veux
Que sa bouche me dise...

ÉLISABETH, *sans le regarder :*

Otez-vous de mes yeux,
Misérable !

LEICESTER.

    Ces mots ne sont pas de ma reine :
Du lord mon ennemi j'y reconnais la haine;
Ma douce Élisabeth autrement parlerait.
Je dois en appeler de son injuste arrêt.
Vous avez écouté lord Burleigh; je réclame
Une égale faveur pour moi.

ÉLISABETH.

          Parlez, infâme!
Aggravez votre crime en venant le nier.

LEICESTER.

Mais, à cet importun dites de s'éloigner.
(A Burleigh :)
Je viens entretenir ma reine, et l'audience
D'aucun témoin, milord, n'exige la présence.
Retirez-vous!

ÉLISABETH, à Burleigh :

    Restez! je le veux!

LEICESTER.

             Eh! pourquoi
Ce tiers que vous allez mettre entre vous et moi?
Je suis venu parler à ma reine adorée;
J'invoque la faveur à mon rang assurée,
Mes légitimes droits, et je demande encor
Que de cet entretien vous écartiez milord.

ÉLISABETH.

C'est bien à vous que sied cet orgueilleux langage.

LEICESTER.

A qui dans cette cour siérait-il davantage ?
Je suis l'heureux mortel à qui votre faveur
De ce haut privilége a concédé l'honneur.
Au-dessus de milord, de chacun, il me place ;
Il est de votre cœur la précieuse grâce,
Et ce don de l'amour, par Dieu ! ce don sacré,
C'est au prix de mon sang que je le maintiendrai.
— Faites sortir milord. — Peu d'instants vont suffire
Pour m'expliquer.

ÉLISABETH.

En vain vous croiriez me séduire
Par quelque adroit langage.

LEICESTER.

Il l'a pu, ce rhéteur !
Mais moi, je ne prétends parler qu'à votre cœur,
Et de ce que j'ai fait je viens lui rendre compte.
Votre haute faveur, sur laquelle je compte,
Permettait qu'à ce point j'osasse m'engager.
Un tribunal, un seul, a droit de me juger :
C'est votre affection.

ÉLISABETH.

L'impudent la rappelle !
Vous êtes condamné précisément par elle.
— Milord ! faites-lui voir la lettre.

BURLEIGH.

La voilà.

LEICESTER, après avoir parcouru la lettre sans changer de contenance :

C'est la main de Stuart.

ÉLISABETH.

En effet. — Lisez-la,
Et voyez ce qu'après vous pourrez me répondre.

LEICESTER, tranquillement, après avoir lu :

L'apparence, du moins, a de quoi me confondre ;
Mais je ne pense pas qu'elle puisse, à vos yeux,
Suffire pour asseoir un arrêt rigoureux.

ÉLISABETH.

Pouvez-vous bien nier, devant cette apparence,
D'avoir avec Stuart été d'intelligence ?
Qu'elle vous ait fait don, elle, de son portrait,
Et que c'est un sauveur qu'en vous elle espérait ?

LEICESTER.

Coupable, je pourrais, je l'espère, sans peine
Récuser un témoin qui m'a voué sa haine.
Mais je n'ai nul reproche à me faire, et convien
Que Stuart a dit vrai dans cette lettre.

ÉLISABETH.

Eh bien !
Malheureux ?

BURLEIGH.

Le voilà forcé de reconnaître
Sa culpabilité.

ÉLISABETH.

Sortez ! A la Tour, traître !

LEICESTER.

Traître? Non. J'eus le tort de n'agir qu'en secret.
Je voulais, consultant votre seul intérêt,
Sonder votre ennemie et la perdre.

ÉLISABETH.

       L'excuse
Est pitoyable!

BURLEIGH.

    Quoi! vous croyez qu'on s'abuse...?

LEICESTER.

Le coup était hardi, je ne puis le nier.
Le comte Leicester pouvait seul l'essayer :
Le monde pour Stuart sait bien quelle est ma haine.
Mon rang et la faveur dont m'honore la reine
Me mettent à l'abri de la suspicion
Sur la fidélité de mon intention.
L'homme qu'a distingué votre faveur suprême
Devait pouvoir choisir hardiment, de lui-même,
Pour faire son devoir, le chemin le plus sûr.

BURLEIGH.

Pourquoi vous taire, alors qu'un motif aussi pur...?

LEICESTER.

Parler d'abord, n'agir qu'après, est votre affaire;
Vous faites sonner haut ce que vous savez faire.
Je parle, mais après avoir agi d'abord.

BURLEIGH.

C'est parce qu'il le faut que vous parlez, milord.

LEICESTER, *le mesurant d'un regard fier et dédaigneux :*
Mais vous, qui proclamez d'une voix orgueilleuse,
Que vous venez de faire une œuvre merveilleuse ;
Que, si la reine vit encor, c'est grâce à vous,
Qui de la trahison aviez prévu les coups ;
Vous savez tout, sans doute? A votre vigilance
Rien ne peut échapper? Du moins, milord le pense?
Qu'est-elle, fanfaron, votre sagacité?
Stuart, aujourd'hui même, était en liberté,
Si je ne l'avais pas empêché.

BURLEIGH.
Vous?

LEICESTER.
Moi-même :
Plaçant dans Mortimer sa confiance extrême,
La reine à ce jeune homme avait ouvert son cœur.
Un ordre repoussé par l'oncle avec horreur,
La reine, imprudemment, au neveu le confie.
Cet ordre était sanglant et concernait Marie.
Suis-je bien informé?

(*La reine et Burleigh se regardent étonnés.*)

BURLEIGH.
Comment avez-vous su...?

LEICESTER.
Le suis-je? — Eh bien! milord, aviez-vous aperçu,
— Vos yeux d'Argus, alors, s'étaient-ils clos peut-être? —
Quel piége, sous vos pas, il préparait, ce traître?
Saviez-vous bien qu'il fût un papiste effréné,
Des princes de Lorraine agent déterminé,

Et que dans lui Stuart avait sa créature?
Résolu fanatique, et de son imposture
Couvrant le double but que je viens dévoiler:
Rendre libre Stuart; la reine, l'immoler?

ÉLISABETH, dans le plus grand étonnement:

Comment!... Ce Mortimer!

LEICESTER.

C'est par son entremise
Que Marie en rapport avec moi s'était mise.
J'ai su le pénétrer: ses complices et lui
Devaient à sa prison l'arracher aujourd'hui,
Et leur complot, c'est lui qui me l'a fait connaître.
A l'instant, sur mon ordre, on a saisi le traître.
Désespéré de voir ses projets échouer,
Il s'est donné la mort.

ÉLISABETH.

A ce point me jouer!
Ce Mortimer!

BURLEIGH.

Le fait à peu d'instants remonte?
Il s'est passé depuis que je vous ai vu, comte?

LEICESTER.

J'éprouve, pour ma part, un regret infini
Que de cette façon Mortimer ait fini.
Sa parole, pour moi précieux témoignage,
M'eût lavé des soupçons dont je ressens l'outrage.
Voilà pourquoi de lui je m'étais assuré,
Et pourquoi je voulais qu'au juge il fût livré.

La plus sévère enquête eût de mon innocence,
Aux yeux du monde entier, fait briller l'évidence.

BURLEIGH.

C'est de sa propre main que Mortimer est mort?
Ou, plutôt, n'est-ce pas de la vôtre, milord?

LEICESTER.

Quel indigne soupçon! — Lord Burleigh, je vous somme
D'ouïr la garde à qui j'avais livré cet homme.

(Il va à la porte et appelle. L'officier des gardes entre.)

Vous allez raconter à Sa Majesté, sir,
Comment vous avez vu ce Mortimer mourir.

L'OFFICIER.

J'étais dans l'antichambre avec mes gens de garde.
On ouvre brusquement la porte; je regarde :
Milord venait donner l'ordre qu'on arrêtât
Mortimer, qu'il disait un criminel d'État.
Ce jeune homme est saisi d'une fureur soudaine;
Il tire son poignard et, maudissant la reine,
Se perce la poitrine et tombe raide mort,
Sans que nous ayons pu prévenir un tel sort.

LEICESTER.

Bien. — A vous retirer, sir, on vous autorise.

(L'officier sort.)

ÉLISABETH.

Quel abîme d'horreurs!

LEICESTER.

Maintenant, qu'on me dise

Quel est votre sauveur. Est-ce milord Burleigh ?
Savait-il quels dangers sur vous on rassemblait ?
Est-ce lui qui les a détournés ? — Non, sans doute :
Un autre ange gardien veillait sur votre route,
C'était votre Dudley, si fidèle !

BURLEIGH.

Milord,
Pour vous bien à propos ce Mortimer est mort.

ÉLISABETH.

Que dire ? Je vous crois, et puis, je m'y refuse.
Tantôt j'aime à penser qu'à tort on vous accuse,
Et tantôt je me dis qu'on le fait justement.
Oh ! l'odieuse femme, auteur de mon tourment !

LEICESTER.

Qu'elle meure ! Il le faut. Aujourd'hui, je demande,
A mon tour, que Stuart dans la tombe descende.
Je vous ai conseillé de suspendre l'arrêt
Tant que nul champion ne se présenterait,
Qui s'armât pour tenter encor sa délivrance.
Eh bien ! il est venu ; dès lors, qu'à la sentence
On donne son effet. C'est mon opinion.

BURLEIGH.

C'est votre avis ? A vous ?

LEICESTER.

Quelque répulsion
Que j'éprouve à l'emploi de l'extrême justice,
Je reconnais qu'il faut ce sanglant sacrifice :

Il importe à la reine, il fait sa sûreté.
Que l'arrêt promptement soit donc exécuté.

BURLEIGH, à la reine:

Du moment que milord vous assure en ces termes
De ses convictions si loyales, si fermes,
Madame, c'est à lui, je pense, qu'il faudrait
Donner le soin de faire exécuter l'arrêt.

LEICESTER.

A moi?

BURLEIGH.

Que voulez-vous qui mieux vous justifie
De l'accusation d'avoir aimé Marie?
Tout soupçon va tomber soudain, si l'on vous voit
Lui faire, vous, milord, trancher la tête.

ÉLISABETH, fixant les yeux sur Leicester:

Soit!
Milord conseille bien. Comme il dit, je veux faire.

LEICESTER.

Il semble que mon rang aurait dû me soustraire
Au sinistre mandat que de vous je reçoi;
D'un Burleigh tout le rend plus digne que de moi.
L'homme qui de si près approche de sa reine
Ne devrait jamais être un messager de peine.
Cependant, pour prouver mon zèle et mon désir
De me régler toujours sur votre bon plaisir,
J'abdique un privilége auquel j'ai pu prétendre,
Et l'odieux mandat, je consens à le prendre.

ÉLISABETH.

Avec milord Burleigh, que j'y mets de moitié.
A Burleigh :
Et l'ordre, qu'à l'instant il soit expédié !
Burleigh sort. On entend du tumulte au dehors.

SCÈNE VII.

ÉLISABETH. LEICESTER, le comte de KENT.

ÉLISABETH.

Milord Kent, quel est donc ce tumulte ?

LE COMTE DE KENT.

         Madame,
Le peuple est au palais, il l'assiége, il réclame
Instamment la faveur de vous voir.

ÉLISABETH.

         Et, de moi,
Que veut mon peuple ?

LE COMTE DE KENT.

        Londre est dans un grand effroi :
De sinistres rumeurs aux oreilles arrivent :
Vos jours sont menacés ; des assassins vous suivent ;
Sur vos pas on les dit par le pape envoyés ;
Les papistes seraient par un serment liés
Pour délivrer Marie et la proclamer reine.
Le peuple croit ces bruits et sa fureur l'entraîne.
Pour l'apaiser, il faut, et sans aucun retard,
Que vous fassiez tomber la tête de Stuart.

ÉLISABETH.

Comment! Prétendrait-on me faire violence?

LE COMTE DE KENT.

Tant que vous n'aurez pas approuvé la sentence,
A demeurer sur place il est déterminé.

SCÈNE VIII.

LES PRÉCÉDENTS, BURLEIGH, DAVISON, tenant un papier.

ÉLISABETH, à Davison:

Que m'apportez-vous là?

DAVISON, s'approchant d'un air grave :

Vous avez ordonné...

ÉLISABETH.

Qu'est-ce?

(Elle veut prendre le papier, tressaille et recule.)

Ciel!

BURLEIGH.

Rendez-vous à cette voix suprême :
La voix de tout un peuple est la voix de Dieu même.

ÉLISABETH, irrésolue et en lutte avec elle-même :

Ah! milords! qui me dit que c'est bien cette voix,
Celle de tout mon peuple et du monde? Une fois
Que j'aurais satisfait à cette voix publique,
J'ai peur qu'une autre voix à son tour ne s'explique,
Je crains précisément que la même clameur,
Qui me pousse à présent à l'extrême rigueur,
Quand serait accompli l'acte qu'elle réclame,
Ne vienne m'en jeter son plus sévère blâme.

SCÈNE IX.

LES PRÉCÉDENTS. SHREWSBURY.

SHREWSBURY, entrant vivement agité :
On cherche à vous surprendre, ô ma reine ! Arrêtez !
A ce qu'on veut de vous, de grâce, résistez !...
(Apercevant la sentence dans les mains de Davison :)
Est-ce qu'il est trop tard? Que nul espoir ne reste?
Je vois dans cette main un écrit bien funeste ;
De l'offrir à vos yeux ce n'est pas le moment.

ÉLISABETH.
Noble lord Shrewsbury, l'on me contraint.

SHREWSBURY.
Comment !
Qui donc vous contraindrait? Vous êtes souveraine.
C'est ici que pour vous il s'agit d'être reine :
Commandez le silence à ces sauvages voix
Dont l'audace prétend vous imposer des lois,
A votre volonté vient faire violence,
Et, votre jugement, veut le régler d'avance.
Le peuple est de terreur, de vertige agité.
Vous n'êtes pas à vous, reine, on vous a porté
Des coups dont vous sentez la blessure cruelle ;
Vous êtes faible, ainsi que l'est une mortelle,
Et vous jugeriez mal en de pareils instants.

BURLEIGH.
Tout est jugé déjà, comte, et depuis longtemps.
Il n'est plus question de rendre une sentence,
Mais de l'exécuter.

LE COMTE DE KENT, qui s'était éloigné au moment de l'entrée
de Shrewsbury, revient.

    L'émeute a pris croissance;
On ne la contient plus; le peuple est le plus fort.

   ÉLISABETH, à Shrewsbury:

Vous voyez à quel point l'on me presse, milord!

    SHREWSBURY.

Je ne veux qu'un sursis encor. Ce trait de plume
Va faire de vos jours la joie ou l'amertume.
Vous avez réfléchi déjà bien longuement
Si vous le donneriez rigoureux ou clément.
Faut-il que d'un instant l'orage vous entraîne?
Un sursis! fût-il court; mais un sursis, ô reine!
Reprenez vos esprits, de grâce, et décidez
Dans un moment plus calme.

   BURLEIGH, vivement:

     Hésitez, attendez
Que la guerre civile au royaume sévisse,
Et que votre ennemie à la fin accomplisse
Ses projets meurtriers! Trois fois, de votre sein
Dieu daigna détourner le fer d'un assassin;
Ce fer vous a de près aujourd'hui menacée.
D'un miracle nouveau l'espérance insensée
Offenserait le ciel.

    SHREWSBURY.

    Si, quatre fois déjà,
Miraculeusement ce Dieu vous protégea,
Et si d'un furieux il a voulu permettre
Qu'un vieillard, ce matin, ait pu se rendre maître,

Pour ne pas être ingrats, notre premier devoir
Est qu'en ce même Dieu nous mettions tout espoir.
Je n'élèverai pas la voix de la justice;
Pour la faire parler l'instant n'est pas propice;
Vous n'écouteriez pas ce qu'elle vous dirait;
L'orage du moment vous en empêcherait.
Souffrez un seul avis, madame, je vous prie :
Vous craignez maintenant la vivante Marie!
La peur de celle-là peut-elle vous troubler?
Devant l'autre Stuart vous avez à trembler :
C'est devant la Stuart morte et décapitée.
Voyez-la du tombeau déjà ressuscitée,
Parcourant le royaume en fantôme vengeur;
Déesse de discorde, y soufflant la terreur;
Au cœur de vos sujets substituant la haine
A l'amour qu'à présent ils portent à leur reine.
Redoutée, on la hait; morte, on la vengera.
Aux yeux du peuple anglais la victime sera
La fille de ses rois, mais non plus l'ennemie
De sa religion; et c'est la jalousie,
La haine qui, d'accord, auront sacrifié
Cette femme, à ses yeux si digne de pitié.
Trop tôt du changement vous serez informée :
Cette exécution une fois consommée,
Parcourez Londre, allez, et montrez-vous aux yeux
D'un peuple, autour de vous autrefois si joyeux;
L'Angleterre pour vous ne sera plus la même;
Vous ne trouverez plus ce peuple qui vous aime.
Alors à votre front la justice ôtera
Cet éclat tout divin dont elle l'entoura,
Qui vous gagnait les cœurs. Devant vous, l'épouvante,

Compagne des tyrans, marchera frémissante,
Faisant de chaque rue un désert sous vos pas.
Vous aurez bravé tout en signant ce trépas.
Quelle tête serait désormais assurée
Dès qu'aurait pu tomber cette tête sacrée?

ÉLISABETH.

Oui, vous m'avez sauvée en écartant de moi
Le fer d'un assassin; mais, cher comte, pourquoi
La mort qu'il me portait l'avez-vous détournée!
Cette lutte serait à présent terminée,
De ses doutes mon cœur n'aurait plus le fardeau,
Pure de toute faute, au fond de mon tombeau,
Pour l'éternel repos j'occuperais ma place.
De vivre et de régner, croyez-moi, je suis lasse.
Si chacune de nous voit, pour sa sûreté,
Dans la chute de l'autre une nécessité,
— Et, j'en suis convaincue, il faut ce sacrifice, —
Serait-il surprenant que sur moi je le fisse?
Que mon peuple prononce en toute liberté :
Volontiers je lui rends sa souveraineté.
Mes efforts ne tendaient que vers son bien suprême,
Et je n'ai pas vécu, Dieu le sait, pour moi-même.
Que si, plus séduisante et plus jeune, Stuart
Lui promet de bonheur une plus large part,
A descendre du trône il me trouvera prête,
Et je regagnerai la paisible retraite
Qui de mes jeunes ans, dans leur tranquille cours,
Dans leur simplicité, vit s'écouler les jours;
Woodstock m'offrira bien encor sa paix profonde,
Où, loin des vanités de la grandeur du monde,

Dans moi seule j'avais ma grandeur. En effet,
Je sens que pour régner mon cœur n'était pas fait :
Jusqu'à la dureté, parfois, il faut étendre
Les devoirs d'un monarque, et ce cœur n'est que tendre.
Si j'ai bien gouverné, c'est que, selon mes vœux,
On bornait tous mes soins à faire des heureux.
Pour la première fois la royauté m'adresse
Un appel rigoureux, et je sens ma faiblesse.

BURLEIGH.

Par le ciel! se peut-il que vous parliez ainsi!
C'est de l'honneur royal prendre peu de souci,
Madame, et plus longtemps je ne saurais me taire
Sans trahir mes devoirs, sans trahir l'Angleterre.
Vous aimez votre peuple et l'aimez, dites-vous,
Au-dessus de vous-même? Eh bien! prouvez-le-nous!
Pour votre paix à vous, les projets que vous faites
Livreraient aussitôt le royaume aux tempêtes.
Et l'Église? On verrait rendre à la nation,
Avec cette Stuart, la superstition,
Sous le joug monacal replacer le royaume,
Et, sur l'ordre donné par un légat de Rome,
Nos temples interdits et détrônés nos rois?
Il s'agit du salut d'un peuple, cette fois,
Et, ce peuple, ce sont vos sujets! De leur âme
Je vous rends, pour chacun, responsable, madame,
Car selon le parti que vous adopterez,
Elle sera perdue ou vous la sauverez.
Point de pitié de femme en ce danger extrême,
Où le salut d'un peuple est le devoir suprême!
Talbot vous a sauvé la vie; eh bien! je veux,
Moi, sauver l'Angleterre, et c'est faire encor mieux!

ÉLISABETH.

Je veux me recueillir. Qu'à moi-même on me laisse.
Je ne puis pas compter sur l'humaine sagesse
Pour avoir des conseils, des consolations,
Au moment de trancher ces graves questions.
C'est à Dieu que je vais demander qu'il m'éclaire.
Dieu seul m'inspirera ce qu'il me reste à faire.
— Éloignez-vous, milords.

(A Davison :)

Dans la salle à côté
Allez attendre, sir.

(Les lords se retirent. Shrewsbury seul demeure encore quelques instants en présence de la reine; il la regarde d'un air expressif, puis, s'éloigne lentement avec les signes d'une profonde affliction.)

SCÈNE X.

ÉLISABETH, seule:

O popularité!
Idole que je flatte et que mon cœur méprise,
Qu'il me lasse le joug auquel tu m'as soumise!
Qu'il est humiliant! Sur le trône où je suis,
Quand donc sera-t-il vrai qu'en liberté je vis?
C'est à moi d'honorer l'opinion publique!
A complaire à la foule on veut que je m'applique!
Il faut être jongleur pour s'en voir admiré,
Et c'est moi qu'elle force à n'agir qu'à son gré!
Ah! tant qu'au monde entier il est forcé de plaire,
Un roi ne peut avoir qu'un titre imaginaire!
Celui-là seul est roi de qui la royauté,
Qu'on le blâme ou l'approuve, agit en liberté.

— Pourquoi donc m'être fait une loi si sévère
D'être juste toujours, de bannir l'arbitraire,
Si, la première fois qu'un acte rigoureux
Est à sanctionner, — un acte impérieux, —
Je me trouve par là réduite à l'impuissance?
Si mon exemple a pu me condamner d'avance?
Sans craindre qu'on osât dire que j'agis mal,
Je pourrais aujourd'hui verser un sang royal,
Si je n'avais régné que par la tyrannie,
Comme avant moi l'a fait l'Espagnole Marie.
Mais, d'être juste, à moi le mérite est-il dû?
Non : la nécessité m'a fait cette vertu,
Cette nécessité dont la force est si grande
Et dont le despotisme aux rois mêmes commande.
— D'ennemis entourée, il me faut, pour rester
Sur ce trône qu'on m'ose encore disputer,
La faveur populaire : elle est ma force unique.
Le continent, d'accord, à me perdre s'applique :
De Sixte-Quint sur moi la foudre retentit,
Dans un baiser de paix la France me trahit,
L'Espagne me prépare une guerre implacable
Et va mettre à la mer sa flotte formidable.
C'est contre un monde entier qu'il me faudra lutter,
Moi, femme, et qui ne puis sur nuls soutiens compter.
Sous de hautes vertus il faut bien que je cache
De mes droits à régner la faiblesse, et la tache
Que mon père à l'enfant de son deuxième hymen
A lui-même imprimée. — Et je la couvre en vain :
Elle n'a pas trompé l'œil ardent de la haine;
On oppose à mes droits les droits d'une autre reine,
Et d'âpres ennemis devant moi vont dressant

Cette Stuart, ce spectre éternel, menaçant.
— Il est temps, à la fin, que cette crainte cesse!
Pour cette femme il faut que l'échafaud se dresse.
Je veux régner en paix; ne pas avoir toujours,
En elle, une furie acharnée à mes jours;
Un démon dont le sort veut me faire la proie.
Partout où je me crée un espoir, une joie,
L'infernale vipère a soin de se trouver.
Tantôt, c'est un amant qu'elle vient m'enlever,
Tantôt, un fiancé que son amour me vole.
Son nom de mes malheurs est l'éternel symbole.
Mais que parmi les morts ce nom soit rejeté,
Alors, enfin, alors j'aurai ma liberté!

(Elle se tait un moment.)

Quel dédain dans ses yeux! On eût dit que la foudre
En devait éclater pour me réduire en poudre.
Va! ta haine impuissante essaie un vain effort.
Mes armes valent mieux : elles donnent la mort!

(Elle va d'un pas rapide à la table et saisit la plume.)

Ah! je suis à tes yeux l'enfant de l'adultère?
— Tu l'as dit, malheureuse!— Oui, tant que sur la terre
Tu compteras; oui, tant que tu respireras;
Je ne le serai plus du jour où tu mourras.
En t'anéantissant je réduis au silence
Quiconque encor voudrait soupçonner ma naissance,
Et dès que les Anglais n'auront plus d'autre choix,
A leurs yeux je serai du pur sang de nos rois!

(Elle signe d'un trait rapide et ferme, puis, laisse tomber la plume et recule avec une expression d'effroi. Après un moment de silence, elle sonne.)

SCÈNE XI.

ÉLISABETH, DAVISON.

ÉLISABETH.

Où sont les autres lords, sir?

DAVISON.

Du flot populaire
Ils sont allés, madame, apaiser la colère.
Du moment où milord Shrewsbury s'est montré,
Le peuple dans le calme aussitôt est rentré.
Mille voix ont lancé cette clameur soudaine :
« Le voilà ! le voilà ! le sauveur de la reine !
« Les paroles qu'il va nous dire, écoutez-les !
« Il n'est homme meilleur dans le royaume anglais ! »
S'adressant à la foule, alors, Talbot commence,
Lui reproche d'user de cette violence,
Lui parle avec douceur en donnant, à la fois,
La persuasion et la force à sa voix,
Si bien que tout se calme, et cette populace
En silence, bientôt, abandonne la place.

ÉLISABETH.

Oh ! le peuple est ainsi : jouet du moindre vent !
Malheur à qui se fie à ce roseau mouvant !
— Votre présence, sir, ne m'est plus nécessaire.

(Au moment où il se tourne vers la porte.)

— Eh bien ! ce pli ? Je vous en fais dépositaire :
Reprenez-le !

MARIE STUART.

DAVISON, jette un regard sur le papier et tressaille.

  Signé! Vous avez, en effet,
Résolu...?
    ÉLISABETH.
  Je devais signer, et je l'ai fait.
Est-ce qu'un pli décide, ou qu'un nom tue?

    DAVISON.
        O reine!
Le vôtre ici décide, et c'est la mort; — soudaine
Comme la foudre. — Ici, votre ordre positif
Veut qu'à Fotheringay, commissaires, shérif,
A la reine d'Écosse aillent, dans la journée,
Annoncer qu'à mourir les lords l'ont condamnée,
Et faire au point du jour exécuter l'arrêt.
Ce n'est pas de sursis qu'alors il s'agirait :
Que ce papier me quitte, elle cesse de vivre.

    ÉLISABETH.
Oui, sir, la destinée est grande que Dieu livre
Entre vos faibles mains : il le faut implorer,
Pour que de sa sagesse il vous daigne éclairer.
— Je sors; à vos devoirs maintenant je vous laisse.
      (Elle veut sortir.)

   DAVISON, se plaçant devant elle:
Ne sortez pas, de grâce, avant que je connaisse
Ce que ma reine veut. A la lettre obéir,
Est la seule sagesse où j'aie à recourir.
Me remettre ce pli, c'est me dire, je pense,
Qu'il faut exécuter promptement la sentence?

ÉLISABETH.
Selon votre prudence il faut vous décider.

DAVISON, l'interrompant vivement et avec effroi :
Selon la mienne? oh! non. Dieu veuille m'en garder!
Obéir, je l'ai dit, est la seule où j'aspire,
Et votre serviteur, ici, n'a rien à dire.
Dans ce grave moment, la plus légère erreur
Serait un régicide, un immense malheur.
Reconnaissez qu'en moi ce moment ne réclame
Qu'un aveugle instrument, sans volonté, madame.
La vôtre, expliquez-la. Qu'attendez-vous de moi,
Pour cet ordre de sang?

ÉLISABETH.
Son nom vous le dit.

DAVISON.
Quoi!
Le suivre?

ÉLISABETH, avec hésitation :
Ce n'est pas ce que je vous ordonne.
A cet affreux penser je sens que je frissonne.

DAVISON.
C'est donc pour un sursis que vous vous prononcez?

ÉLISABETH, vivement :
Responsable de tout, pour le mieux agissez.

DAVISON.
Responsable?--Grand Dieu!--Parlez, que faut-il faire?

ÉLISABETH, avec impatience :
Qu'on ne rappelle plus cette fatale affaire!
Que jamais mon repos ne s'en puisse troubler!

DAVISON.

Il suffirait d'un mot, reine; veuillez parler :
De cet ordre comment aurai-je à faire usage?

ÉLISABETH.

Je l'ai dit; gardez-vous d'insister davantage.

DAVISON.

Vous l'avez dit? oh! non : daignez vous souvenir...
Jusqu'ici vous n'avez...

ÉLISABETH, frappant du pied:

C'est à n'y plus tenir!

DAVISON.

Ah! madame, excusez mon inexpérience :
Dans l'emploi que j'exerce à peine je commence,
Et je ne connais pas le langage des cours.
Dans la simplicité se sont passés mes jours.
Pour votre serviteur montrez-vous patiente,
Ne vous refusez pas à combler mon attente;
Accordez-moi le mot qui doit me faire voir,
A n'en pouvoir douter, où sera mon devoir.

(Il s'approche d'elle dans une attitude suppliante; elle lui tourne
le dos; il s'arrête désespéré, puis, lui dit d'un ton résolu :)

Reprenez ce papier! Reprenez-le, madame;
Il est entre mes mains comme une ardente flamme!
Dans cet affreux moment ce ne sera pas moi
Qui pourrai vous servir.

ÉLISABETH.

Remplissez votre emploi!

(Elle sort.)

SCÈNE XII.

DAVISON, seul, puis, BURLEIGH.

DAVISON.

Elle me laisse seul! sans conseil qui m'éclaire!
L'ordre terrible en main, — irrésolu! — Que faire?
Le garder? le transmettre?
(A Burleigh, qui entre.)
    Ah, milord! Dieu merci,
Vous venez! — Aidez-moi, milord! — Mon poste ici,
Vous me l'avez donné. — Reprenez-le, de grâce!
J'en ignorais le poids. — Non! non! à cette place
Je ne puis convenir. — Que dans l'obscurité
D'où vous m'avez sorti, je rentre en liberté!

BURLEIGH.

Qu'est-ce donc? — Calmez-vous. — Avez-vous la sen-
            tence?
La reine vous a fait mander en sa présence...

DAVISON.

Et vient de me quitter en violent courroux.
— Un conseil! aidez-moi! je n'ai d'espoir qu'en vous.
Arrachez-moi, milord, à l'angoisse cruelle
De ce doute. — Voici l'arrêt, — et signé.

BURLEIGH, avec vivacité:
        D'elle?
Donnez, donnez!

DAVISON.
 Je crains...

BURLEIGH.
Quoi?

DAVISON.
Jusqu'à ce moment,
Sa volonté n'est pas dite bien clairement.

BURLEIGH.
N'a-t-elle pas signé? Donnez!

DAVISON.
J'ai pu comprendre,
Tantôt : Exécutez, tantôt : Il faut suspendre...
A quel parti, grand Dieu! dois-je donc m'arrêter?

BURLEIGH, plus pressant:
Il faut que vous fassiez sur l'heure exécuter :
Différer, c'est vous perdre.

DAVISON.
Et je me perds d'avance,
Si j'ose me hâter.

BURLEIGH.
Vous êtes en démence...
Donnez!
(Il lui arrache l'écrit et s'éloigne précipitamment.)

DAVISON, courant après lui:
Que faites-vous? Au nom du ciel, restez!
Dans l'abîme, milord, vous me précipitez!

FIN DU QUATRIÈME ACTE.

ACTE CINQUIÈME.

MARIE STUART.

ACTE CINQUIÈME.

L'appartement du premier acte.

SCÈNE PREMIÈRE.

ANNA KENNEDY, en grand deuil, les yeux mouillés de larmes et dans une affliction profonde mais muette, est occupée à cacheter des paquets et des lettres. Souvent sa douleur l'interrompt dans ce soin et on la voit prier. PAULET et DRURY, également vêtus de noir, entrent, suivis de nombreux domestiques, qui portent des vases d'or et d'argent, des miroirs, des tableaux et autres objets de prix, qu'ils vont déposer dans le fond du théâtre. Paulet remet à Anna un écrin et un papier, qu'il lui indique, par gestes, être l'inventaire de tout ce qu'on vient d'apporter. A la vue de tous ces objets, elle fait voir une douleur encore plus vive, puis, tombe dans une profonde tristesse, pendant que les autres personnages se retirent sans bruit. MELVIL entre.

ANNA, jetant un cri de surprise dès qu'elle l'aperçoit :

Melvil! Est-ce bien vous?

MELVIL.

Oui, cœur noble et fidèle!

ANNA.

La séparation fut longue et bien cruelle!

MELVIL.

Quel douloureux revoir!

ANNA.

Vous venez dire...? O Dieu!

MELVIL.

A ma reine, un dernier, un solennel adieu.

ANNA.

Au matin de sa mort, on a daigné permettre
Que les siens devant elle, enfin, pussent paraître :
Longtemps on l'a privée, hélas! de ce bienfait.
— Je ne demande pas ce que vous avez fait,
Vous ne m'entendrez pas davantage vous dire
Tout ce que nous avons enduré de martyre
Depuis que de la reine on vous a séparé;
Dans un autre moment je vous en parlerai.
— Oh, Melvil! faut-il donc que nous vivions encore,
Et que d'un pareil jour nous ayons vu l'aurore!

MELVIL.

L'un l'autre il ne faut pas nous attendrir, Anna.
Mes larmes couleront tant que mon cœur battra;
Nul sourire, pendant les jours que Dieu me laisse,
Ne viendra de mon front éclairer la tristesse.
Je ne quitterai plus ce sombre vêtement;
Il doit être éternel le deuil de ce moment.
Mais je me contiendrai dans cette heure suprême:
Votre douleur, Anna, modérez-la de même;
— Vous me le promettez? — et, lorsqu'au désespoir
Autour d'elle on se livre, eh bien! faisons-lui voir
Une mâle assurance, et qu'en nous notre reine
Au chemin de la mort trouve qui la soutienne.

ACTE V. — SCÈNE I.

ANNA.

Elle? Non, cher Melvil; vous croiriez bien à tort
Que, pour la raffermir au moment de la mort,
Nous devions, vous et moi, lui prêter assistance;
Elle est l'exemple à tous d'une noble assurance.
Ne craignez pas qu'il faille en rien la secourir :
En reine, en héroïne elle saura mourir.

MELVIL.

Le message de mort ne l'a pas atterrée?
Elle n'y fut, dit-on, nullement préparée.

ANNA.

Elle ne l'était pas. Marie, à ce moment,
De tout autres frayeurs éprouvait le tourment;
Ce n'est pas de la mort qu'avait peur ma maîtresse,
Mais du libérateur qu'elle attendait sans cesse :
Mortimer nous avait promis la liberté,
Et que, nous arrachant à la captivité,
Il viendrait, cette nuit, terminer nos souffrances.
Agitée à la fois de craintes, d'espérances;
Tour à tour confiante et dans un doute affreux;
Hésitant à livrer au jeune audacieux
Sa royale personne et son honneur, la reine
Attendait le matin. — Une rumeur soudaine
D'abord nous épouvante et remplit le château.
Nous entendons frapper plusieurs coups de marteau :
De nos libérateurs pour nous c'est la présence,
C'est le signe certain d'une juste espérance.
Et l'amour, à la fois si puissant et si doux,
Qui s'attache à la vie, alors renaît en nous!...

On ouvre... c'est Paulet; et par lui ma maîtresse
Apprend... que... sous ses pieds... c'est l'échafaud qu'on
                                                    dresse!
            (Elle se détourne, en proie à une violente douleur.)

                        MELVIL.

Juste ciel! — Achevez : apprenez-moi comment
Marie a soutenu cet affreux changement.

    ANNA, après une pause, pendant laquelle elle a repris quelque empire
                        sur elle-même :

Ce n'est point par degrés, hélas! que l'on délie
Les liens qui nous ont retenus à la vie;
C'est par un coup subit, c'est en quelques instants
Que pour l'éternité l'on échange le temps;
Et Dieu fait cette grâce à ma chère maîtresse,
Qu'à tout terrestre espoir, toute humaine faiblesse
Elle a fermé son cœur; qu'elle ne songe plus
Qu'à monter en chrétienne au séjour des élus.
— A l'affreuse nouvelle, aucune lâche crainte,
Melvil, n'a dégradé ma reine, aucune plainte.
Mais quand on rapporta jusque dans sa prison,
De milord Leicester l'infâme trahison,
Qu'elle eut de Mortimer appris la fin cruelle,
— Noble cœur, qui s'était sacrifié pour elle! —
Quand elle fut témoin du désespoir affreux
De ce vieux chevalier, par elle malheureux,
Dont ce jeune homme était l'espérance dernière,
Les larmes ont, alors, coulé de sa paupière.
Pour elle n'étaient pas les pleurs qu'elle versait,
C'est sur d'autres douleurs qu'elle s'attendrissait!

MELVIL.

Que fait-elle à présent? Puis-je la voir?

ANNA.

L'aurore
L'a surprise veillant : elle priait encore.
Elle a de ses amis par lettres pris congé,
Et fait son testament, de sa main rédigé.
— Pour un instant la reine au sommeil s'abandonne :
A son dernier !

MELVIL.

Qui reste auprès de sa personne?

ANNA.

Son médecin Bourgoin et ses femmes sont là.

SCÈNE II.

LES PRÉCÉDENTS, MARGUERITE KURL.

ANNA.

La reine est réveillée?

MARGUERITE, *essuyant ses larmes*:

Et déjà prête. — Elle a
Le désir de vous voir.

ANNA.

C'est bien; je vais m'y rendre.
(A Melvil, qui veut aller avec elle :
Ne m'accompagnez pas, Melvil; il faut attendre
Qu'elle soit préparée à votre vue.

Elle entre chez la reine.

MARGUERITE.

      Eh, quoi!
Vous, Melvil! De la cour l'ancien intendant?

MELVIL.

        Moi.

MARGUERITE.

Hélas! c'est un emploi désormais inutile
Pour la maison, cher sir! — Vous venez de la ville :
Puis-je savoir de vous ce que fait mon mari?

MELVIL.

On assure qu'il doit enfin être élargi,
Aussitôt...

MARGUERITE.

   Que la reine aura cessé de vivre?
Oh! l'infâme! le traître! Aux bourreaux il la livre,
Cette chère maîtresse! On dit que c'est bien lui
Qui l'a fait condamner par son témoignage.

MELVIL.

       Oui.

MARGUERITE.

Oh! que jusqu'en enfer son âme soit maudite!
Son témoignage est faux!

MELVIL.

    Songez-y, Marguerite,
Ce que vous dites là peut...

MARGUERITE.

    Il s'est parjuré!

J'en fais serment. Aux lords je le répéterai,
Au misérable, en face, et ma voix éclatante
Au monde entier dira qu'elle meurt innocente!

MELVIL.

Dieu le veuille!

SCÈNE III.

LES PRÉCÉDENTS, BOURGOIN, puis, ANNA KENNEDY.

BOURGOIN, apercevant Melvil:

O Melvil!

MELVIL, l'embrassant:

Bourgoin!

BOURGOIN, à Marguerite:

Que promptement
On prépare du vin pour la reine!

Marguerite sort.

MELVIL.

Comment!
Se trouve-t-elle mal?

BOURGOIN.

Non: son cœur d'héroïne
La trompe; elle se dit très-forte et s'imagine
N'avoir aucun besoin de se nourrir. Pourtant,
Un bien rude combat tout à l'heure l'attend.
Que l'on n'entende point, s'il arrive qu'en elle,
Par faiblesse, un moment, la nature chancelle,

Dire à ses ennemis, prompts à s'enorgueillir,
Que la peur de la mort l'ait pu faire pâlir.

MELVIL, à Anna, qui revient :

Puis-je entrer ?

ANNA.

Vous allez voir paraître la reine.
— C'est un regard surpris qu'ici votre œil promène :
Dans ce séjour de mort, vous demandez comment
Ce pompeux appareil? hélas! le dénûment,
Vivantes, aggravait notre prison si rude :
Le superflu revient avec la mort.

SCÈNE IV.

LES PRÉCÉDENTS, DEUX AUTRES FEMMES de Marie, également vêtues de deuil. Elles éclatent en sanglots à l'aspect de Melvil.

MELVIL.

Gertrude!
Rosemonde! faut-il nous retrouver ainsi!
Grand Dieu!

LA SECONDE FEMME DE CHAMBRE.

Nous avons dû venir l'attendre ici :
Elle veut rester seule avec Dieu.

(Deux autres femmes arrivent encore, en habits de deuil, comme les précédentes. Elles expriment leur douleur par des gestes.)

SCÈNE V.

LES PRÉCÉDENTS, MARGUERITE KURL; elle porte une coupe d'or contenant du vin, la pose sur la table et, pâle et tremblante, s'appuie sur un siége.

MELVIL.

Marguerite,
Qu'est-il donc arrivé? Quel effroi vous agite?

MARGUERITE.

O Dieu!

BOURGOIN.

Qu'est-ce?

MARGUERITE.

Avoir vu...!

MELVIL.

Remettez-vous enfin,
Et parlez.

MARGUERITE.

Je montais, pour apporter ce vin,
L'escalier qui conduit jusqu'à la salle basse:
On en ouvre la porte au moment où je passe;
J'y regarde... je vois... Ciel!

MELVIL.

Qu'avez-vous pu voir?
Calmez-vous.

MARGUERITE.

Tous les murs en sont tendus de noir;

Un immense échafaud sur le parquet s'étale,
Recouvert d'un drap noir, comme ceux de la salle;
Dessus, près d'un billot, un coussin déposé;
Une hache, au tranchant fraîchement aiguisé;
Autour, des gens pressés, qu'avec peine on comprime,
L'œil altéré de sang, attendant la victime...

LES FEMMES DE CHAMBRE.

Prends pitié d'elle, ô Dieu!

MELVIL.

Calmez-vous! La voici.

SCÈNE VI.

LES PRÉCÉDENTS. MARIE; elle est vêtue de blanc, comme pour une fête. Elle porte au cou, à un collier, un *Agnus Dei*; à sa ceinture, un rosaire; à la main, un crucifix. Ses cheveux sont ornés d'un diadème. Son grand voile noir est rejeté en arrière. A son entrée, les assistants se retirent des deux côtés du théâtre et expriment la plus vive douleur. Melvil, par un mouvement involontaire, est tombé à genoux.

MARIE, promenant avec une dignité calme ses regards sur tout le cercle :

Pourquoi gémissez-vous? Pourquoi pleurer ainsi?
Soyez, comme moi-même, heureux de l'assurance
Que je touche à la fin de ma longue souffrance :
Mes chaînes vont tomber, ma prison va s'ouvrir.
Mon âme est dans la joie et prête à conquérir
La liberté du ciel, et la seule éternelle;
Les anges vont bientôt l'emporter sur leur aile.
C'est quand je subissais une orgueilleuse loi,

C'est quand mon ennemie assouvissait sur moi,
Par d'indignes tourments, sa vengeance et sa haine,
C'est alors qu'il fallait pleurer sur votre reine!
La mort, qui guérit tout, qui s'approche à présent
Comme un ami qu'on sait austère et bienfaisant,
De ses ailes bientôt couvrira ma misère.
Cette heure ennoblit l'homme, elle le régénère :
Je me sens de nouveau reine dans ce moment,
Et dans mon cœur renaît un noble orgueil!

(Elle s'avance de quelques pas.)

Comment!
Vous, Melvil? — Pas ainsi! — Non : vous me feriez peine;
Levez-vous! — C'est pour voir triompher votre reine
Que vous êtes venu; non pour voir son trépas.
C'est un bonheur bien grand que je n'espérais pas :
Ma mémoire du moins, — me voilà rassurée, —
A mes seuls ennemis ne sera pas livrée,
Et je bénis le ciel d'avoir auprès de moi,
En mourant, un ami qui confesse ma foi.
Melvil, faites-moi part de votre destinée,
Depuis que vous m'avez par force abandonnée.
Dites, que faisiez-vous sur ce sol ennemi?
Mon cœur sur votre sort bien souvent a gémi.

MELVIL.

Le sentiment du vôtre et de mon impuissance
A vous servir, était mon unique souffrance.

MARIE.

Et comment va Didier? — Mais n'est-ce pas à tort
Que je vous le demande? Il est sans doute mort,
Ce serviteur fidèle? Il était d'un grand âge.

MELVIL.

Il n'a pas eu du ciel cette grâce en partage :
Il ensevelira sa jeune reine !

MARIE.

Hélas !
Avant que de mourir je ne puis dans mes bras
Presser de mes parents quelque tête bien chère !
Au milieu d'étrangers je vais quitter la terre,
Et je n'ai, mes amis, que vos pleurs pour adieux !
— Melvil, pour tous les miens voici mes derniers vœux ;
Que votre cœur fidèle en soit dépositaire :
Je bénis, et le roi très-chrétien, mon beau-frère ;
Et la Maison de France ; et mon oncle chéri,
Le cardinal de Guise ; et mon cousin Henri ;
Et le pape, du Christ saint vicaire, — lui-même,
A son tour, me bénit dans ce moment suprême [1] : —
Et le roi Catholique. En lui j'allais trouver
Le cœur qui noblement s'offrait à me sauver.
Mon testament leur marque à chacun ma tendresse.
Si modestes que soient les dons que je leur laisse,
Ces dons leur seront chers.

(Se tournant vers ses serviteurs :)

Je vous adresse tous
A mon Frère de France : il prendra soin de vous ;
Là-bas, sera pour vous la nouvelle patrie,

---

[1]. Le 23 novembre 1586, Marie Stuart, se croyant près de mourir, avait écrit au pape pour lui demander l'absolution, sa bénédiction et ses prières. — Elle fut décapitée le 8 février 1587. « La plus belle royne, veufve du plus grand roy de la chrestienté, vient-elle pas de mourir par main de bourreau? indigne et barbare cruauté!» MONTAIGNE. Livre I, ch. XVIII.

Et si mon dernier vœu vous est cher, je vous prie,
Ne restez pas ici; que de votre douleur
L'Anglais ne puisse pas rassasier son cœur,
Ni voir mes serviteurs le front dans la poussière.
Vous me l'accorderez ma demande dernière;
Promettez-le-moi tous sur le saint crucifix :
Vous l'abandonnerez ce malheureux pays,
Sitôt que vous aurez perdu votre maîtresse.

MELVIL, touchant le crucifix:

C'est au nom de nous tous que j'en fais la promesse !

MARIE.

Ce que j'avais, moi, pauvre et dans le dénûment,
Ce dont on m'a laissé disposer librement,
J'en ai fait entre vous le partage. — J'espère
Que l'on respectera ma volonté dernière; —
Et tout ce que je porte en marchant à la mort,
Ces habits, ces bijoux vous reviennent encor.
Sur le chemin du ciel, que cet éclat du monde
Me soit encor permis.
(A ses femmes :)

          Alice, Rosemonde,
Gertrude, dans les parts que je fais, c'est à vous
Que doivent revenir ces habits, ces bijoux :
On aime à se parer quand on est à votre âge.
Mais, à toi, Marguerite, à toi bien davantage;
Toi, la plus malheureuse, as le plus mérité
Que je te fasse voir ma générosité,
Et par mon testament tu vas bientôt connaître
Que je ne venge pas sur toi les torts d'un traître.
Pour toi, fidèle Anna, ni les joyaux, ni l'or:

C'est dans mon souvenir que sera ton trésor;
Accepte ce mouchoir; aux jours de ma misère,
Je l'ai brodé pour toi, ma compagne si chère;
Souvent je l'ai trempé de pleurs silencieux.
Il devra te servir à me bander les yeux
Au suprême moment; c'est un dernier office
Qu'il faut auprès de moi que mon Anna remplisse.

ANNA.

O Melvil! je succombe à de semblables coups!

MARIE.

Que je vous dise adieu, bons amis; venez tous :
Pour la seconde fois, pour toujours, je vous quitte;
C'est le dernier adieu!

(Elle leur tend les mains; chacun, à son tour, tombe à ses pieds
et baise en sanglotant la main qu'elle lui offre.)

Reçois-le, Marguerite...
Adieu, ma bonne Alice... Et vous, mon cher Bourgoin,
Merci, vous qui de moi si bien avez pris soin...
Ton baiser est brûlant, Gertrude. — Dans ma vie,
J'obtins beaucoup d'amour si je fus bien haïe.
Qu'un noble époux bientôt te donne le bonheur,
Gertrude : il veut aimer, il est ardent ton cœur...
— Chaste épouse du ciel, au cloître destinée,
C'est la meilleure part que Berthe s'est donnée.
Va prononcer tes vœux, enfant, ne tarde pas;
Ce sont des biens trompeurs que les biens d'ici-bas;
Ta reine t'en fait voir un grand exemple en elle...
— Séparons-nous... adieu!... pour l'absence éternelle!

(Elle se détourne rapidement. Ils se retirent tous, à l'exception de
Melvil.)

SCÈNE VII.

MARIE, MELVIL.

MARIE.

Melvil, j'ai tout réglé pour le monde. Aujourd'hui,
J'espère le quitter dégagée envers lui.
Mais il reste un fardeau sur mon âme anxieuse;
Je sens qu'elle ne peut s'élever libre, heureuse.

MELVIL.

Ouvrez-moi votre cœur. A ma fidélité
Confiez le souci dont il est tourmenté.

MARIE.

C'est pour l'éternité, Melvil, que je m'apprête.
Le juge souverain tient ma sentence prête,
Et je n'ai pas encore, au moment où j'atteins,
Été reçue en grâce auprès du Saint des saints.
Toujours de mon Église on me refuse un prêtre,
Et je n'ai pas voulu, jusqu'à présent, permettre
Que la main d'un faux prêtre à mes lèvres offrît
Le céleste repas du corps de Jésus-Christ.
Je veux mourir fidèle à l'Église romaine,
— La mienne, — et dans la foi qui, seule, au salut mène.

MELVIL.

Rassurez votre cœur : le ciel, juge des vœux,
Les tient pour accomplis s'ils sont ardents, pieux.
Le corps peut d'un tyran subir la violence;

Mais le cœur, en priant, libre vers Dieu s'élance.
C'est la foi seulement qui vivifie.

MARIE.

Hélas!
Seul, le cœur n'est pas tout; il ne se suffit pas.
La foi, pour s'assurer au céleste héritage,
A besoin d'en saisir quelque terrestre gage;
C'est ce gage qu'à tous Dieu nous a présenté,
Quand sous la forme humaine il s'est manifesté,
Et qu'un visible corps renferma le mystère
Des invisibles dons que du ciel l'homme espère.
Notre sublime Église a, pour l'homme, construit
Les degrés par lesquels au ciel il est conduit,
Église catholique, Église universelle,
Où la foi de chacun se sent croître de celle
Qui brûle au cœur de tous! C'est pour cette raison
Qu'à notre sainte Église on a donné son nom :
Dans l'adoration commune, l'étincelle
Bientôt se change en flamme, et, déployant son aile,
L'âme, ardente de foi, s'élance vers les cieux.
Oh! que je porte envie à ces milliers d'heureux
Dont c'est là le partage, et que, joyeux, rassemble
La maison du Seigneur, pour y prier ensemble!
Ah! je les vois, Melvil! je vois l'autel orné,
Et de cierges bénits il est illuminé!
On fait fumer l'encens, l'enfant de chœur s'approche,
Au pied du saint autel il agite la cloche;
Sous la pure blancheur des vêtements sacrés,
L'évêque, seul de tous, debout sur les degrés,
Prend, bénit le calice, et, comme un saint oracle,

Du pain qui se fait chair proclame le miracle,
Et, tout entier, un peuple, en son ardente foi,
Devant le Dieu présent tombe à genoux ! — Pour moi,
Excluc, hélas ! jamais dans ces murs ne pénètre
La bénédiction que sur eux Dieu fait naître.

MELVIL.

Elle y pénétrera ! Sur vous elle descend !
Il faut vous confier en ce Dieu tout-puissant :
Au rameau sec la foi peut rendre sa verdure.
Celui qui fit du roc jaillir la source pure,
Peut dans cette prison vous préparer l'autel ;
De cette coupe, il peut en breuvage du ciel
Changer subitement le terrestre breuvage.

(Il prend la coupe qui est sur la table.)

MARIE.

Oh, Melvil ! puis-je bien comprendre ce langage ?
Oui ! — Tout me manque ici dans ce grave moment :
Et l'Église, et le prêtre, et le Saint-Sacrement. —
Mais, ô divin Sauveur ! tu nous l'as dit ; tu donnes
Cette promesse aux tiens : « Partout où deux personnes
« S'assemblent en mon nom, près d'elles je serai. »
— Au prêtre que faut-il pour être préparé
Au ministère saint que le ciel lui confie ?
Il lui faut le cœur pur, l'irréprochable vie.
A ces conditions en vous je reconnais
Un messager divin qui m'apporte la paix.
Qu'à vous donc, en mourant, Melvil, je me confesse !
C'est vous qui du salut me ferez la promesse.

MELVIL.

Dès que dans ce désir vous montrez tant d'ardeur,
Le ciel, qui lit en vous, reine, à votre ferveur,
D'un miracle nouveau peut accorder la grâce,
Pour que de votre cœur cette angoisse s'efface.
Vous avez dit qu'ici vous manque en ce moment,
Et l'Église, et le prêtre, et le Saint-Sacrement :
C'est une erreur; ici votre Dieu va paraître;
Ici vous allez voir un prêtre.

A ces mots il se découvre et, en même temps, lui montre une hostie dans une boîte d'or.

Je suis prêtre;
Je le suis : j'ai reçu la consécration,
Pour entendre en ce lieu votre confession;
Pour vous donner la paix au moment du supplice.
Vous participerez au divin sacrifice;
Cette hostie en fait foi; notre Saint Père, ici,
Vous l'envoie, et ses mains l'ont consacrée.

MARIE.

Ainsi
On m'avait préparé pour l'instant qui me reste,
L'inespéré bonheur de ce bienfait céleste!
Comme un être immortel sur des nuages d'or,
Vers nous, du haut du ciel descend, ou comme encor,
L'ange, qui des liens vint délivrer saint Pierre,
Descendit, éclatant de sa vive lumière;
L'ange que n'arrêta ni verrou ni geôlier,
Qui marcha, dans sa force, auprès du prisonnier,
Tel, envoyé du ciel, vous venez me surprendre.

ACTE V. — SCÈNE VII.

Melvil! moi, désormais, qui ne peux rien attendre
Des terrestres sauveurs qui m'ont manqué de foi.
Jadis mon serviteur, ne soyez plus pour moi
Que celui du Très-Haut, et son saint interprète.
C'est moi qui devant vous courbe aujourd'hui la tête
Comme vous, devant moi, vous la courbiez jadis.

(Elle tombe à genoux devant lui.)

MELVIL, en faisant sur elle le signe de la croix:

Reine Marie! au nom du Père, au nom du Fils,
Au nom du Saint-Esprit, ma voix se fait entendre:
Au fond de votre cœur avez-vous su descendre?
Jurez-vous que, devant le Dieu de Vérité,
Vous la confesserez?

MARIE.

En toute humilité;
A vous, à lui.

MELVIL.

Depuis que vos fautes passées,
Par l'absolution vous furent effacées
Pour la dernière fois, de quel péché nouveau
Sur votre conscience avez-vous le fardeau?

MARIE.

Je m'accuse d'avoir, depuis, eu l'âme pleine
De désirs de vengeance et de jalouse haine,
Et le pardon qu'à Dieu j'étais à demander,
A ma rivale, moi, je n'ai pu l'accorder.

MELVIL.

Votre cœur en a-t-il repentance profonde ?
Êtes-vous résolue à ne quitter ce monde
Que réconciliée avec vos ennemis ?

MARIE.

Aussi vrai qu'en Dieu seul tout mon espoir est mis.

MELVIL.

Et quel autre péché portez-vous dans votre âme ?

MARIE.

Hélas ! plus que la haine, une coupable flamme
A fait que contre moi le ciel dut s'irriter,
Quand mon cœur s'est laissé, par orgueil, emporter
Vers cet homme qui m'a trahie, abandonnée.

MELVIL.

De cet amour, auquel vous fûtes entraînée,
Êtes-vous repentante, et, laissant votre erreur,
De l'idole avez-vous détaché votre cœur,
Pour revenir à Dieu ?

MARIE.

   Je m'y sens revenue ;
Mais quelle horrible lutte alors j'ai soutenue !
Ce terrestre lien, — le dernier, — est brisé.

MELVIL.

Une autre faute encor doit vous avoir pesé ?

MARIE.

Faute depuis longtemps confessée, et sanglante;
Qui vient de plus en plus me remplir d'épouvante
Pour mon compte suprême, et que toujours je vois
Comme une ombre sinistre entre le ciel et moi :
D'un meurtrier le roi, mon époux, fut victime;
De mon cœur, de ma main je l'ai payé ce crime!
L'Église, qui m'en a punie avec rigueur,
N'a pas tué le ver qui me ronge le cœur.

MELVIL.

N'en est-il pas une autre où vous fûtes portée?
Que vous n'avouez pas, qui n'est point rachetée?

MARIE.

Non; mon âme, depuis, ne me reproche rien.

MELVIL.

Reine, songez à Dieu, qui voit tout! Songez bien
Que notre sainte Église a des peines sévères
Pour les confessions qui ne sont pas sincères :
Elles sont le péché qui n'est jamais remis :
L'offense à l'Esprit saint!

MARIE.

           Je ne l'ai point commis.
Qu'en mon dernier combat la bonté souveraine
De triompher, Melvil, me rende aussi certaine
Que de n'avoir caché rien de ce que j'ai fait!

MELVIL.

Quoi! vous voulez à Dieu dérober le forfait
Qui vous soumet aux coups de l'humaine justice?
Vous ne me dites pas que vous êtes complice
De haute trahison? que vous avez nourri
Les noirs desseins qu'avaient Babington et Parry?
Ce crime qui vous mène à la mort temporelle,
Vous fera-t-il mourir de la mort éternelle?

MARIE.

L'éternité m'attend : Pour cette heure du jour,
L'aiguille n'aura pas au cadran fait son tour,
Que je devrai répondre à mon juge suprême;
Vous m'entendez pourtant vous dire encor, de même,
Que je n'ai rien caché dans ma confession.

MELVIL.

Prenez garde! le cœur se fait illusion :
D'un double sens peut-être employant l'artifice,
Et quoique vous ayez du crime été complice,
Pour cacher votre part de culpabilité,
Le mot qui la dirait l'avez-vous évité.
Nulle ruse ne peut tromper cet œil de flamme
Qui voit jusques au fond des mystères de l'âme.

MARIE.

J'ai sommé tous les rois d'avoir à m'affranchir
Des indignes liens qu'on me faisait subir;
Mais je n'irai toujours que de mon ennemie
Mon fait ou ma pensée ait menacé la vie.

MELVIL.

Kurl et Nau faussement auraient parlé tous deux?

MARIE.

J'ai dit la vérité. Leurs prétendus aveux
Auront au ciel leur juge.

MELVIL.

Et de votre innocence
Vous avez en mourant une ferme assurance?

MARIE.

Par cette injuste mort le ciel m'aura permis
D'expier le forfait qu'autrefois j'ai commis.

MELVIL, la bénissant :

Allez donc, en mourant expiez-le, ce crime!
Allez devant l'autel tomber, douce victime!
Qu'aujourd'hui par le sang, le sang soit racheté.
Votre cœur par faiblesse au crime fut porté,
Et la fragilité de l'humaine nature
Ne suit point l'âme au ciel, là, bienheureuse et pure.
Mais moi qui puis lier et délier, voici
Ce que, du droit que j'ai, je vous annonce ici :
Dieu de tous vos péchés vous absout; il vous donne
Selon que votre cœur a cru : Dieu vous pardonne.

(Il lui présente l'hostie.)

— Prenez, mangez! Ce corps pour vous fut immolé.

(Il prend le calice qui est sur la table, le consacre en silence, puis, le lui présente. Elle hésite à le prendre et l'écarte de la main.)

— Prenez, buvez! Ce sang, pour vous il a coulé.
— N'hésitez pas ainsi : c'est la faveur suprême
Que le pape vous fait, pour que, dans la mort même,
Vous jouissiez encor du droit sacerdotal,
Le plus grand de tous ceux qu'a le pouvoir royal.

(Elle reçoit le calice.)

Et comme à votre Dieu, par cette sainte hostie,
Par son terrestre corps, vous vous êtes unie,
Au séjour bienheureux, et pour l'éternité,
Vous le serez de même à sa divinité.
Là-haut, point de péché, point de douleur amère;
Vous y serez parmi les anges de lumière.

(Il pose le calice. On entend du bruit. Il se couvre la tête et va vers la porte. Marie reste à genoux dans un profond recueillement. Melvil revient.)

Il vous reste un combat à soutenir encor;
Bien rude! Sentez-vous votre cœur assez fort
Pour vaincre tout élan d'amertume et de haine?

MARIE.

Rassurez-vous; ce cœur n'a plus, j'en suis certaine,
A craindre de rechute : il a su, dans ce jour,
Sacrifier à Dieu sa haine et son amour.

MELVIL.

Eh bien! faites-la voir cette fermeté d'âme :
Voici les lords Burleigh et Leicester.

SCÈNE VIII.

LES PRÉCÉDENTS, BURLEIGH, LEICESTER et PAULET. Leicester reste tout à fait dans l'éloignement, sans lever les yeux ; Burleigh, qui observe sa contenance, s'avance entre lui et la reine.

BURLEIGH.
Madame,
Je viens pour recevoir vos derniers ordres.

MARIE.
Bien,
Milord ; merci.

BURLEIGH.
Je dois ne vous refuser rien
De vos justes désirs ; ma reine ainsi l'ordonne.

MARIE.

Ces indications, par écrit je les donne :
Sir Paulet a reçu de moi mon testament ;
Je demande qu'il soit suivi fidèlement.

PAULET.

Fiez-vous-en à moi.

MARIE.
Pour l'Écosse, ou la France,
Qu'à tous mes serviteurs, selon leur préférence,
On laisse, après ma mort, liberté de partir.

BURLEIGH.

On la leur donnera ; je peux le garantir.

MARIE.

Et comme je ne puis, jusqu'en ma foi contrainte,
Espérer que mon corps repose en terre sainte,
Qu'on permette du moins à mon vieux serviteur,
En France, à mes parents, d'aller porter mon cœur.
— Las! il y fut toujours!

BURLEIGH.

On pourra satisfaire
A ce vœu.

MARIE.

Saluez la reine d'Angleterre;
Dites-lui que sa sœur lui pardonne sa mort.
Qu'elle veuille, à son tour, me pardonner le tort
D'avoir pu m'emporter, hier, en sa présence.
Sous la garde de Dieu, qu'elle ait gloire et puissance!

BURLEIGH.

En vous-même êtes-vous rentrée? Ou bien, toujours,
Voulez-vous du doyen repousser le secours?

MARIE.

Mon Dieu m'a pardonné. — D'une douleur amère
Je suis pour vous, Paulet, la cause involontaire :
L'appui de vos vieux jours, il vous est enlevé;
C'est moi, c'est mon malheur qui vous en a privé.
Ah! que cet autre espoir en mourant me soutienne,
Que vous n'aurez pour moi nul souvenir de haine.

PAULET, *lui donnant la main*:

Que Dieu soit avec vous! Allez en paix!

SCÈNE IX.

Les précédents. ANNA KENNEDY et les autres femmes de la reine entrent en donnant des signes de terreur. LE SHÉRIF les suit, une baguette blanche à la main. Derrière lui, on voit, par la porte, restée ouverte, des hommes armés.

MARIE.

Anna,
D'où viennent ces terreurs? — Oui, l'instant, le voilà!
Pour aller à la mort le shérif vient me prendre,
Et l'heure des adieux pour nous se fait entendre.
Adieu!

(Ses femmes, dans une vive douleur, s'attachent à elle.)

Melvil, Anna, vous m'accompagnerez
Dans ce dernier trajet. — Vous y consentirez,
Milord? accordez-moi cette grâce dernière.

BURLEIGH.

Je n'en ai pas pouvoir.

MARIE.

Cette faveur légère?
Se peut-il? A mon sexe ayez égard, du moins.
Eh! qui donc me rendrait, milord, les derniers soins?
Ma sœur n'a pas voulu, non, jamais, j'en suis sûre,
Que notre sexe en moi pût subir une injure,
Que des hommes la main me touchât!

BURLEIGH.

Il ne faut
Nulle femme avec vous pour franchir l'échafaud :
Leurs plaintes et leurs cris...

MARIE.

Elle! oh non! je réclame
La présence d'Anna : de sa fermeté d'âme
Je vous réponds, milord. — Soyez bon ; n'allez pas
D'elle me séparer quand je touche au trépas.
C'est ma fidèle Anna, dont le lait m'a nourrie,
C'est elle dont les bras, quand j'entrai dans la vie,
M'ont portée ; — aujourd'hui, que je puisse, milord,
Sentir sa douce main me conduire à la mort!

PAULET, à Burleigh :

Consentez!

BURLEIGH.

Soit!

MARIE.

Ce monde a mon adieu suprême,
Maintenant.

(Elle prend le crucifix et le baise.)

Mon Sauveur! mon Rédempteur! de même
Que s'ouvrirent vos bras sur la croix pour mourir,
Pour moi, qui viens à vous, oh! daignez les ouvrir!

(Au moment de partir, elle aperçoit Leicester, qui, lorsqu'elle s'est tournée, a tressailli involontairement et a levé les yeux sur elle. A cet aspect, Marie tremble, ses genoux fléchissent, elle est près de se trouver mal. Leicester la soutient et la reçoit dans ses bras. Elle le considère pendant quelque temps en silence. Il ne peut pas supporter ce regard. — Enfin, elle lui dit :)

Comte de Leicester, vous me tenez parole[1] ;

---

1. J'avais, d'abord, fait suivre ce vers de celui-ci, qui n'est pas dans l'original :

Vous êtes jusqu'au bout fidèle à votre rôle.

Depuis, il m'a semblé qu'il valait mieux laisser sans correspondant

Vous m'aviez, en effet, assuré votre appui
Pour quitter ma prison : je le trouve aujourd'hui...

(Il semble anéanti. — Elle continue avec douceur :)

Leicester ! j'espérais vous devoir d'être heureuse.
La liberté par vous m'eût été précieuse,
Mais de vous j'attendais plus encore : mon cœur
Voulait que votre amour me donnât ce bonheur ;
Que, ma nouvelle vie, il me la rendît chère.
Maintenant que je suis prête à quitter la terre ;
Que je vais devenir un des Esprits du ciel ;
Que je n'éprouve plus aucun désir mortel,
Et que j'ai dans mon âme étouffé ma tendresse,
Je vous puis, sans rougir, avouer ma faiblesse.
Adieu ! soyez heureux, s'il se peut qu'aujourd'hui
Le bonheur loin de vous pour toujours n'ait pas fui.
A deux royales mains vous avez pu prétendre,
Et vous avez trahi, dédaigné le cœur tendre,
Au cœur rempli d'orgueil préférant vous donner.
Devant Élisabeth allez vous prosterner,
Et puisse votre amour ne pas, un jour, se dire
Que de sa récompense on a fait son martyre !
— Adieu ! je n'ai plus rien qui m'attache ici-bas !

(Elle sort, précédée du shérif et accompagnée de Melvil et d'Anna. Derrière elle, Burleigh et Paulet. Les autres personnages la suivent des yeux en gémissant, jusqu'à ce qu'elle ait disparu, puis, ils s'éloignent par deux autres portes.)

pour la rime le premier vers que d'ôter, par le second, à la simplicité des paroles de Marie Stuart.

Le jeu de scène qui les précède est, d'ailleurs, assez long pour que, soit à la lecture, soit à la représentation, cette lacune passe inaperçue.

SCÈNE X.

LEICESTER, resté seul:

Misérable! Et ces murs sur moi ne croulent pas!
Et mes jours odieux je les supporte encore!
Nul gouffre sous mes pieds qui s'ouvre et me dévore!
Oh! qu'ai-je dédaigné! Quel trésor j'ai perdu!
C'est d'un bonheur du ciel que je n'ai pas voulu!...
Elle brille déjà de la gloire céleste;
Moi, c'est le désespoir des damnés qui me reste!
— Qu'est devenue ici ma résolution
D'étouffer dans mon cœur toute compassion
Et d'être là, l'œil sec, à voir tomber sa tête?
Ma honte, au fond du cœur depuis longtemps muette,
Son aspect me l'a-t-il rendue, et le remord?
Dans des liens d'amour, au moment de sa mort,
Faut-il qu'elle m'enlace? — Ah! maudit, à ton âme
Ne sied plus d'éprouver une pitié de femme!
Le bonheur de l'amour n'est pas sur ton chemin.
Va! recouvre ton cœur d'une armure d'airain,
Prends un front de rocher, fais bonne contenance,
Car si tu ne veux pas perdre la récompense
Due à ton infamie, eh bien! ce n'est pas tout:
Il faut résolûment y marcher jusqu'au bout.
Silence, ma pitié! Mes yeux, soyez de pierre!
Allons la voir tomber!

(Il va d'un pas résolu vers la porte par laquelle Marie est sortie, puis, s'arrête à moitié chemin.)

Affreux spectacle!... Arrière!
Arrière!... Je ne puis y résoudre mon cœur!
Je me sens pénétré d'une infernale horreur!

Non! je ne pourrais pas voir trancher cette tête...
— Ce bruit?... Ils sont en bas!... L'œuvre atroce s'apprête,
Là!... sous mes pieds!.... Des voix!... Le bruit devient plus fort!...
— Ah! fuyons ce séjour d'épouvante et de mort!

(Il veut fuir par une autre porte, mais il la trouve fermée, et revient.)

Est-ce qu'ici m'attache une force inconnue,
Et serai-je contraint d'ouïr ce qu'à ma vue,
Sans me remplir d'horreur, on ne peut présenter?
— C'est la voix du doyen... Il est à l'exhorter...
Mais elle l'interrompt... Haut, avec assurance,
Elle fait sa prière... On se tait... Quel silence!...
Plus rien que des sanglots, et les gémissements
De ses femmes!... On a rangé ses vêtements!...
On place le billot... le coussin... Elle est prête!...
Elle est agenouillée!... Elle pose sa tête!...

(Il a prononcé ces derniers mots avec une angoisse toujours croissante. — Il s'arrête, puis, on le voit tout à coup saisi d'un mouvement convulsif et tomber sans connaissance. Au même instant, on entend de l'étage inférieur un bruit confus de voix, qui se prolonge pendant longtemps.)

SCÈNE XI.

Le second appartement du quatrième acte.

ÉLISABETH.

(Elle arrive par une porte latérale. — Sa démarche et ses gestes trahissent la plus vive inquiétude.)

Personne! — Aucun avis! — Oh! le plus long des jours!
Le soleil est-il donc arrêté dans son cours?

Affreuse incertitude! Et faut-il qu'elle dure!
C'est comme si j'étais sur un lit de torture.
L'acte est-il accompli? ne l'est-il pas? L'effroi,
Que c'en soit fait ou non, est le même dans moi.
Je n'ose interroger personne pour connaître...
Leicester, — ou Burleigh, — tarde bien à paraître.
Je les avais chargés d'exécuter l'arrêt.
S'ils sont partis, alors l'œuvre est faite; le trait
Est lancé, vole et frappe; il a frappé! — Pour faire
Qu'il s'arrêtât, en vain j'offrirais l'Angleterre!
— On vient!

SCÈNE XII.

ÉLISABETH. UN PAGE.

ÉLISABETH.

Seul? — Les deux lords? — Pourquoi donc
t'envoyer?

LE PAGE.

Le comte Leicester et le grand-trésorier...

ÉLISABETH, dans la plus vive attente:

Où sont-ils? dis!

LE PAGE.

Madame, ils ne sont pas à Londre.

ÉLISABETH.

Où donc?

LE PAGE.

A cet égard nul n'a su me répondre.
D'après ce que j'ai pu recueillir, il paraît
Qu'ils ont quitté la ville, à la hâte, en secret,
Au point du jour.

ÉLISABETH, avec une explosion de vivacité :

Je suis la reine d'Angleterre !
(Elle se promène, en proie à la plus violente agitation.)
Dis qu'on vienne ! — Non, reste ! — Elle est morte ! —
                                        La terre,
A la fin, va m'offrir un espace assez grand !
— Pourquoi tremblé-je ainsi ? Quelle angoisse me prend ?
Ma crainte est désormais couverte par la tombe !
Qui donc assurerait, si cette tête tombe,
Que ce soit par mon ordre ? Il ne manquera pas
De larmes dans mes yeux pour pleurer ce trépas !
(Au page :)
Quoi ! tu n'es point parti ? — Davison ! qu'on le mande ;
Que, sans perdre un instant, près de nous il se rende !
— Le comte Shrewsbury ! Qu'il vienne ! — Le voici !
(Le page sort.)

SCÈNE XIII.

ÉLISABETH, SHREWSBURY.

ÉLISABETH.

Soyez le bienvenu ! Qu'annoncez-vous ici,
Noble lord ? Le sujet qui, si tard, vous amène
Est des plus importants, sans doute ?

SHREWSBURY.

        Grande reine,
Inquiet pour l'honneur de Votre Majesté,
A la Tour aujourd'hui je me suis présenté :
C'est là qu'on garde Kurl et Nau, ces secrétaires,
Des pensers de Stuart jadis dépositaires ;
Je voulais voir encor si tout ce qu'ils ont dit
Est bien la vérité. — L'officier, interdit,
Se troublant au désir que je lui fais connaître,
Auprès des prisonniers refuse de m'admettre.
Je le menace, il cède, et je les vois tous deux.
Alors, ô juste ciel ! quel spectacle hideux !
Les cheveux hérissés et le regard farouche,
Kurl, — c'était l'Écossais, — se roulait sur sa couche,
Comme si des damnés il souffrait les tourments.
Il me voit et, soudain, avec des hurlements,
Désespéré, se jette à mes pieds, qu'il embrasse.
Il se tord comme un ver, à mes genoux s'enlace,
Criant que de sa reine il veut savoir le sort.
— La nouvelle qu'elle est condamnée à la mort,
Jusqu'au fond de la Tour se trouvait répandue. —
Je lui dis qu'en effet la sentence est rendue ;
Que, si la reine meurt, c'est lui qui la tûrait,
Puisque son témoignage a décidé l'arrêt.
Là-dessus, Kurl, rendu plus fort par la démence,
Sur l'autre prisonnier avec rage s'élance ;
Il le terrasse ; il veut l'étrangler ; — nos efforts
Sauvent ce malheureux de cette étreinte ; — alors,
Contre lui-même Kurl fait tourner sa furie ;
De ses coups répétés sa poitrine est meurtrie ;
Il maudit, il dévoue aux Esprits des enfers,

ACTE V. — SCÈNE XIII.

Et lui-même, et ce Nau qui partage ses fers :
Il est un faux témoin; ces lettres, qu'il a dites
Sur l'ordre de sa reine à Babington écrites,
Auxquelles, par serment, il avait attesté
Qu'on devait accorder toute authenticité,
Ces lettres de malheur, il dit qu'il est coupable
D'en avoir altéré le texte véritable,
Y changeant quelquefois ce que Stuart dictait :
A cette énormité c'est Nau qui le portait...
Vers la fenêtre, alors, le malheureux se rue,
L'ouvre avec frénésie et pousse dans la rue
Des cris de forcené, qui rassemblent bientôt
Une foule compacte au pied de son cachot :
Il dit que de Marie il fut le secrétaire,
Qu'il est un scélérat, un menteur, un faussaire,
Qu'il osa l'accuser et qu'il sera maudit,
Qu'il était faux témoin dans tout ce qu'il a dit.

ÉLISABETH.

Vous-même vous disiez que l'homme est en démence :
Propos d'un furieux ne prouvent rien, je pense.

SHREWSBURY.

Cette même fureur ne prouve que trop bien.
De grâce, consentez! ne précipitez rien!
Dites qu'on examine encore cette affaire.

ÉLISABETH.

Comte, je le veux bien, mais pour vous satisfaire,
Et non pas que mes Pairs, rendant leur jugement,
Aient agi selon moi trop précipitamment;

Je ne puis pas le croire. A votre inquiétude
J'accorde du procès une nouvelle étude.
Vous arrivez à temps encore, par bonheur.
Gardons tout à fait pur notre royal honneur.

SCÈNE XIV.

LES PRÉCÉDENTS, DAVISON.

ÉLISABETH.

Vous détenez encor l'arrêt, sir secrétaire?

DAVISON, dans le plus grand étonnement:

L'arrêt?

ÉLISABETH.

Dont je vous fis, hier, dépositaire?

DAVISON.

Dépositaire?

ÉLISABETH.

Oui, sir : tout le peuple, indigné,
De le sanctionner me pressait; j'ai signé;
Je l'ai fait sous le poids de cette violence;
Mais, pour gagner du temps, j'ai remis la sentence
En vos mains. — Vous savez ce que je vous ai dit.
Maintenant, Davison, rendez-moi cet écrit.

SHREWSBURY, à Davison:

Donnez! donnez! cher sir : tout a changé de face;
Il faudra qu'à nouveau l'instruction se fasse.

ÉLISABETH.

N'hésitez pas ainsi. — Qu'est devenu l'arrêt?

DAVISON, avec désespoir:

Je suis un homme mort!

ÉLISABETH, vivement:

Est-ce que l'on aurait...?

DAVISON.

Je ne l'ai point gardé!

ÉLISABETH.

Comment!

SHREWSBURY.

O Providence!

DAVISON.

Hier, à lord Burleigh j'ai remis la sentence.

ÉLISABETH.

Quoi, malheureux! Pour vous mes ordres sont-ils vains?
Ne vous ai-je pas dit de la garder en mains?

DAVISON.

Ma reine ne m'a pas donné d'ordre semblable.

ÉLISABETH.

Me démentir! Comment! tu l'oses, misérable?
La remettre à Burleigh! Quand te l'ai-je ordonné?

DAVISON.

L'ordre en termes formels n'a pas été donné;
Cependant...

ÉLISABETH.

D'où te vient l'audacieux délire
De préciser le sens de ce que je puis dire,
Et de faire servir ces moyens criminels
Aux sanguinaires vœux qui te sont personnels?
Si la témérité d'un résultat funeste
Devait être suivie, eh bien! je te l'atteste,
Tes jours m'en répondront. — Comte de Shrewsbury,
Vous voyez à quel point l'on peut être trahi.

SHREWSBURY.

Je vois... O ciel!

ÉLISABETH.

Eh! bien?

SHREWSBURY.

S'il a pris de lui-même,
Et sans vous en parler, cette mesure extrême,
Au tribunal des Pairs il faut qu'il soit cité :
Il vous livre en horreur à la postérité!

SCÈNE DERNIÈRE.

LES PRÉCÉDENTS. BURLEIGH, puis, le comte de KENT.

BURLEIGH, fléchissant un genou devant la reine:

Dieu rende heureux et longs les jours de notre reine,
Et de ses ennemis la mort aussi certaine
Que celle de Stuart!

(Shrewsbury se cache le visage; Davison se tord les mains avec désespoir.)

ACTE V. — SCÈNE DERNIÈRE.

ÉLISABETH.

Répondez-moi, milord !
Avez-vous eu de moi la sentence de mort ?

BURLEIGH.

Des mains de Davison, madame, je l'ai prise.

ÉLISABETH.

Et vous aurait-il dit, quand il vous l'a remise,
Que je l'eusse chargé de ce message ?

BURLEIGH.

Non ;
Elle ne me fut pas donnée en votre nom.

ÉLISABETH.

Et, sans avoir connu ma volonté royale,
Dans l'exécution cette hâte fatale ?
L'arrêt sans doute est juste, et ce n'est pas l'arrêt
Qu'en mon règne, milord, le monde blâmerait ;
Mais vous ne deviez pas prévenir ma clémence.
Soyez, pour l'avoir fait, banni de ma présence !
(A Davison :)
— Je vous réserve, sir, un plus dur châtiment,
Pour avoir abusé si criminellement
De l'emploi que vous a confié votre reine,
Et d'un dépôt sacré. — Qu'à la Tour on le mène,
Et qu'il soit poursuivi pour haute trahison !
— Mon noble Shrewsbury ! vous seul aviez raison :
De tous les conseillers dont j'ai requis l'office,
Je n'ai trouvé que vous qu'inspirât la justice.

Aussi, mon cher Talbot, soyez à l'avenir
Mon guide, mon ami.

SHREWSBURY.

Gardez-vous de bannir,
Ou bien de réserver à des peines cruelles,
Vos amis qui se sont montrés les plus fidèles,
Et qui savent se taire après avoir agi.
Madame, quant à moi, souffrez que, d'aujourd'hui,
Je dépose le sceau que votre confiance
Remit, voici douze ans, à mon expérience.

ÉLISABETH, stupéfaite:

Talbot! ce n'est pas vous qui m'abandonnerez?
Surtout... dans ce moment?...

SHREWSBURY.

Vous me pardonnerez :
Je me trouve trop vieux. Je sens ces mains loyales
Trop raides pour sceller vos volontés royales.

ÉLISABETH.

Vous, m'abandonner? vous, qui sauvâtes mes jours?

SHREWSBURY.

Hélas! je ne vous fus que d'un faible secours,
Madame : il est bien vrai, j'ai sauvé votre vie,
Mais non d'Élisabeth la plus noble partie...
Vivez et gouvernez heureuse, désormais!
Votre rivale est morte, et vous pouvez en paix,

Maintenant qu'il n'est plus de peur qui vous retienne,
Ne plus rien respecter.
(Il sort.)

ÉLISABETH, au comte de KENT qui entre:
Lord Leicester! Qu'il vienne!

LE COMTE DE KENT.
Milord à cet appel s'excuse de manquer,
Madame; pour la France il vient de s'embarquer.
(Elle maîtrise son émotion et garde une attitude calme. — La toile tombe.)

FIN DE MARIE STUART.

TABLE DES MATIÈRES
DU PREMIER VOLUME.

	Pages.
Préface	v
Don Carlos	1
Acte I	3
Acte II	59
Acte III	145
Acte IV	195
Acte V	279
Marie Stuart	337
Acte I	339
Acte II	397
Acte III	451
Acte IV	487
Acte V	531

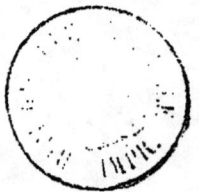

www.ingramcontent.com/pod-product-compliance
Lightning Source LLC
Chambersburg PA
CBHW070408230426
43665CB00012B/1295